仏典に　耳を澄ませ、
菩薩を　学《まね》び、
共に　生きる

東洋大学元学長
菅沼晃

国書刊行会

目次

目次

経典に学ぶ

在家菩薩を学《まね》ぶ

不殺生・共生の思想

仏典に耳を澄ませ、菩薩を学《まね》び、共に生きる

このままでは仏教は亡びる——井上円了の書簡から

明治二十二年の書簡

ここに一通の書簡がある。私立哲学館（現・東洋大学）の創立者井上円了《いのうええんりょう》が父円悟に宛てたものである。日付は明治二十二年（一八八九）八月二十八日、円了三十一歳の夏である。何はともあれ、まず原文を読んでいただきたいと思う。長文の書簡なので、便宜上いくつかに分け、適宜、濁点・句読点・ルビを付けてカタカナをひらがなに変え、紹介することにしたい（原文は『東洋大学百年史』資料編Ⅰ上、一九八八年による）。

今朝御親書拝読仕候。帰省之事度々御催促に預り私も一日も早く帰省心掛居候へ共、何分帰朝早々多事に而《して》、哲学館も不得止《やむをえざる》儀《ぎ》有之《これあり》、新築に決議致候処、来月二十迄に五千円入用と相成、先日来昼夜奔走致居候へ共中々困難に御座候。五千円之金は実に容易ならざるものに候。

其外《そのほか》仏教の前途に付非常苦心罷在《まかりあり》候。政府には耶蘇《ヤソ》主義の人のみ有之、大臣参議は皆耶蘇教方と相成候。本年憲法発布之時、耶蘇教自由と相成、近日社寺局も相廃し、寺院之墓地取払候様にも聞及候。寺院の境内も取上げに相成、本山管長廃止にも相成、住職僧侶の名義も被廃《はいされ》候はば、仏教は廃滅は必然に候。今日の勢にて此廃滅之時機も遠からず到来可致と存じ候。別して条約改正に相成内地雑居を公許するに至らば、耶蘇教は忽ち大勢力を得、仏教は無論廃滅之儀に候。明年国会開設に相成候も、国法にて僧侶の出席権差止められ候に付、議院出席不相成《あいならず》候。然るに耶蘇教家は平民の資格に候へば、宣教師へ出席権を有し候。

然るに仏教家は黙々として安心致し、人民皆憲法の恩風に浴するも、自分のみ其風に浴するの栄を得ず。社寺局廃止、寺院取上目前に迫りしも、恬《てん》として顧《かえり》みざるは実に睡るとや云はん。死するとや云はん。本山も僧侶末寺と共に眠り居候。其有様は実に傍観坐視に忍びざる儀に候。

若し政府にて寺院仏教廃止の旨趣に候はば、何程田舎の一寺院にて勧学布教して勉強すとも全く無功に候。管長廃止に相成、本山滅絶致候、遂には慈光寺一ケ寺依然として存すべき理無之《これなく》候。日本全国の仏教死する日には、越後の仏教のみ活きる理無之候。本山頽《すた》るれば末寺は之れと共に頽れ、御門主廃せらるれば僧侶之と共に廃せらるるは必然に御座候。今や日本全国の仏灯将《まさ》に滅せんとするの時なり。今や仏教惣体之為めに生死を決せざるをえざる危急存亡の秋《とき》なり。此憲法国会の期は万世の国基の立つ所にして、今にして仏教下風に立つときは、万世輓回《ばんかい》する見込無之候。実に危急の時なり。九死一生の日なり。一ケ寺、一住職の為めに汲々するの時にあらず。一地方、一部落の為めに奔走すべき時にあらず。

この書簡を読んでまず感じることは、ただごとならぬ危機意識と、仏教復興への熱気ともいえる意気ごみである。このままでは仏教は必ず亡びる。いまは何をおいても仏教の復興運動につとめ、仏教者は積極的に行動をおこさなければならない——。円了はこの書簡で、父円悟宛の私信であることを忘れたかのように、明治二十二年の社会情勢を分析し、そのなかで仏教が存亡の危機に瀕していることを述べ、一宗派、一寺院のことよりも仏教全体の復興のために一身をささげたい、という決意を理解してほしいと訴えている。

この書簡は、帰省して寺を継ぐようにという円悟師に対して、求めに応じられないとする点から見れば単なる私信であるが、政府の仏教にたいする扱い方を憤り、仏教者の自覚をうながして積極的な行動をおこすことを呼びかけている点からすれば、むしろ世間一般の人々にたいして訴えかけている文ということができるであろう。この書簡は、明治二十年前後の仏教をめぐる諸情勢を一仏教者の目でしっかりととらえ、そのような情況下にあって、どのような行動をおこそうとしたかを如実に語るものであり、その意味で重要な記録ということができる。ここにあえて紹介する所以《ゆえん》である。

大谷派寺院の長男に生まれて

井上円了は安政五年（一八五八）二月四日、新潟県長岡郊外の浦村（現・越路町）にある真宗大谷派慈光寺の長男として生まれた。この安政五年という年には日本がアメリカの開国要求に応じて初めて国を開くことを決意して日米通商条約が結ばれた。やがて日本はヨーロッパ文化を全面的に受けいれ、仏教も苦難の時期を迎えることになるのであるが、円了が日米通商条約締結の年に生まれたということは、彼がまさに「時代の子」として生を享けたことを意味していると言ってよいであろう。

時代は旧体制から新体制へと激しく動き、円了自身も慶応四年（一八六八）十歳のとき、時代の変革を直接体験することになる。この年、彼の生地であった長岡藩は新政府軍に最後まで抵抗した末、北越戊辰《ほくえつぼしん》戦争とよばれる戦いによって倒されたのである。旧体制が打破され、新しい体制がそれにとって代わるさまを見て、十歳の円了がどのように感じたか知る由もないが、彼の仏教復興運動の出発点にまず激動する時代への鋭い認識があることからすれば、少年時代のこの経験は円了の後のさまざまな活動に影響を与えているのかも知れない。

真宗大谷派の末寺の長男として生まれた円了は、当然のことながら寺の跡を継ぐことを期待されて育ち、まず三島郡池津村の石黒忠悳《いしぐろただのり》の漢学塾に入って漢学を学んだ。明治四年（一八七一）には東本願寺で得度し、真宗大谷派の僧籍に入った。明治七年（一八七四）には新潟学校第一分校（旧・長岡洋学校）に入学し、新しい学問として導入された洋学、とくに英語を学んだ。ついで円了は京都にある真宗大谷派の教師教校に進み、明治十年（一八七七）新たに設置された東京大学に入学することを本山から命じられ、東京大学予備門を経て明治十四年（一八八一）二十三歳で東京大学文学部哲学科に入学した。当時の東京大学は外国人教師が多く、講義はすべて英語で行なわれたという。この年に哲学科に入学した学生は円了ただ一人で、彼はアメリカの若い哲学者フェノロサからカント、ヘーゲル、スペンサーなどの哲学を学んだ。

円了は東京大学在学中に哲学研究会を作り、明治十七年（一八八四）には「哲学会」を発足させ、ヨーロッパ哲学のなかに真理を見出そうとして努力した。同十八年（一八八五）東京大学卒業。当時、東大の卒業者は国の行政官僚になるか、大学に残って教官となるかのどちらかであったが、円了はいずれの道にも進まず、さらに教師教校の教授にという本山の命令をも固辞して、一民間人として所信をつらぬく態度を示した。

明治二十年（一八八七）、円了が東大在学中から構想を立てていた一大事業が明らかにされた。それは哲学専修を目的とする哲学館の開設ということであった。同年六月「哲学館開設ノ旨趣」が発表され、九月十六日に本郷区竜岡町（現・文京区湯島）にある臨済宗妙心寺派麟祥院《りんしょういん》の境内で行なわれた。哲学館は開設されたとはいえ、独立の校舎をもたず、麟祥院の一室を借りて授業が始められたのである。

このように書くと、円了はむしろ恵まれた環境のなかで、自分の思うままの道を何の障りもなく歩いて来たかのように感じられるかも知れないが、実は決してそうではなく、宗門にしばりつけておこうとする本山との関係、哲学館設立・維持をめぐる財政上の諸問題、伝統的仏教教学とヨーロッパ哲学に関するいわば思想上の問題など、多くの難関をのり越えなければならなかったのである。それにも増して円了の心に重くのしかかっていたのは、今まさに危機に瀕している仏教の現情をどのように救うことができるか、ということであった。ここに取りあげた円了の書簡は、このような外的・内的な諸問題を一気に吐き出したものと言えよう。

衝撃だった欧米諸国旅行

以上のことを念頭に置いた上で、もう一度書簡を読んでいただきたい。明治二十二年といえば哲学館開設二年目ということになる。円了は父円悟師の求めに応じて帰省できないことの理由として、まず、帰朝早々でもあり、哲学館の新築が決まり、そのための資金五千円を工面するため「先日来昼夜奔走」して休む暇もないことをあげている。麟祥院に間借りして開設された哲学館であったが、民間で哲学を教授する唯一の学校には多くの若人が集り、独立の校舎を必要とするようになったので、本郷区駒込蓬莱町に校舎を建設することになったのである。この建築費に五千円を必要としたのであるが、ここで円了が「五千円之金は実に容易ならざるものに候」といっていることには重大な意味があると思われる。

円了によれば、もともと哲学館は大学に進んで専門的に学ぶだけの資力のない人や原書を読めるようになるだけの時間的な余裕のない人のために、哲学を速修できるようにすることが第一の目標であった。いわば庶民のための教育が哲学館の教育理念の基本であり、館主たる円了自身もあくまでも民間の学者として一生を貫いた人であった。彼にとって教育とは、あらゆる意味で生きた人間を育てることであり、生きた人間を作る教育事業に、塵ほどの官僚性もあってはならなかった。

円了はこのような考えから、哲学館開設に当たって、一切の権力者や名望家の威光を借りず、財閥からの寄付を受けなかった。円了が呼びかけさえすれば多額の寄付に応ずる財閥もあったにちがいないが、円了はそれをしなかった。円了自身が資金を持っている筈はなく、すべて彼自身が開設の趣旨を訴え、理解してくれた多くの人々からの寄付金によって、哲学館はつくられたのである。円了のこのような態度は徹底しており、生涯変わることがなかった。このように見れば、「五千円之金は実に容易ならざるものに候」ということばの重さがよく理解できるであろう。

しかし、このような努力の末に建設に着手し、完成間近い校舎は九月十日に台風のために全棟倒壊、十一月一日になって初めて完成したのであった。

これに先立つ明治二十一年六月、円了は欧米の教育事情、とくに東洋研究の視察に旅立った。約一年間の欧米諸国視察であったが、円了にとっては初めての外国旅行であり、言いつくせないほど強烈な印象を得て帰国したものと思われる。イギリスのオックスフォード大学ではサンスクリットやインド哲学・仏教学の先駆者マックス・ミュラー、ケンブリッジ大学ではインド哲学の研究者で多くのインド古典をヨーロッパに紹介したカワーらと会った。このとき、円了はヨーロッパのインド研究・仏教研究の先進性に驚き、しかもイギリスやフランスにおける東洋研究のあり方にさらに衝撃を受けたと思われる。それは、ヨーロッパのいずれの国においても、まず自国の研究を自国語で行ない、自国の学を学んだ上で東洋研究を行なっており、しかもそれでいながら東洋研究が日本よりもはるかに進んでいるという事実であった。

ヨーロッパにおいては一八世紀の末ごろから東洋諸国の言語や文化の研究が始められた。とくにインド学・仏教学の分野においてはサンスクリットの研究がまず始められ、ついでインド哲学諸原典の研究にすすみ、一九世紀に入るといよいよサンスクリット仏典の研究が始められた。日本からはすでに明治九年(一八七六)、南条文雄・笠原研寿の二人が真宗大谷派の留学生としてイギリスに渡り、マックス・ミューラーとマクドネルからサンスクリット仏典を学んで帰国しており、円了がヨーロッパの東洋学について無知であった筈はないが、自身の目でそれを確かめたときの衝撃は少なくなかったろうと想像される。

明治二十二年はこのような「衝撃の旅」から帰国したときでもあり、円了の問題意識はいっそう深められていたことと思われる。

仏教復興運動を決意する

さて、書簡の論旨は一転する。「其外仏教の前途に付非常苦心罷在候」で始まる文は、帰省不可能の理由を説明する前文に「そのほか」といって付け加える形式をとってはいるが、円了の真情を吐露したもので、むしろこの書簡の中心部分といってよい。

明治二十年代は「日本の近代国家体制が整えられはじめるとともに、欧化主義の反動として国粋主義が盛況を極める時期」(『仏教文化事典』四二〇頁、池田英俊教授による解説)であるが、この書簡において見る限り、円了の主張は国粋主義というよりも極端なまでの危機意識の発露のように思える。それにしても「政府には耶蘇教主義の人のみ有之、大臣参議は皆耶蘇教方と相成候」とあるのは少々オーバーな表現で、確かに新政府の高級官僚のなかには文相の森有礼《ありのり》などのキリスト教徒もいたが、すべての者がキリスト教に傾いていたわけでは決してなく、これも円了の危機意識がいわせたことばと理解しておくべきであろう。

この明治二十二年には帝国憲法が発布され、「安寧秩序を妨げず及臣民たるの義務に背かざるに於て」（第二八条）という条件つきではあるが、国民は信教の自由を認められた。しかし、円了は信教の自由をただ手放しに喜ぶのではなく、この憲法によって初めて国会が開かれた場合、「国法にて僧侶の出席権差止められ候に付、議院出席不相成候」という点を指摘し、このような情勢にあっても仏教家が何の危機意識をも持たず「黙々として安心」していることを慨嘆して、

実に睡るとや云はん。死するとや云はん。本山も僧侶末寺と共に眠り居候。其有様は実に傍観坐視に忍びざる儀に候。

といい切っている。このような円了の時代認識からすれば、「一ケ寺、一住職の為めに汲々するの時にあらず。一地方、一部落の為めに奔走すべき時にあらず」ということになるのは当然の勢いであった。

書簡はつづけて次のようにいう。

私儀は此仏教惣体の存廃に付、多年苦心に罷在《まかりあり》、今や九死一生の危急に相迫り候得ば必死の勢に而《して》、せめて来年国会前に何とか仏教護持の一方相立度、一人にて其途に当り、昼夜心痛有之《これあり》候。若し国会后に至り候はば、兎《と》ても仏教輓回《ばんかい》の策とては無之《これなく》候に付、此頃より其振起法を立案致居、明後日芝、青松寺に於て各宗管長代理相集め、協議に附し、来月上旬には統管長の会議を開き、再応協議に及候。

其決議によりては政府へ大建白致す決心に而、今度の大運動は仏教の生死を卜《ぼく》する運動なれば、私も一身の方向進退生死等を顧みる暇無之候。

田舎の一寺院のこと位は、之を二三年其儘に打捨て置くも別段仏教上に困難を来す程のこと無之候へ共、政府に対しての運動は今日一たび之を失へば万代輓回の道なく、且つ仏教自体滅絶のことに候。依て私は慈光寺一ケ寺の盛衰を顧みざるにあらず。慈光寺住職の交替に懸念なきにあらず。然れども、今日の勢之を懸念スルノ暇無之候。

真宗大谷派の寺の長男に生まれた円了に、円悟師や檀家の人々が寺を継ぐことを期待するのはむしろ当然であり、円了自身もそれをよく知っていたであろう。それでもなお、円了は日本の仏教を復興させるのは憲法が発布された今こそ、仏教全体を問題にすべきであって、田舎の一寺院のことを問題にして進退を決めることはできない、というのである。「今度の大運動は仏教の生死を卜する運動なれば、私も一身の方向進退生死等を顧みる暇無之候」という文からは、円了の並々ならぬ決意が感じられる。

明治十八年の転機

円了はこれより前に、仏教に関する著作として『真理金針　初編』『真理金針　続編』(明治十九年)、『仏教活論序論』『仏教活論本論　第一編破邪活論』(明治二十年)を矢継ぎばやに刊行し、仏教界を目覚めさせる活動を実際に始めている。とくに『仏教活論序論』は当時のベストセラーであったといわれ、仏教界で広く読まれ、新しい仏教を期待する人々に大きな影響を与えた。明治の仏教界が新政府の弾圧とキリスト教の攻勢から自信をもって立ち直るきっかけとなったのが、この『仏教活論序論』であるともいわれる。

この書は題名が示すとおりに当時の仏教界に活《かつ》を入れ、仏教を再び活《い》かすことを目的として書かれたものであることは事実であるが、重要なのは「抑《そもそも》余が、純金の真理の仏教中に存するを発見したるは、近近昨今の事なりと雖も、其之を発見するに意を用ゐたるは今日今時に始まるにあらず」として、円了自身の思想的な遍歴をまず明らかにしている点である。円了はただ仏教の寺に生まれたから仏教を復興しようとしているのではなく、思想的遍歴の末に到達したのが結局は仏教であり、「純金の真理」をもつ仏教であるからこそ、いま何をおいても復興しなければならない、と主張するのである。

幼いころより仏教的な教育を受けて育った円了も、初めは形骸化した仏教に失望して「仏教のなかにはもはや真理はない」と考え、儒学を学んだが、これにも満足できなかった。そこで東京大学では哲学を学び、自分の求めつづけてきた真理は「独り泰西《ヨーロッパ》講ずる所の哲学にありて存するを知る。……是に於て数十年来の迷雲始めて開き、胸中豁然として洗ふが如き思をなす」と述懐している。このようにして哲学のなかに価値を見出した円了は、その哲学の価値観・真理観によって再び仏教を見た結果、「独り仏教に至りては其の説大に哲理に合するを見る」という自覚に達する。このような自覚に達した後に仏典を開いてみると、その所説のどれをとってみても真理であることが感得された。円了はこのときのよろこびと決意を次のように述べている。

余、是に於て再び仏典を閲し、益々其説の真なるを知り、手を拍して喝采して曰く、何ぞ知らん、欧州数千年来実究し得たる所の真理、早く已に東洋三千年前の太古にありて備はるを。……是に於て、余始めて新たに一宗教を起すの宿志を断ちて、仏教を改良して之を開明世界の宗教となさんことを決定するに至る。是れ実に明治十八年の事なり。之を余が仏教改良の紀年とす。

父円悟師への書簡に述べられている仏教復興運動に身を捧げようとする決意が、このような仏教観に裏づけられていることがよく理解できるであろう。明治二十二年は円了のいう仏教改良の紀年からまだ四年しか経っていないのである。書簡において見る限り、円了の仏教復興運動は情念が先立つ感を否定できないが、『仏教活論』の序論・本論をあわせ読むとき、情熱と理論をあわせもつ明治期の仏教者の姿が浮び上ってくるように思われるのである。

寺を出る——井上円了の苦悩

若い哲学者井上円了にとって、仏教からヨーロッパ哲学、さらにヨーロッパ哲学から仏教へと回帰する思想上の遍歴は、深刻な問題ではあるが苦とするに足らないものであったであろう。また、哲学館校舎の新築は資金の問題や上棟時に台風に見舞われて倒壊するなどの災難に遇ったが、円了の心に決定的なダメージを与える事件ではなく、事実多くの人々の協力によって哲学館新校舎はやがて立派に完成した。

それに対して、慈光寺の相続の問題はいわば円了の個人的な問題であり、自分自身で父円悟師や寺の檀徒の人々を説得しなければならず、やっかいな問題であったと思われる。円了は明治二十二年の日本の仏教界の情況を認識した上で、それを父や檀徒の人々に訴えるのであるが、円了のこのような主張を理解できる人が檀徒のうちに何人いたであろうか。どのように説得しても理解してもらえそうもないもどかしさを一挙に吐き出すかのように、書簡のなかで円了はいう。

若し慈光寺檀中慈光寺を思ふの本意仏教を愛するの意に出づるならば、何ぞ私が今日仏教全体の為めに苦心奔走するを尤《とが》むるの理あらんや。亦何程其檀中一同が私に迫りて之を尤《とが》むるも、私が自分の赤心は天地に誓ふて変ずること不出来《できず》候。縦令《たとい》檀家一同我れを暗殺するとも、我身を寸断するとも、余は自分の盟心は日月を貫きても変ずること不致《いたさず》候。蓋《けだ》し檀家が一ケ寺の盛衰を見て仏教全体の今日の有様を洞察するの力なきは、其識見の暗きによること明かに候。

私は仏教の為めに一命を損するが如きは、末代の栄誉と致す所に候。私の赤心は田舎の人に説きても兎《と》ても不相分《あいわからず》候に付、是迄申したること無之《これなく》候。高九氏其他の諸氏上京ありても世間普通の談話のみ致居《いたしおり》候ば、私之本心は御話致しても御分《わか》り無之と存候。故人並に交際致居候。

世間の人に此の如きこと話し致しても、人は狂人の様にのみ思ひ居候。然し夫れは私が狂人なるや世間の人の方狂人や判定すること難きことに候。古代にありて一宗おも開きたる人は其当時の人より見るときは、皆狂人に候。其孰《そのいず》れが果して狂なるやは死後の人を待ちて始めて知るべきことに候。慈光寺檀中狂するか私狂するか唯今にては不分《わからず》候へ共、未来の人其判別を知ることに候。

もし檀徒の人々の寺を思う心が仏教を思う心にもとづくものであれば、仏教全体の復興運動に一身をささげようとする自分に反対する理由はないはずだ、と円了はいう。しかも、檀徒の人々が自分たちの寺のことだけを考えて仏教全体に思いを致さないのは「識見の暗きによる」とまでいうのである。円了の胸中はよく理解できるが、このような円了の主張は檀徒の人々にはまったく理解されなかったであろう。新しい国家になったとはいえ、明治二十年代ということを考えれば、越後の一寺院の檀徒の人々に仏教の「危急存亡の秋」を理解せよということ自体が無理といった方がよいかも知れない。

恐らく円了は無理を承知で、自分の思いがそのまま理解してもらえないことを承知の上で、それでもなお「仏教復興のために自由な活動がしたい」といわずにいられなかったのである。書簡の行間からそのような円了の気持が滲み出ているようだ。

寺に生まれ、寺を継ぐことを期待されて成長した者が寺を出るとき、多かれ少なかれ葛藤が生じるのはいつの時代も変わりないことと思われる。長男が寺を継ぐよう定められている浄土真宗の寺院に生まれた円了の場合は、なおさら寺を出るということは容易なことではなかったであろう。檀徒の人々が上京して帰省を求めるということも、度々あったに違いない。書簡に名が出てくる高九氏とは高橋九郎《たかはしくろう》氏のことで、新潟県出身の政治家であり、代議士を三期つとめ、来迎寺村村長・同農会長などを歴任した当時の名士である。この高橋氏が慈光寺の檀徒総代として上京して来たときも、円了はあえて仏教復興運動の話はせずに世間話だけしたと言うのであるが、これも本当のことであろう。

私事にわたって恐縮であるが、筆者にも同様の経験がある。生まれた禅寺を出るに当たり、研究専一の生活に入りたいという筆者の意志が容易に理解してもらえず、勤務先から帰宅すると、檀徒総代の方が玄関先で待っていたこともあり、これは仏飯《ぶっぱん》で育った者が寺を出るときに経験しなければならない共通の葛藤といえるかも知れない。

円了が寺を出る理由はまさに仏教復興のためであって私事のためではないのであるが、円了の心のなかには「寺を継ぐべきものが寺を出る」ということについての、特別の感情があったものと思われる。「世間や慈光寺の檀徒の人々は自分のことを狂人だと思うかも知れないが、どちらが狂人かは後世の人が判定してくれる筈だ」ということばが、そのことをよく表明している。世間の人々が円了を狂人扱いにしたとは考えられず、まして檀徒の人々は円了の仏教復興の志を全面的に理解してはいないとは言っても、慈光寺の長男を狂人扱いにする筈はないであろう。「人は狂人の様にのみ思ひ居候」とは、寺で育った円了が寺を出るときの特別の感情を表すことばであると思われる。

しかし、円了はこのような思いを振り切って宣言する。

右の次第に付、慈光寺住職のことは其儘に打捨置被下度候《うちすておきくだされたく》。若し檀中に而御不同意のもの有之候《これあり》はば、此書状を相示し御談示成被成候《なさるべく》。縦令《たとい》唯今何程御協議ありても、私は前陳之次第に付、一々御答不申候《おこたえもうさず》、追而仏教の前途相定り候節は、田舎に入りて布教法をも相立つる見込に候へば、慈光寺の維持法、住職の相続法も取極可申候《とりきめもうすべく》。右様御承知可被下候《くださるべく》。

これは、もはや後へ引くことはできないという最後的な決意表明である。父円悟師に宛てた書簡ではあるが、実は円了が自分自身の決意を改めて確認している文とも考えられるであろう。そうでなかったら、「たといどれほど協議して自分に帰省をうながすとしても、自分の決意はここに述べた通りであるから、もはや一々答える必要はない」とまではいい切れないであろう。

この世は苦界である

このように見ると円了は肉親の情や檀徒との関係よりも、仏教の復興事業に価値をおいた理性の人、ということになるかも知れない。しかし、決してそうではないことは、次の文を見ればよく理解されるであろう。

洋行中御心配被下候《くだされ》事は十分承知に御座候。其後も年々御老衰のことも承知仕居候。何分天下の仏教今将《まさ》に死なんとする際なれば、私も朝夕心痛のみ罷在候《まかりあり》。夜分も十分眠り不《もう》申《さず》候。其心中の心配は山の如く海の如くに候。
併《しか》し私は今世は苦界なることを承知仕り居候。極楽は此世には無之《これなく》候。此の世にて苦心するは此世の当然に候。此世に苦あればとて不平を起すこと無之候。仏は西方の浄土を説きたるは、此世は苦界なるゆへに候。此理は何経にても一二枚熟読あれば明かに分ることに御座候。今更怪むには不及《およばず》候。若し此世を苦界として仏書を一読すれば、其理活《い》きるが如くに心中に感ずることに候。若し之を安楽世界として一読するときは、仏教を信ずることと不出来《いできたらず》候。迷暗の別も此事のみに候。

　私は飽《あく》まで此世界は苦界なることを信じ候。老少不定も盛者必衰も無疑《うたがいなき》実事に候。夫故《それゆえ》私は生涯苦労する決心に御座候。依て若し御老衰の御感覚も被為有《あらせられ》候はば、和讃にても御文にも時々御耽読あれば、其理は忽ちに相分り、宿縁のある所、来界のあること等鏡を見るが如く相分り可申《もうすべく》候。一たび此世を苦界として来世の安養界を信ずること相出来候へば、其苦心は却て安心と可相成《あいなるべく》候。此事御熟考被成下度《なしくだされたく》万望に候。

　円了は慈光寺の維持・相続のことは「仏教の前途相定り候節」に考えることにすると言いながらも、父円悟師の心中を察して「極楽は此世には無之候」と説くのである。この部分も円悟師に対して書いてはいるが、円了自身の信仰、さらにいえば生き方の基本を示していると言うことができるであろう。

円了は『活仏教』附録「第一篇　信仰告白に関して来歴の一端を述ぶ」（大正元年）において、彼自身の生い立ちと信仰についてつぎのように書いている。

余が長岡にある間、父は余をして将来住職を継がしめんと欲し、余に謀るに得度式を本山に請願せんことを以てせり。余の意之を好まざるを見て、窃《ひそ》かに願書を呈出して許を得、後に余に其由を告げ、所謂《いわゆる》事後承諾を需《もと》められたり。故に余の僧籍に入りたるは自ら意識せざりし所なり。（中略）

明治十八年大学文学部を卒業せしに当り、本山より京都に上り教校に奉職すべしと命ぜられたれども、余は意見を具伸して固辞したりき。其内容は他にあらず、只仏教の頽勢を挽回するには僧門を出で、俗人となり、世間に立ちて活動せざるべからざる理由と東京に止まり独力にて学校を開設せん志望とを開陳し、自説を固執して山命に応ぜざりしのみ。再三再四問答往復の結果、漸く本山の承諾を得るに至りたり。

是に於て最初無意識に受けたりし得度は、自然に本山へ委托返上したる姿になり、身は全く俗物と化し去れり。然れども余の宗教的信仰は依然として真宗を奉じ、終始を一貫して替ることとなし。如何に公平に諸宗教諸宗派を審判して見ても、信仰の一段に至りては、真宗の外に未だ余が意に適するものを発見せず。

このように円了は得度を「本山へ委托返上」して「俗人」になっても浄土真宗の信仰を終生

持ちつづけた人である。この点から見れば「この世は苦界であり、極楽はこの世にはない」ということばは浄土教の信仰にもとづくものと言えよう。筆者は浄土教学にはまったく不案内であるが、このような信仰は円了が幼いころに父円悟師が授けられたものであろう。その信仰を、ここでは父に対して説いているのである。

しかしながら父に対しては浄土を願うように勧めながらも、円了自身の生き方は、この世は苦であると自覚しつつ努力を止めない、いわば自力聖道門的な生き方とも思える。「何分天下の仏教今将に死なんとする際なれば、私も朝夕心痛のみ罷在候。夜分も十分眠り不申候。其心中の心配は山の如く海の如くに候」ということばからは「衆生病むゆえにわれ病む」といった維《ゆい》摩《ま》居士の姿さえ浮んでくるようである。

哲学館事件の発生

円了は若いころから抱いていた「哲学を万民のものに」という夢こそ哲学館開設によって実現することができたが、その途は決して平坦なものであったとは言えないであろう。僧籍を離れ、官職にも就かず、一民間人としての立場をつらぬいた人がたどる当然の道といえるかも知れないが、「其心中の心配は山の如く海の如くに候」ということばは、円了の生涯を暗示しているかのように思われる。

明治三十二年（一八九九）、その前年に原町（現在の白山）に移転した哲学館は、文部省から中等教員免許無試験検定の認可を受けた。それまで官立学校にだけ教員資格を無試験で与えていた文部省が、明治三十二年の省令で私立学校にも同じ特典を認めるようになったからである。

しかし官立学校の場合と私立学校の場合とでは文部省の扱いはまったく異なり、無試験検定を認めるに当たって、私立学校は多くの条件をつけられていた。主な点をあげると、私立学校の卒業試験には文部省の検定委員あるいは視学官とよばれる吏員が立ち会って試験問題や学生の答案を調べること、さらにその際、試験問題や方法が不適当と判断された場合には文部省の指示によって変更させられること、などである。現在ではとうてい考えられないような話であるが、教員養成は官学が中心で私学は補助にすぎないとする当時の文部省の方針からすれば、どのような条件をつけられようとも無試験検定を認可してもらうことが先決問題だったのである（私学の教育界における役割が正当に評価されていると言われる現在においても、このような文部省と私学との関係は本質的にはほとんど変わっていないように思われるが）。

しかし、このような卒業試験に文部省からの視学官が立ち会うという条件は、思わぬ結果をひきおこした。世にいう「哲学館事件」の発生である。

明治三十五年（一九〇二）十月二十五日、倫理科の倫理学の試験が行なわれ、四名の学生が受験していた。文部省からは視学官として隈本有尚《くまもとありたか》と隈本繁吉《くまもとしげきち》の二名が派遣された。倫理学の講師は中島徳蔵《なかじまとくぞう》、教科書はイギリスの新ヘーゲル主義の哲学者ミュアヘッド著、桑木厳翼訳の『倫理学』であった。この教科書にもとづいて中島講師が「動機善にして悪なる行為ありや」という問題を出したところ、学生の一人はミュアヘッドの教科書の学説のとおりに「動機ではない結果の部分だけを見て善悪の判断を下すべきではない。そうでなければ自由のために弑逆《しいぎゃく》をなすものも罰せられることになる」という意味の答案を書いた。弑逆とは人民が君主を、子が父親を殺すというほどの意味であり、この解答が隈本有尚視学官の目にとまった。中島講師は隈本視学官にこの学生の解答がミュアヘッドの学説にもとづくものであることを説明して諒解を求めたが、文部省側はこれが日本の国体上の問題であるとの見解から、哲学館が不適当な教育をしているとして十二月十八日付で無試験検定の認可取消を通告してきたのである。

館主井上円了を始めとする哲学館関係者はあらゆる方法で認可取消の撤回に尽力したが、再認可を受けたのは明治四十年（一九〇七）になってからである。哲学館事件は当時の日本の社会を揺るがした事件であり、一私立学校の倫理学の答案に端を発してはいるが、日露戦争（明治三十七年）へ向けて国家思想の統一をはかろうとする政府の方針と、それを受けて国民教育を通じて国家主義的な風潮を強化しようとする文部省の方針の具体的表明であった。つまり、哲学館事件はこのような思想・教育の国家統制のための手段として利用されたのである。このような背景があったとはいえ、一私立学校にとっては今日では想像もできないほどの痛手であり、一説には無試験検定の認可取消を知ると在学生の数が半分に減ってしまったと言われる。

この事件が公式のものになったとき、円了は欧米の教育事情視察の旅に出ていた。彼が事件の発生を知ったのは翌三十六年の一月であり、何としてでも認可取消を撤回させるべく文部省に働きかけるよう指示した。このとき、哲学館側のとった態度は、まっ向から文部省と対決するというよりも、どちらかというと身を慎しみ、文部省側に理解を求めるというものであったため、当時このような態度を不可解とする批判もあったという。しかし、「此の世にて苦心するは此世の当然に候。此世に苦あればとて不平を起すこと無之候」という円了の信仰からすれば、これはむしろ当然の態度とも思われる。哲学館事件が人為的におこされたものと知りながらも、その責を自分自身で負い、苦として受けとめた上で哲学館や学生たちの利益をまず考えていく、というのが円了の心境であったにちがいない。

その生涯に学ぶ

さて円了の書簡は、最後の部分でほっとした表情を見せる。

十月には上旬中に新築開場式施行可致《いたすべく》候。左すれば中旬后ならでは帰省出来兼申候。中旬后に相成候節は、已に冷気にも相成候事故、私持病如何と案居、信越之道中なれば別段案居候。たとひ帰省致候ても、開館后なれば校務多事にて暫之滞在は不出来《できず》候。一泊か二泊位に相考候。夫れよりは寧ろ明年三月頃が好都合に候。但し当年中にも御登京相成候はば、東京に而洋行中の事情御話可申上候。此儀も御考へ被成下度《なしくだされたく》候。

多用中灯下に而乱筆

八月二十八日　　井上円了拝

父上様膝下

つづいて、

二白　為換御申越に付、当時困難之時に候へ共三十円丈《だけ》都合仕候。

とし、「唯今金円少々調兼《ととのえかね》候に付、両三日中に送遁すべし」と印書した上で、「内、五円は母上へ洋行土産、一円西脇妹、一円水嶋同、一円せつ、〆八円」と結んでいる。

ここではこの書簡の前半に漲っていた緊張感は消え、「唯今金円少々調兼候に付」と言いながらも送金し、母や妹たちへも気配りを忘れない家庭人としての円了の素顔が見えるようである。ただ気になるのは「中旬后に相成候節は、已に冷気にも相成候事故、私持病如何と案居」といっていることで、この当時すでに円了は完全な体調ではなかったことを示している。

さきに「今度の大運動は仏教の生死を卜する運動なれば、私も一身の方向進退生死等を顧みる暇無之候」という円了の決意を見たが、この決意にもとづいて、円了はさまざまな著作を発表し、新校舎建築の浄財を集め、欧米の東洋学研究や教育事情の視察旅行をしている。おそらくほっと一息を入れる暇もなかったものと思われる。東大卒業後、明治二十二年までに書いた著作だけでも、

『哲学一夕話』第一編～三編（明治十九年～二十年）
『哲学要領』前編・後編（明治十九年～二十年）
『真理金針』初編・続編・続々編（明治十九年～二十年）
『仏教活論』序論、本論・第一編破邪活論（明治二十年）
『倫理通論』第一編・第二編（明治二十年）
『心理摘要』（明治二十年）
『欧米各国政教日記』上編・下編（明治二十二年）

など、ぼう大な数にのぼる。著作に専念したとしてもこれだけの書物を書くのは容易ではないであろうが、この間、哲学館のための資金集めなどに奔走しているのであるから、常人をはるかに超えた仕事の量といわざるを得ないであろう。緊張が連続する毎日だったにちがいない。

明治二十九年（一八九六）郁文館の失火により哲学館は類焼のうえ全焼、ついで明治三十五年の哲学館事件等々、円了の緊張はつづいていく。さらにこのころより修身教会設立の具体案を

練り始める。明治三十七年（一九〇四）彼は三回目の全国巡講を始め、ほとんど同時に『修身教会雑誌』第一号を発行する。円了の修身教会活動は教育勅語による国民道徳の普及を目的とするとは言うものの、その実は教育勅語の名を借りた仏教による道徳の普及運動でもあった（三宅守常「仏教の世俗倫理への対応——井上円了の修身教会設立をめぐって」池田英俊編『論集日本仏教史・明治時代』）。

明治三十八年（一九〇五）、円了は神経疲労を再発し、一たんは快方に向かったものの、翌三十九年一月、哲学館大学長・京北中学校長を辞任。以後、大正八年（一九一九）、中国東北地方巡諸中に大連で客死するまで、国民道徳普及会（修身教会）の活動に身を捧げたのであった。

明治二十二年の円了の書簡は、このような円了の生涯を予告しているかのようにも見える。明治の仏教者のなかで、円了ほど大きい危機意識をもち、緊張感を連続させた人はなかったのではないか。いつの時代でも、「このままでは仏教は亡びる」という危機意識をもつものがあらわれたからこそ、仏教は復興され更新されて伝えられてきたのではないか。円了の書簡は時代を超えてさまざまなことを私たちに訴えかけているように思えるのである。

経典に学ぶ

お釈迦さまのことばに耳を澄ませてみませんか？

はじめに

私と仏教

わたくしは四十三年勤めた東洋大学を退職しました。学生のころから含めますと五十年くらい仏教を勉強してきた、ということになります。今まで過去を振り返るようなことはあまり好きじゃなかったのですが、古希を迎えたので、多少昔のことを振り返ってみようという気持ちになりました。

私は、臨済宗妙心寺派の末寺の生まれです。私が生まれたのは群馬県の富岡という町です。養蚕が非常に盛んなところで、富岡製糸工場がありました。土地柄はむしろ実業一辺で、宗教とか哲学などにはまったく無縁だったんです。わたくしの父親は明治二十七年（一八九四）の生まれで、小さいころにお寺に入れられてお寺で教育を受けた、ほんとうにバリバリの禅坊主でございました。禅の坊さんというものは、変に物事を割り切って考えるんです。例えば、わたくしが小さいころ親父からよく言われたのは、お墓は怖くない、っていうんですね。お墓は絶対怖くない。ご先祖さまがお墓にいる、子孫に対して仇をなすような祖先がいるはずがない、というのですね。夜中に本堂に用事があると、本堂は真っ暗で子供は怖くて行けない。それにたいして怖くないんだ、ということを教えようとしたんでしょう。

群馬県の田舎ですから檀家は農家なんですね。農家ですから田んぼを掘ってると何かの骨が出ることがありますね。そうするとお檀家の方はお寺へ持ってきて、「おっさん、拝んで欲しい」っていうんですね。するとわたくしの父親は、「そんなのは馬の骨か犬の骨か分からない」といって拝まないのですよ。確かに合理的なんでしょうけど、こういうお寺の経営方針だと貧乏になっちゃうんですね。したがってまったくの貧乏寺で、そういう中で私は育った、ということなんです。

ただ一つ、今になってありがたいと思ったことがあります。臨済義玄《りんざいぎげん》という臨済宗の開祖のことばを集めた『臨済録』という本があります。これの最初の部分の素読《そどく》を習いました。素読とは読むだけなんです、読んで覚えるんです。お経でも何でもそうなんですが、説明は一切しないでとにかく覚えるんですね。これをやってもらいました。当時は嫌だな、と思ったけれど、これは年を取ってみるといいんですね。偉いお坊さんの語録というのは調子がいいですから、なんかの拍子に口をついて出てきます。いま思うと昔の教育も捨てたもんじゃないなあ、っていう感じはします。最初は理屈は考えないで、ただ覚える、というだけです。でも、これがとても教育効果を上げているんですね。いまは小学校からそういう教育はしませんね。覚えるというのはダメなんだ、考えるんだ、ということを言っている。その通りだけれども、しかし昔のお寺の教育もいま考えると捨てたもんじゃない、という感じがするんですね。

振り返ってみますと、わたくしはそういう禅のお寺の教育を受けたんですね。例えば、禅宗のお寺では、家の掃除は一切お坊さんがやります。そこで「トイレの掃除と風呂場の掃除は男の仕事だ」と言われたものですから、それが身について今でもやっています。

それからもう一つは食べ物ですね。「出された食事は決して文句をいってはいけない、ありがたく頂戴しろ」という教育を受けました。これも今になってみますと、調査などで外国の、どんな辺鄙なところへ行ってもそれが役立ちます。出されたものはありがたく頂戴せよ、ということは完全に身についているのですが、それが今になって困ることもあるんです。どういうことかというと、残しちゃいけない、ということです。一遍箸をつけたら最後まで食べなければいけない。魚などはほんとうに全部食べないと魚が成仏しない、というふうに教わりました。これはいまの私の年になりますと、ちょっと困難ですね。残したくなってしまう。でも我慢して食べる、ということもあります。ともかく、そんな雰囲気で育ちました。

そんなことがあったのですけども、わたくしは大学へ入って大学院に行き、大学院を出るとすぐ教職に就いてしまいました。しかし、住職の資格は取ろうとしました。妙心寺派の場合には専門道場で修行しないとお寺の住職の資格はもらえません。ただ便法があって、夏に夏安居《げあんご》といって修行の会があり、これを何回かやると住職の資格がもらえました。そこで、勤めがありましたから、わたくしは夏になると妙心寺に行きました。ほんとうに恥ずかしいんですけども、頭の毛を切るのが嫌で、夏安居が始まるその朝、花園の妙心寺の裏門のところにあった床屋さんへ行って剃ってもらい、一カ月お坊さんの姿をして、九月になるとまた東京へ帰って頭の毛を伸ばしてお勤めを始める、というようなことを何年か繰り返しておりました。ほんとうに恥ずかしい話です。

ということで、ちょうど私が助教授になるくらいでしょうか、三十ちょっと半ばくらいのときに父親が亡くなりまして、しばらく田舎と東京を行ったり来たりしていたんですが、これはお檀家の人にほんとうによくない。お寺の和尚というものは、常時お寺にいていつお檀家が来てもお話相手にならなければいけない、と思ったものですから、わたくしは思い切ってお寺を出ました。しかしどうも「お寺を出た」という負い目があるんですね。何十年も経つけれども、ほんとうはお寺にいてお檀家の人と一緒にお経をあげなければいけなかったのだ、という思いがどうしてもまだあるんですよ。したがってそれを取り返すにはどうしたらいいか、ということをいろいろ考えました。そこでそれには私がお寺にいられなかった分だけ大学以外のいろんな場所に出て行ってお話をすればいいんじゃないか、と思うようになりました。日曜講義というものもその一つなんですね。日曜日、月に一遍ですが、仏教を中心としてお話をする。そんな会を積極的にやっております。

お釈迦さまなら何という？

さて、サンスクリットという言語一つをとっても、あるいは仏教のお経をとっても、なかなか分からないことが多いです。そういうなかで何か分からないことがあったらどうするか、というと、やはりお釈迦さまに帰る、ということが必要じゃないかと思うのです。もしいまお釈迦さまがここにおられたら何ていわれるか、というところが価値の基準じゃないか、と思うのです。

そこでわたくしの経験からお話をしますと、二〇〇二年の七月にスリランカへ行きました。キャンディという古い都に仏歯寺といって、お釈迦さまの歯を祀ってあるお寺があります。その仏歯寺の祭りがベラヘラ祭りといって、七月の満月の日を中心にして、一五〇頭ぐらいの象が出てきて、仏さんの歯をお厨子に入れてその象の背中に乗せ、キャンディの町を練り歩くのです。ほんとうに賑やかなお祭りです。スリランカの最大の問題はタミル人（ヒンドゥー教徒）とシンハラ人（スリランカにもともといた民族、仏教徒）の二つが二十年間くらいずっと血で血を洗うような戦争をしていることです。その和平協定がようやく最近になってできたので、初めて外国人がベラヘラ祭りを見に行けるようになったのです。

二十人くらいの方々が一緒にそのお祭りに参加したのですけども、私の家内も参加させていただきました。私の家内は昔、交通事故に遭って、左足の足首の軟骨がなくなってしまい、ある程度の角度をつけておかないと歩けないので、いつもかかとの高い履物を履いています。ところが、スリランカの寺院や仏教遺跡でも、係のお坊さんが「履き物を脱げ」っていうのです。「ここは神聖な場所であるから脱げ」っていうのです。そこでいくら坊さんと話をしても、「ここは神聖な場所だから脱げ」っていうのですよ。現地のガイドもいたし、ことばが分からないんじゃない。私は「お釈迦さまがいたら脱げなんて言うわけがない」といったんですが、「神聖だからここは脱ぐことに決まってるから脱げ」といって、結局わたしの家内はそのツアーの間中、仏跡に入れなかった、ということがありました。そこで私のスリランカ仏教に対する印象も変わりました。

確かに戒・律はあります。戒・律はあるけども、ある時期のある状況での戒・律があったのです。ところが南方仏教は、決められた戒・律をそのまま守るのです。だから身障者などということは意識にないのですね。いまお釈迦さまがそこにおられたら、「ああ、どうぞどうぞ、何でも履いてください」っていわれるにきまってます。「車椅子だっていい、何でもいい」っていわれるにきまってます。しかし、戒・律をマニュアル的にそのまま守ろうとすると、どうしてもそういうことになってしまうんです。

南方のお坊さんは、今も昔からの戒・律を守ってます。そのなかで一番困るのはお金でしょうね。お金を手にしてはいけない、という厳しい律があります。どうするかというと、電車に乗るときにはお供のものか在家の人が傍についていて、ちゃんとお金を払ってくれるのです。それから托鉢の場合も同じです。バンコクにみなさんいらっしゃって、朝早くホテルを出て町に出ますと、在家の方々が托鉢のお坊さんに食べ物を差し上げてます。お坊さんは両手を合わせるだけです。それ以上のことはしない。たまにお金を差し上げる人がいると、お坊さんはハンケチみたいなものを持って、こういうふうに両手を差し出して、その上にお金を乗せてもらうんです。手に持っちゃいけないけれどこうすればいい、というのはナンセンスですね。このような戒・律の守り方をしてる。いまお釈迦さまがおられれば、「いまの世の中だから、お金をためたりしちゃいけないけれど、最低限の必要なお金は持っていい」っていうに違いないと思います。

今回のテーマ

いまの社会にはいろんな難しい問題が起こっています。いまの問題の難しさというのは、何か訳の分からない難しさですね。何が起こるか分からない、という感じの世の中になってきました。お釈迦さまがこういった場合には何とおっしゃるか、というふうに考えざるを得ないと思うんです。そこで今日のテーマにようやく入ることができるわけですが、やはりお釈迦さまが何をお説きになったか、ということをしっかり考えようじゃないか、というところから出発していかなければいけないんじゃないか、と思うんですね。

そうして第一のテーマ。これはまさにいまお話ししておりますように、耳を澄ませて、己をなくして、囚われをなくして、ひたすらお釈迦さまのことばを聞きましょう、というテーマです。それから二つ目のテーマは恨みの問題です。「恨み」、それから「報復」という問題。これも今ほんとうに大事な問題です。いま私どもの国は、町のなかで鉄砲を持った兵隊さんの姿なんかありません。こういう国は非常に珍しいんです。世界のなかで、先進国といわれるような国々でさえも、町のなかで付け剣の銃を持っている兵隊さんがいる、というような国が結構多いのです。いま争いを続けている国——パレスチナ、タイ、イスラエルとか、イラクもそうです——があるなかで、恨みですね。恨みを晴らす、復讐をする、これは何とかならないか、というテーマなんですね。そういうときに仏教徒であったらどうするか。お釈迦さまがいたら何といわれるか、これを考えようじゃないか、ということです。

阿那律の人生を聞く――『増一阿含経』巻三一

居眠りして慚愧する

最初のお話。これはお経の説話のなかでおそらく一番有名な話だろうと思います。阿那律《あなりつ》（アヌルッダ）というのはお釈迦さまの十大弟子の一人です。お釈迦さまには何百人もお弟子さんがいたんだけども、結構その人の個性をしっかり見ていたんですね。人にものを伝えようとする場合――学校の先生のような場合ですね――相手の個性を知っていることが絶対に必要なのです。人間は十人いれば十人、百人いれば百人、全員個性がありますからね。その個性に合った話をしないと相手には通じません。そういう点からいうと、お釈迦さまはおそらく教育者としても最高の先生だったろう、と思います。十大弟子のそれぞれにニックネームがあります。何とか第一、何々第一、というようにいう。例えば、多聞第一というと阿難《あなん》尊者です。お釈迦さまの晩年二十五年間、毎日お釈迦さまの傍にいて、お釈迦さまがハクションっていったらそれも聞いた、というようなお弟子さんですね。したがってお釈迦さまのことばをたくさん聞いた、というので多聞第一というのです。ここに出てくる阿那律というお弟子さんは、天眼《てんげん》第一。天眼とは天の眼です。天の眼というのは、前途あるいは未来を見通す力を持った眼、という意味合いです。もちろん宗教的な意味合いで前途を見通せるということです。手のなかに何か文字を書いておいて、その文字を当てるなんていう意味じゃありません。宗教的な意味合いで、人生が分かる、というような眼ですね。それを天眼といいます。

天眼第一といわれる阿那律の話は、実は二つテーマがあります。一つは、コーサラという国のサーヴァッティーに祇園精舎《ぎおんしょうじゃ》というお寺がありました。今でもその跡がありますね。仏跡参拝に行きますとサヘート・マヘートというところがそうなんです。ここはお釈迦さまが一番多く滞在された、お釈迦さまのお気に入りの場所だったのです。そこであるときお釈迦さまは説法をしていました。何十人のお坊さんがそれを聞いていたなかで、この阿那律という名前のお坊さんはつい居眠りをしてしまいました。

居眠りって、みなさんご経験がおありだと思います。こんな小人数だとなかなかできにくいんですけど、大教室だと、私は結構大きな声でしゃべる方なんですが、それがまた気持ちがよいらしくて寝ちゃう人もいるのです。それなりの癒し効果があったのかな、と思ってこのごろは何も言わないのですけれど。わたくしの経験では、花山信勝という古い先生がおられました。浄土真宗の学者で、東京国際軍事裁判戦犯の教戒師をやってらしたのです。そこで、教室でもしゃべることがお説教みたいな口調なんです。私は『維摩経義疏』の講義を聴いていたのですけど、どうしても眠くなるんですね。もうどんなに我慢して、腿《もも》をつねろうが息を止めようが、どうしてもダメなんです。それくらい眠くなることもあります、ときによると。

いつも恥ずかしい思いをしますが、この阿那律くらいに恥ずかしいと思った人っていないんです。ほんとうに恥ずかしいと思ったのです。お釈迦さまという方はそんなに怒ることはないのですが、そのときは厳しく阿那律をたしなめます。「あんたは泥棒が怖くて仏教の教団に入ったのか。いったい何のために入ったのか」というふうに強く叱ります。すると、そのお釈迦さまの叱りを深く心に受け止めて、「ああ、これは私の本気さが足りなかった。菩提心《ぼだいしん》が足りなかった」とこの阿那律は考えました。これが大事な点なのです。心にしっかり受け止める、ということ。しっかり受け止めること、これが大事だと思うのです。

仏教には「慚愧《ざんき》」ということばがあります。慚愧に耐えない、っていいますね。本来は「慚」と「愧」は違います。「慚」というのは、己に恥じること、恥ずかしかったと自分で思うことです。「愧」というのは、人に対して己の悪かったことを言ってあやまる。これが「愧」です。一緒にして、「慚愧に耐えない」という日本語になったんです。ところがこのごろは「慚」がないのですよ。例えば、新聞の社会面の最後のところの一番下を見ますと、よく「お詫び」という文章が出ているでしょう。「何とか自動車、欠陥隠し」なんていう場合にお詫びを出しますね。どういうふうに書いてあるかというと、「このほどわが社でこうこうしかじかの商品を出した。

みなさまには多大なご迷惑をおかけして申し訳ない」って書いてあります。「今後こういうことがないように努力するから勘弁してほしい」。今後このようなことがないこと、というのは当り前でしょう。もう一度出したら会社はつぶれますからね。当たり前です。ほんとうは「ご迷惑をおかけした」という前に一言なければいけないんです。「私どもの不注意で、私どもが悪かった。恥じている」という「慚」がないのですよ。その己に恥じる、というのがなくて、そのところは隠して、悪くはないけれども結果的にあなたがたに迷惑をかけた、申し訳ない。これじゃほんとうのお詫びにならないんです。ほんとうのお詫びというのは、自分が悪かった、と思わなきゃいけないんですね。そこのところがないから、何だか白々しい感じです。テレビに責任者の人が出てきて頭を下げてるでしょう。ほんとうに悪かったという顔をしてない。そんな感じがするのです。

中道——自分に最適なありかた

ところがこのお話にあります阿那律という方は、ほんとうに恥ずかしいと思ったのでしょうね。せっかく出家をしてお釈迦さまから直に話を聞いているのに、つい眠ってしまった。そこで彼は決心します。どういう決心をしたかというと、「お釈迦さまのそばにいる限り、お釈迦さまが眠ろうが自分は決して眼を閉じない」という決心をするのです。それからは、お釈迦さまが眠ろうと、誰が眠ろうと、阿那律という方は決して目を閉じなかったのです。お釈迦さまは、「そういう刻苦にすぎるのはよくない、身を苦しめるのはほんとうの修行じゃない」とおっしゃった。しかし、彼は止めないのです。ただひたすらお釈迦さまの前で緊張して教えを聞こうと努めている。そういう生活を続けます。

日本にはいろんな宗派があって、そういう宗派のなかには滝に打たれて修行するところもありますね。だけども仏教本来の目的からいうと――お悟りを開くためには多少厳しめの修行も必要であるけれども――身を苦しめるような修行をしちゃいけない。

仏教では「非苦非楽中道」を説きます。中道というと真ん中みたいですが、ほんとうは真ん中じゃないんです。中道といううちの「道」というのは、日本語のイメージでも「人の道」といったり、東海道、中仙道というような幹線だったりします。それから山の「けものみち」みたいな道。もっというと、高村光太郎という詩人の『道程』という詩集のなかで「道」というのがあるんです。「わたしの前に道はない、わたしの後に道はできる」。この場合は自分の行く道、自分が作っていく道。いろんなイメージがあります。仏教でも同じです。

たしかに「四諦・八正道」というようなお釈迦さまが示した太い幹線道路があります。これは幹線道路だから重要なんです。しかし、地方の人が幹線道路に出るのは大変です。それから幹線道路まで上れないような車だってある、ということを考えると、自分の行く道も大切です。

しかも自分の作る道といっても、雪のなかを歩いて行くことを考えれば分かりますが、力のある人は早く進みます。力のない人はゆっくりしか進めない。力のある人の後についていかなきゃいけない。でもそれは、その人の道なんです。そこで、無理のない、その人に合った道、これが「中道」なんです。

ですからみなさんも何か習い事なんかなさる場合に、あまり最初に馬力を掛けすぎると途中でダウンしちゃうでしょう。社会人の方々がよく大学に入学してこられます。七十過ぎて、七十半ばになって大学に正規にお入りになる方もおられます。法学部を出て、会社勤めを終えてインド哲学科に入ってこられる、という方が結構いるのです。こういう方々は非常に張り切っています。新学期に時間表を見せてもらいますと、毎日学校へ行くようになっています。「一週間に三日ぐらいにしたらどうですか」っていいますと、最初は「がんばります」っておっしゃるんです。果たしてだいたいダウンする。一週間に三日ぐらい出校して、三年かかるところを四年、五年かけて勉強する。これがその人の中道です。中道って真ん中じゃないんですね。真ん中じゃなくて、ほんとうにその人に合った道、これが中道です。

ですからみなさんの中には何か計画をお立てになる場合に、ちょっときつめなプランや、ちょっとゆるめなプランがありますね。その人によってどっちでもいいと思うんです。これが仏教の立場ですから、眠らないで修行するなんてよくないにきまっています。だけども、そのあたりがお釈迦さまがマニュアル人間じゃなかった証拠で、「この人はほんとうに反省してる。そういう気持ちを大事にしていこう」と思われて、黙認することになります。そこで、お釈迦さまがお世話していろんな医者に見せたりするのですが、阿那律の決心は変わりません。そこで結果的には失明してしまうわけです。

しかしそのときに、パッと心の目が開いたのです。天眼、天の眼ですね、心の眼が開いた。そこで、彼は十大弟子のなかで天眼第一といわれるような偉いお坊さんになった、という話です。

己をなくしてひたすら聞く――仏教信仰の基本

この話の前半部分で重要な点は、やはりひたすら聞く、ということです。己を虚しくしてひたすらお釈迦さまのことばに耳を傾けた、という真心《まごころ》というか、あるいは誠実さといってもいいし、心の清らかさといってもいい。

信仰ということばがあります。信仰の定義は、仏さまで頭をいっぱいにするという場合もありますが、基本的には心が清らかになるということですね。ほんとうに心が清らかになって、お釈迦さまの言うことがそのまま聞ける、そのままの自分の気持ちと一緒になる。そして自分の生活のなかに出てくる。これが信仰の定義です。そのことを考えますと、この阿那律の態度はまさに仏教信仰の基本ではないか、と思うのです。

それが実は智慧のはたらきでもある。心がそういう状態になったときに第三の眼が開けたわけですから。仏教的に考えると、智慧というのは、頭がいいとか悪いとかということではないのです。ほんとうに己がなくなって、お釈迦さまの言うことがそのまま聞けるようになる。そうすると他人の心も分かるんですね。自分がなくなってしまうから、他人がどんなことを、どんな救いを求めているか分かるようになる。これを〈智慧のはたらき〉というのです。

ですから、そういった心の清らかさと智慧と、それから他人のためという思い――優しさとか愛ですね――これらが一体なのです。ほんとうの信仰はそれだけのものを含んでいる、とお考えになっていいと思います。この話はそういう原点を語っていると思うんです。

悟ってもなお功徳を積む

後半部分の話も同じく祇園精舎での話です。祇園精舎のなかでお坊さんたちが、坐禅をしたりお釈迦さまの話を聞いたり、あるいは身の回りのことをしています。衣を洗ったり、衣を縫ったりしています。お釈迦さまのお弟子さんたちの着ていた衣は、お墓とかゴミ捨てに落ちていた布切れを拾ってきてきれいに洗ってつなぎ合わせるのです。衣といってもインドのことですから、腰に巻く布と上の方に着るような布と、それから寒い地方とか冬なんかに――冬が一応ありますから——その上に羽織るような衣の三衣《さんね》（三枚の布）ですね。普通の人が捨ててしまったものを拾ってきて、お坊さんは衣にするのです。したがってしょっちゅう修繕しないといけない。バラバラになってしまう。

しかし、日本ではいま、緋《ひ》の衣なんていうと——グレードがあるかもしれないけど——一着百万とか二百万、三百万というようになってしまっている。人を救うお坊さんが何百万もする衣を着ているのはおかしいじゃないか、と思いますね。

話を元へ戻すと、そんな衣を阿那律が縫おうとしていたのです。眼をつぶってもうまくすれば縫えないこともないかも知れませんが、針に糸を通すことはできません。そこで阿那律は思わずつぶやきました。「教団内の悟りに達した方々のうちで、どなたか私の針に糸を通し、さらに功徳を積もうとする方はおられないだろうか」。このうち「さらに功徳を積もうとする」というところに意味があります。すると——眼が見えないのでよく分からなかったけれども——誰かが「私が針に糸を通して功徳を積ませてもらおう」といったのです。それは他ならぬお釈迦さまだったわけですね。そこであわててこの阿那律は、「私は他の方々にいったのであって、お釈迦さま、尊師のようにすべての功徳を積まれた、もうすべての修行が終わってしまった方のために申し上げたのではありません」といいました。それに対するお釈迦さまの答えが——これが非常に大事だと思うんです——「アヌルッダよ、世間に功徳を積もうとする人は多いけれども、私にまさるものは他におるまい」というのです。「アヌルッダよ、私は施しや説法などのすべてにわたって足りないことはないが、それでもなお功徳を積もうとしてる。それはわたし自身のためではなく、生きとし生けるすべてのもののためである」とおっしゃった。そこで阿那律は何もいうことができなくなってお釈迦さまに針の糸を通してもらった、という話です。

ほんとうにありそうな話ですね。お釈迦さまはそういう方であったと思うんです。お釈迦さまのお弟子さんは何百人あったか分からないけれども、お釈迦さまに針の糸を通してもらったのは阿那律だけです。ここでは、「私はさらに功徳を積みたい」というこの一言が非常に大事だと思うのです。「お悟りを開く」といいますが、お悟りを開くともうそれより先はないんじゃないか、と思うかも知れません。私もそうなんですが、みなさんの場合も生活のなかで、「ああ分かった」ということがよくあるでしょう。「分かった」といってなんか気がフッと楽になる、という経験があると思います。クヨクヨと、ああでもないこうでもない、考える。しかし朝起きたら、ああそうか、まあいいや、と思ってスーっと心が軽くなったという経験は、誰にでもあると思います。これも悟りの一つといってよいと思います。私たちの場合はすぐ元へ戻ってしまいます、振り出しに戻ってしまう。また同じような経験があっても悩んでしまって、またしばらくたってパッと分かってくる、ということの繰り返しです。実はそれでいいのです。もうこれでよいっていうことはない。いまから十年前に、非常に反社会的な行為をした宗教団体がありました。あのころ、麻原彰晃という人が、自分は最終解脱者だ、最終解脱者は何をやってもいいのだ、というようなことを言っていました。しかし、最終解脱なんていうことはブッダがいうはずはない。ブッダのような人さえも、毎日功徳を積もうとしているのです。そこがやはり仏教の仏教たるゆえんなのです。

そういうことをありのままにおっしゃるお坊さんもあります。例えば、江戸時代の半ばに白《はく》隠《いん》という禅のお坊さんがいて、原の松蔭寺を中心に活躍していました。この人は非常に庶民的な活動をした人であって、仮名法語を著しました。漢字は使いますけども漢文は使わないで、非常に分かりやすいことばで語録を書いたというので有名です。例えば『坐禅和讃』をご存知と思います。「衆生本来仏なり。水と氷のごとくにて、水をはなれて氷なく、衆生のほかに仏なし」というような、ほんとうに分かりやすい和讃を作っています。したがって開けっぴろげに自分のことをいってます。それによれば、白隠は大悟（大きな悟り）を生涯に十八回したそうです。そして、また元へ戻るというよりも、十七回目よりも十八回目の方が上なんでしょうね。それから小悟（小さな悟り）は数知れずと自分でいっています。そんなもんだと思うんですね。私たちの場合だって同じです。小さな悟り、つまり、目からうろこが落ちたという経験を悟りと考えると、悟りを経験しない人なんていないと思います。さっき言ったようにすぐ戻っちゃうのが問題ですけどね。

お釈迦さまもほんとうに最後の最後まで努力をして功徳を積もうとしてきた。これは、仏教の特徴ではないかと思います。例えば私の場合、勉強が仕事になってますね。もう一つは教室へ行って学生さんに講義をするのが仕事になってます。そういうなかで小さな部屋だったら一番いいんですが、一年生の授業など一五〇人とか二〇〇人とか、大きな教室のことがあります。そうしますと寝ちゃう学生もいます。そこで、気を引くようなことも言ったりするけれども、それもうまくいかない、ということもあります。私の恥ずかしい経験では授業を放棄したことが一遍だけありました。阿那律は一人だけども、あるとき一度に十人も寝ちゃったことがあって、すっかり心が冷えてしまったので、「俺はもうお前たちにたいする愛情はなくなった」といって授業を放棄したことが一遍だけありました。そうしたら前の方の真面目な連中が、「先生、ほんとうに止めるんですか」なんて驚いてたけども、「俺は止める」といって教室を出てしまいました。これはいい教えになったらしくて、その後そんなことはおこりませんでした。

そういうなかで私が感じたのは、先生が勉強してないとダメだということです。一年生で入ってくる子供たちというとほんとうに子供ですが、四年生になると見違えるように大人になるものです。まっとうに教育を受けていれば、四年生になると教育効果がでるものです。一年生のときはなかなかその気にならない、つまり菩提心が湧かない。菩提心とは今のことばでいったら、やる気、ですね。なかなかやる気が起こってこないものにやる気をどうすれば起こせるかというと、これは技術ではありません。私ども教師、教壇に立つ方が何か一所懸命やってる、これでいいと思っていない、というような気持ちがあると、聞く側の人にそれが分かるんですね。若い方々の感性ってやっぱりすばらしいですよ。私どもの心をきちんと見抜きますね。こっちがつまんないなと思ってしゃべったら眠ってしまいますが、今日のこの時間はこれを伝えてやろうって本気で思う、真剣に訴える、そうするとほんとうに伝わるものです。

そこで、教壇に立つという立場上から考えると、「私も功徳を積もう」ということばはとても共感を持てることばなのです。「私も学びたい」というように置き換えればいいわけです。おそらくみなさんの場合もそうだろうと思います。小手先で何かしてやろうとしても相手に通ずるものじゃありません。本気で自分でそう思う、本気で自分がやりたいと思っている、ということは必ず相手を動かします。自分がほんとうに功徳を積もうというブッダのことばが身に沁みて感じられる、というわけです。

学び続ける——道元のはげまし

そんなことを言うものの、実はなかなか勉強が進んでいるとはわたし自身思っておりません。しかも、これも読みたい、あれも読みたいというお経などがいくらでもあります。やりたい仕事がいっぱいあります。考えると一年に一冊ずつ本を書いたとしても、あと何冊書けるかと考えると、ちょっと焦るという感じがするのです。昔からよく、日暮れて道遠しといわれます。中国の古典のことばです。仕事が終わらないのに、もう日が暮れてしまった、という感じですね。しかし、「そんなふうに嘆いてばかりいないで、やらねばならない」といってくれている人がおります。誰かというと、道元です。道元というと曹洞宗の開祖とお考えになるんでしょうけど、道元は自分の勉強してきたのは仏法だというのです。禅ともいわない。仏法、あるいは仏祖直伝の教えといっています。おそらく日本仏教のなかで道元くらいお釈迦さまにつながりたいと思った方はいないのではないか、と思います。

鎌倉時代、ブッダを慕う三人衆がいました。もう一人は臨済宗の建仁寺を作った栄西という方です。あとの一人は、栂尾《とがのお》の明恵《みょうえ》上人という方です。京都の北部に高山寺というお寺があって、明恵上人がおられた。この三人はほぼ同じくらいの年代ですね。その方々に共通しているのは、ブッダにつながろうとする、お釈迦さまを慕う、という点です。日本ではそういったタイプの方は比較的少ないですね。直接的にお釈迦さまにつながっていきたいという思いを持ったのはこの三人です。

そのうちで明恵上人と栄西は、鎌倉時代にインドに行こうとしました。実際は、鎌倉時代の一二〇〇年代には、もうインドはイスラム教の時代ですから仏教はなかったのです。なかったけれども信仰の点からお釈迦さまの生まれた国に仏教がないはずがない、と思っていたのです。

いまと違って情報がなかったですからね。明恵上人の場合にはインドへ行くための旅行記まで書きました。いま高山寺へいらっしゃいますと、直筆の旅行記があります。まず中国の長安に行く。長安からシルクロードを通って王舎城（ラージャグリハ）まで何里だと計算するのです。計算をして三年と十日と何時間で着く、という計算をした書付があるのです。その最後のところで、「ああ、参らばや」っていう書き込みがあります。「ああ、行きたいものだ」と書いてあるのです。そのくらいにお釈迦さまに憧れた人です。ただ、明恵上人の場合、夢を非常に信じる人だったので、夢のお告げでインドには行きませんでした。

それから栄西。栄西の場合は本気で考えて中国に渡りました。ところが一二〇〇年代の中国というとモンゴルが勢いを持っていました。北方からモンゴルがやって来るというので中国（宋）政府が西の方に行くことを許可するはずがありません。そこで、栄西はその代わりに中国の臨済系の禅宗を学んで帰って来て、臨済宗の開祖になった。

それからもう一人は道元です。道元という人もブッダに憧れて中国へ渡った。中国へ渡って、禅宗のお寺に伝わる、血脈《けちみゃく》――お釈迦さまから私どもに至る血筋――を中国のお寺へ行ってまず見せてもらおうとしたのです。ということは、やはりお釈迦さまに自分がつながっているということを意識したかったのでしょうね。したがって道元は仏法＝お釈迦さまの教えを学んでいるといい続けて五十歳過ぎにお亡くなりになった、という方です。

この方がいまのわたくしの「日暮れて道遠し」という思いにどう答えを出しているかというと、道元の場合は、修行してその結果として悟りがある、って考えていないのです。修行が原因で悟りが結果だと考えてはいけない、というのです。そうではなくて、修行している姿がそのまま仏さんの姿なんだ、と考えるのです。したがって、私も学びたいとお釈迦さまがおっしゃった、生涯修行をし続けたいというお釈迦さまの心をそのまま読み取っているのです。ですから、雲水さんが坐禅をしていると、お釈迦さまがいることになります。そこで、坐禅の「坐」という字と「仏」という字を合わせて、「坐仏《ざぶつ》」といいます。みなさんの場合も同じで、ただみなさんがひたすら何かを学ぼうとしていらっしゃるということ自体のなかにもう癒しがある、という考え方です。ですから一生涯勉強していればよいのだな、ということが私には分かったのです。そういう意味で、道元の考え方は私どもを支えてくれるものと思います。

坐仏とは、座っている仏さんです。そこに雲水さんが坐禅をしている。まさに座っている仏さんなのです。だからここで私たちがお釈迦さまの話を聞こうとしている、というのは、まさにお釈迦さまがお釈迦さまのことばを聞こうとしている、ということになると思うのです。そこで、いま分からなくても、分かろうとしているだけでいいことになります。分かった方がいいけれども、私どもがとにかくもう少しよくなろうじゃないか、もうちょっと心を清らかにしようじゃないか、と思っていること自体が、もう私どものなかで仏さまがはたらき出している、ということになるわけです。そんなことで、勉強し続ければいつ本が書けなくなってもいいなという、ようやくそういう気持ちになれました。ありがたいことだと思います。

わたくしが直接教えを聞いた玉城康四郎という先生がおられ、数年前にお亡くなりになりました。この先生からわたくしは学部生から大学院まで毎日仏教を勉強しました。この方がお亡くなりになる一年くらい前、無理やりに講演会に出ていただいて講演をしてもらったことがありました。最初は小さな声でよく分からなかったけれども、だんだん興にのってきて二時間くらい話してくれたんですね。最後になったら声も大きくなってそこではっきり聞こえるようになった、というときにおっしゃったことで、「私はこの正月になって初めて分かったことがあった」っていうのですね。「嬉しい」とほんとうにおっしゃいました。「分からなかったら分からないままで死なきゃならなかった。いま分かって嬉しい」といわれたのです。八十過ぎの先生がおっしゃったことがまだ耳に残っております。やはり先生は偉い人だったのです。死ぬまで何かを考えている、何かをやろうとしている、という証拠だろうと思うのです。そんな偉い先生のようにはなれないけれども、やはり思いが残らないように死にたいな、と思います。とにかく勉強していればいい。何かやろうとしていればいい、ということに尽きるんじゃないかと思います。

最初の阿那律が居眠りをしたということから始まって失明して第三の眼が開けた。その阿那律にたいして、お釈迦さまは、私も功徳を積みたい、もっと功徳を積みたい、とおっしゃった、という話。これが仏教の基本だと思うのです。

智慧と愚かさ――『本生話』第四

愚か者チュッラパンタカ

つぎは、智慧とは何か、愚かさとは何かとか、というテーマです。日常生活で、みなさんよく馬鹿、利口っていいますね。ここではその馬鹿とは何か、利口とは何か、というテーマです。したがってこれもなかなか重要なテーマです。馬鹿について書いた本を「馬鹿物」というそうですが、ここでは「仏教はどう考えるか」という問題です。そこでここに登場するのは、マハーパンタカ Mahāpanthaka とチュッラパンタカ Cullapanthaka という兄弟です。マハーパンタカとは原語の意味からいうと、「大きな道を行く人」という意味合いです。チュッラパンタカというのは弟の方なんですけども、「小さな道を行く人」という対照的な意味です。

兄貴の方は頭がいいのですが、弟の方は愚か者です。チュッラパンタカは、日本の文学では周利槃特《しゅりはんどく》という漢字を使って表しております。仏典のなかで一番の愚か者というと周利槃特というくらいなのです。茗荷という名の由来も周利槃特からきている、という話があるくらいです。そのくらいにこの人は愚か者で通っております。なぜ愚か者といわれたかというと、「かぐわしい香りの真紅の蓮華が明け方に開いて香るように、空にかがやく太陽のようあまねく照らすブッダを見よ」という詩がどうしても覚えられなかったから、といわれます。つまり物覚えが悪いんですね。物覚えがよくない。忘れる、っていうことが一般的に愚か者の証拠のようです。そこで兄貴は最初は面倒をみていたけれども、もう手に負えなくなって自分の部屋からおい出してしまいます。チュッラパンタカは困ってお釈迦さまのところへ行きます。すると、お釈迦さまは、「どうして私のところへ来なかったのか」といって、彼に一つの課題を与えます。どういう課題かというと、新しい布を与えて、東の方に向かって、「塵、垢を除け。塵、垢を除け」といってその布を撫でていなさい、というのです。すると彼はそのとおりただひたすらやるのです。この人は師匠のいうことに何ら疑いを持たない。そのまま続けます。そうこうするうちに、幾日たったか分からないけれども、その布がだんだん汚れてくるんですね。最初きれいであったものが汚れてきた、ということに気付いて彼は真理を悟ります。これは最初きれいだったものもだんだん手垢に染まってくる、ということに気付くわけです。

加持感応――教えるタイミング

そこで、彼が真理に気付いたな、と思ったときにお釈迦さまはパッと指示を与えました。よく啐啄同時《そったく》っていいますね。啐啄とは、例えば、ひよこが内側から出ようとして卵の殻を突く。親鳥はその機会を見計らって上から突っつくのだそうです。そうするとパッと割れてひよこが出てくる。これを啐啄同時といいます。仏教で「加持感応《かじかんのう》」といいますけども、そういうタイミングを見計らってお釈迦さまは教えを説くのです。これが大事です。

教育のなかでもし技術が必要だとすれば、そのタイミングでしょうね。最初からいってもダメな場合が多いけれども、タイミングよくいうと、ああそうか、というように分かってもらえることがある。例えば、不登校の学生をよび出して、なぜ来ない、というと、どうしても朝起きられない、といいます。どこか具合が悪いのか、っていうと、体は悪くないが何となく起きられないんだ、っていうんです。何か心因性のものがあるのでしょうね。そういう人にたいして、来なきゃダメじゃないか、っていうと、もう翌日からまったく来なくなってしまいます。そういう場合にはずっと聞きます。何時間というほど時間はかけられないけれど、三十分から一時間くらい聞きます。もうすべてしゃべってしまったなというときに、「じゃ、学校辞めちゃうか」って一言いったことがあります。そうしたら、「辞めません」といって、翌日から来るようになりました。

ともかく、タイミングがあるのです。そういうことをお釈迦さまはちゃんとできる人だったのです。相手の心をちゃんと察してパッと一言で教育できる。ことばってすごく大事です。仏教やインドで業《ごう》を積むという場合に、身《しん》・口《く》・意《い》の三業っていいますね。体（身）を使う。それからあとは心（意）とことば（口）です。ことばも人を動かします。この一言っていうことが非常に大事な場合がある。お釈迦さまという方はそれができたのですね。そこでこのチュッラパンタカという人物は、ハッと分かって立派な仏弟子になった、という話です。

速断速決が利口か？

そこで話を振り出しに戻してみますと、まずいまの日本においてテレビを見てますと、早口で理路整然としゃべるのが利口、といわれている気がします。NHKのアナウンサーなどは機関銃みたいに早口でしゃべりますね。そうするとそれが耳についてるから、少しもたついてると、この人は鈍いんじゃないか、と思うわけですね。だけども早口の人だけがよいわけではありません。ポツポツとしゃべってほんとうにいい感じを出す人もいます。

もう一つは早く判断する、ということですね。クイズがそうです。四択なんていうのがあり、これは多少考えるけれども、白か黒かというのがあるでしょう。嘘かほんとうか。あれはほんとうに難しいですね。三十秒でいわないとブーと鳴るから三十秒で答える。私はああいうのは苦手です。会社でもそうだし、学校でもそうです。早く結果を出す、ということを言いますね。しかし人間の能力にはいろんなタイプがあって、じっくり時間をかけないといい結果が出せない、という人もいますね。会社はしょうがないところがあって、「半年で開発せよ」といわれて三年かかったら馘《くび》になるかもしれません。しかし、人間の能力を考えると、早く結果を出せる人とそうじゃない人がいます。それぞれ持ち味があるのです。だからせめて教育の場では、それを尊重しなければいけないと思います。それなのに、一時間以内で試験の答案を出せとか、クイズ形式で何分何秒の間に白黒決めよ、というようなことをやっています。あれではほんとうの人間の能力を測れないと思います。試験をやっている大学にいながらそんなことを言うのはほんとうに気が引けるのですが、大学だっていまはマークシート方式でテストをしています。マークシートというのは、答えを塗りつぶすところがあって、鉛筆で正しいところを黒く塗るのです。シートを塗りつぶしていくのです。つまり、自分でちゃんとした答えを書くんじゃない試験が多いのです。どうしてかというと、すぐ結果が欲しいからです。なぜすぐ結果が欲しいかというと、こっちの大学の合格発表を見てまた他を受けるかどうか決める。そうすると、どうしたってそうなってしまうのです。だからいまの世の中のメカニズムからすれば、早くものをいって早く判断して、早く結果を出すのが利口だ、ということになります。

だけど、ほんとうに人生を考えるとそうじゃないと思います。じっくり時間をかけて、しかもひたすら聞いて、ひたすら学ぶ、ということができる人がほんとうの智慧者である、と私は思います。しかも、いくら知識があったって他人のことは何にも考えないという人がいたら、そんな知識はない方がいいでしょう。むしろゆっくりものを言って動作は緩慢であっても、ちゃんと他人のことを考えてくれる人の方がいい、と私も思います。そういうところをこの話は実によく語ってくれているんじゃないか、と思うのです。

ひたすら師に倣う

もう一つお話ししますと、お釈迦さまのいうことを虚心坦懐に聞けるということ、これがいかに大事か、ということです。考えてみると、私の学生のころはもう四十年、五十年の昔ですから、まだ先生方を尊敬する風がありました。いまは民主主義の時代、しかも悪平等の民主主義の時代ですから、昔とはちがいます。昔は先生は偉かった。「この先生なら」と思うと、その先生のいうことは何でも聞かなきゃ損だ、という雰囲気がありました。いま考えると、そういう勉強の仕方はよかったと思います。いい加減なことを考えないで、ただひたすら先生のいうことを聞き勉強した、っていうことがやはりよかったなと思うのです。ところが今なかなかそうはいかないということは、さっき申し上げているとおりです。そういうなかで、このチュッラパンタカの話は重要であり、彼は決して愚か者じゃないのです。

孔子の『論語』を見ておりましたら、「為政第二」というところに、こんな話がありました。「子曰く」、孔子がおっしゃったことには、「われ回《かい》という」。回というのは顔回《がんかい》のことで、孔子の第一のお弟子さんです。「私は顔回と話すことがあった」という意味です。「終日、違わずして愚なるごとし」、一日中わたしがずっと話していたのに、ただ黙って聞いて頷いてばかりいた、馬鹿みたいだった、っていうのです。だけども顔回は何をしているのかということを調べてみたら、ちゃんと自分のいうことをきちんと聞いてくれていて、彼は孔子の教えのとおりに生活をしていたといって、最後のところで、「回や愚ならず」、顔回は決して愚か者ではないと言っています。「終日、違わずして愚なるごとし」というのはまさにこのチュッラパンタカと同じような態度であった、というように思うのです。

恨み――『ダンマパダ』五と註

宗教紛争に思う

その次のテーマは「恨み」です。恨みに恨みをもってすればついに恨みは尽きることがない、という話です。際限もなく争いを繰り返している二人の女性の話です。生まれ変わり死に変わりして、お互いに恨みを晴らしあうというすさまじい話なんです。一番最後のところに、有名な『ダンマパダ』(『真理のことば』)の、「恨みに恨みをもってすれば恨みはいつまでも息《や》むことがない、恨みは恨みを離れることによって息む、これは永遠の真理である」ということばがあります。そのことばについて、実はこういう出来事があったからお釈迦さまはこういうことを言われたのである、という話です。これはパーリ語からの翻訳ですけれども、仏教という宗教の特徴をよく表している。他のお経の文句は知らなくてもいいから、これだけは知ってないといけない、というくらいの文章だと思います。

恨みに恨みをもってすれば恨みはいつまでも息むことがない。それはほんとうにその通りです。とくにみなさん、テレビでイスラエルとパレスチナの戦争のシーンをご覧になりますね。イスラエル軍の戦車がやってきてパレスチナ人の住んでいる家を押しつぶします。そうすると子供が出てきて、「悔しい」といって石を投げるでしょう。ほんとうは石を投げなければいいのですが、我慢できないんでしょうね。どうしても我慢できないので石を投げる。そうすると、一つ石を投げるとイスラエル軍の戦車から百発弾が返ってきて、子供も死ぬことになる。だからそこのところをどうにかならないか、と思うわけです。たしかにその子供にしてみれば、親を殺され兄貴が死んだ、ということがあったかもしれない。その恨みを晴らしたい。恨みを晴らすというのはむしろ精神的な行為だと思います。どうにも我慢できない。だからイスラエル軍の戦車を見ると、思わず石を投げた。その後、弾が返ってくるなんて考えなかった、ということだろうと思うんです。ほんとう、やりきれない気がします。今度はパレスチナの側がイスラエル軍の兵隊を傷つけると、また報復があります。戦車を連ねてきて今度はパレスチナの拠点を爆破する。これの繰り返しですね。こうやっていたら、お互いに全員死に絶えるまで戦争が止まないんじゃないか、と思うくらいです。

そのなかで、お釈迦さまがおられたらどうしたかというと、まずは石を投げさせないような教育をするでしょうね。相手側がそのまま攻撃を続けるようだったら話は別かもしれないけれども、相手の心がだんだん変わっていく、というような工作を考えるに相違ないと思います。いまこういうときに出ていって、双方が争うなかで両手を広げるということができるのは、仏教の国の日本なんですね。政治家の方々が仏教をどう考えるか知らないけれども、少なくとも日本は仏教の国です。靖国神社のことをいう前に仏教国であることを自覚して、仏教国らしく恨みに恨みをもってしちゃいけないんだ、というお釈迦さまの心をまず伝えないといけない。効果があるかどうか分からない。その場ですぐ効果が出るなんてことはないかも知れない。だけどやはり言わなきゃいけないんじゃないか、と思うのです。

このことについてはもっといろんな話をしたかったんですが、時間になってしまいました。お経のなかにはほんとうに汲めども尽きぬお釈迦さまの教えというか、心があると思うのです。そういう見方をしていかないと、ほんとうにお経を読んだことにならないんじゃないか、と私は思います。

仏典のことば

共感の原理としての智慧

まさに住するところなくして、しかもその心を生ずべし。（『金剛般若波羅蜜経』）

『金剛般若波羅蜜経』は略して『金剛経』、あるいは『金剛般若経』とよばれ、インド・中国・日本にわたって重んじられてきた経典の一つである。サンスクリット原名をヴァジュラッチェーディカー・プラジュニャーパーラミター Vajracchedikā prajñāpāramitā という。このうち、ヴァジュラッチェーディカーは「ヴァジュラ（金剛）のようによく切れる（切れ味の鋭い）」の意味で、ヴァジュラはダイヤモンド（金剛石）、あるいは、あらゆるものをうち砕く古代インドの武器（金剛杵）のことで、全体としてプラジュニャーパーラミターの形容詞としてつかわれている。

プラジュニャーパーラミターは「根源的な智慧（般若）の完成」の意味であるが、古来、般若波羅蜜（多）と音写されてもちいられている。訳出することによって、原語の深い意味が失われることを恐れたのである。

そこで、この経典の題名は「ヴァジュラのように切れ味の鋭い根源的智慧の完成を説く経典」となるであろう。そのような鋭い切れ味の智慧は何を断ち切るのか、それを明らかにするのが「空」を主題とするといわれる般若経典群の主目的といってよい。

それでは、智慧（般若）によって何が断ち切られるのか。それは一口でいうと、私たちの日常の行動における「執着《しゅうじゃく》」「とらわれ」とよばれる心の態度である。

たとえば、布施とよばれる行為について考えてみると、一般にものを与える私（能《のう》）、受け取る人（所《しょ》）、与える物（具《ぐ》）の三者から成り立っている。この場合、「私が、あなたに、物をくれてやる」という意識をもちやすいことは私たちの日常の経験からしてよく分かるであろう。ところが、このような「私」という意識こそ、「執着」として、般若の智慧によって断ち切られねばならない。同じようにして、「あなた」にも「物」にも「とらわれの心」があってはならず、能・所・具のいずれにもとらわれない布施が行なわれたとき、「布施として智慧が完成した」ことになるのであり、これを「私も空、あなたも空、物も空」（三空）というのである。

ここにあげた「まさに住するところなくして、しかもその心を生ずべし」といううちの「住するところ」とは「とらわれること」の意であり、サンスクリット原文を直訳すれば「とらわれのない心をおこすべきであり、何ものかにとらわれた心をおこしてはならない」である。

中国の最初期の禅宗の史書『伝法宝紀《でんぽうほうき》』に、次のような梁《りょう》の武帝と中国禅の初祖《しょそ》・達摩との問答があげられている。

帝問う、「朕《ちん》、寺を造り人を度《ど》し、経を写し、像を鋳《つく》る、何の功徳かある」。

達摩大師答う、「ならびに功徳なし。これは有為《うい》の善にして真の功徳にあらず」。

梁の武帝は仏教にたいする信仰心が厚く、自分自身で『放光般若経』を研究し、人に講義し、多くの寺を建て、僧を供養したので、人々から「仏心天子」とよばれたという。このように国の財政を傾けてまでも仏教興隆につくそうとした武帝にとってみれば、達摩の顔を見るなり「何の功徳かある」と質問したのは、むしろ当然かも知れない。

しかし、その答えは「無功徳だ。あなたのしていることは相対的な善行（有為の善）であって、絶対的なものではない」ということであった。達摩が「無功徳」といって否定したのは武帝の功徳を期待する心であることは言うまでもない。この話は『碧巌録《へきがんろく》』（第一則、達磨廓然無聖《だるまかくぜんむしょう》）にも収められ、「もし這箇《しゃこ》の無功徳の話を透得《とうとく》せば、なんじに許す、親しく達磨に見《まみ》ゆることを」と評唱《ひょうしょう》されている。

とらわれの心なく「与える」ことができたとき、布施として智慧が完成したのであるが、それは慈悲の心と別のものではない。智慧のはたらきそのものが慈悲であるといってもよい。慈悲の原語の一つにアヌカンパー anukampā があるが、この語は「(何ものかに)従って振動すること、共にふるえること」が原意である。つまり、仏教の主張する智慧、すなわち慈悲は、現代語に置きかえれば「共感」、あるいは「優しさ」である。

このような「共感の原理としての智慧」という発想は、今後重要な意味をもってくると思われる。国際化がすすみ、異文化理解が人類全体の課題となっているが、この場合も「共感」が相互理解の原点となるはずである。また、現在わが国がＯＤＡなどの経済援助において世界最大級の援助をしているにもかかわらずとかくの批判を受けているのは、武帝に見られた「功徳を期待する心」と無関係ではないであろう。

認識から共感へ、共感から実践へ

一切衆生病めるをもって、このゆえにわれ病む。もし一切衆生の病滅《やまい》すれば、すなわちわが病滅せん。（『維摩経』「文殊師利問疾品」）

『維摩詰所説経《ゆいまきつしょせつきょう》』（略して『維摩経《ゆいまぎょう》』）の主人公は在家の長者、維摩詰（原語ヴィマラキールティ Vimarakīrti の音訳）である。この経典の舞台となっているのは古代インドの商業都市ヴァイシャーリー（現・ビハール州パトナ北方）で、ガンガー川北岸にあってさまざまな地方との交易によって古くから栄えた都である。維摩は、このリッチャヴィ族の都のなかでも名の知れた長者である。在家ではあるがあらゆる功徳を積み、仏と等しい境地に達した菩薩であることから維摩居士とよばれる。

維摩居士は在家のままの菩薩として、あらゆる方便（目的を達成するための手段、方法）をつかって、衆生を教化《きょうけ》していた。ところが、その維摩居士が重い病気にかかった、というのである。もちろん、維摩居士は人々に仏の教えを説くために、巧みな方便をつかってみずから病気で苦しむさまを示したのであるが、ヴァイシャーリーの人々は居士の病気をほんとうに心配し、王やバラモンを始め庶民にいたるまで数千人の人々が病気見舞いに集って来た。

維摩居士はこの機会をとらえて、人間の肉身は無常であることを示し、如来の真実の身のみが永遠であり、如来の真実を求める心をおこすよう人々に説き示した。

つぎに登場するのは十大弟子と称される釈尊の高弟たちである。十大弟子とは、

智慧第一の舎利弗《しゃりほつ》
神通《じんづう》第一の大目犍連《だいもくけんれん》
頭陀《ずだ》第一の大迦葉《だいかしょう》
解空《げくう》第一の須菩提《しゅぼだい》
説法第一の富楼那《ふるな》
論議第一の摩訶迦旃延《まかかせんねん》
天眼《てんげん》第一の阿那律《あなりつ》
持律《じりつ》第一の優波離《うばり》
密行《みつぎょう》第一の羅睺羅《らごら》
多聞《たもん》第一の阿難《あなん》

で、彼らはそれぞれ釈尊から維摩居士の見舞いを命じられるが、かつて維摩居士と対論し、それぞれの慢心をくじかれた経験を語って病気見舞いを固辞する。

さらに弥勒菩薩、光厳童子菩薩、持世菩薩、善徳菩薩が釈尊から居士の病気見舞いを命じられるが、それぞれ居士と対論して破られたことを理由に固辞する。

最後に登場するのが文殊師利《もんじゅしり》菩薩で、命じられたとおりヴァイシャーリーの維摩居士の病室を訪ねる。ひととおりの病気見舞いの挨拶が終わって居士の病気の原因に話題が及び、「居士よ、あなたの病気の原因は何なのですか。発病してからどれほど経つのですか。いつ全治するのですか」という文殊師利の問いにたいして答えたのが、「一切衆生病めるをもって、このゆえにわれ病む。もし一切衆生の病滅すれば、すなわちわが病滅せん」ということばである。

経典はつづけていう。

ゆえんは何《いか》んとなれば、菩薩は衆生のためのゆえに生死《しょうじ》に入る。生死あらばすなわち病あり。もし衆生病を離れることを得れば、すなわち菩薩もまた病なからん。

たとえば長者にただ一子ありて、その子病を得れば、父母もまた病み、もし子の病愈《い》ゆれば父母もまた愈ゆるがごとし。

菩薩もかくのごとく、もろもろの衆生においてこれを愛すること子のごとし。衆生病めばすなわち菩薩病み、衆生の病愈ゆれば菩薩もまた愈ゆ。また、この病何の所因により起こるやと言わば、菩薩の病は大悲をもって起これるなり。

もはや、この経典のことばは解説を要しないであろう。維摩居士に代表される大乗の菩薩の病気は、まさに大悲によるのである。仏教においては、「慈悲」というように慈と悲とは同様にもちいられているが、その原語の一つにアヌカンパー anukampā がある。これは語源的には「共にふるえる」という意味を表す動詞に由来する語である。慈悲とは上から下を見て救い上げるといった愛ではなく、相手と同じ立場に立って、共に感じ、共に苦しみ、共によろこぶ心的態度といってよいであろう。

大乗仏教で説かれる般若の智慧は、能・所（主体と客体）の執著《とらわれ》を破るヴァジュラのように鋭い切れ味をもつ智慧であるが、日常の場においては慈悲としてはたらいている。こういえば般若の智慧と慈悲の二つがあるように思われるかも知れないが、それは二つでも二つの側面があるのでもなく、智慧がそのまま慈悲であり、慈悲とは般若なのである。

しかし、仮に私たちの日常的なことばの世界で理解しようとすれば、「認識から共感へ、共感から実践へ」と置きかえることも許されるであろう。

たとえば現在の教育のなかで重要な課題の一つは、国際化の時代において他国の文化をどのように理解させるか、ということである。「異文化理解」「異文化コミュニケーション」などの名称でこの課題が論じられているが、ここで最も重要なのは他国・他民族の文化にたいする「共感的理解」であり、これをとおして援助なり交流なりが行なわれなければならないのである。

この課題を教育の場において考えるとき、「認識より共感へ、共感より実践へ」ということが重要な意味をもってくるのである。

「一切衆生病めるをもって、このゆえにわれ病む」という維摩居士のことばは、いまも重いひびきをもっている。

自分のことばで仏教を語る

修行者たちよ、ブッダのことばをヴェーダ語に変えるものがあれば悪作の罪となるであろう。修行者たちよ、あなた方が自分自身のことばでブッダのことばを語ることを私は認める。(『律蔵』「大品」)

ブッダの時代、インドにおいてはすでにヴァルナとよばれる階級制度が確立しており、最下位に位置づけられたシュードラ階級に属する人々はインドの正統派の哲学や宗教を学ぶことができないように定められていた。しかし、ブッダの教団(サンガ)は生まれ、職業や、男女の性別、貧富の差などのすべてを問題にしないで、ブッダに心から帰依するものがあれば誰でも迎え入れた。そのため、ブッダの教団にはさまざまな階級・部族出身の人々がいて、それぞれが自分の出身地、自分の属する部族などのことばを話していた。現在でもインドは二〇〇種ともそれ以上ともいわれる言語をもつお国柄であり、おそらく当時は現在以上に多くのことばがつかわれていたと思われる。

あるとき、ヴァルナの最上の階級であるバラモン出身のヤメールとテークル兄弟がブッダにいった。

世尊よ、いまサンガには、さまざまな名称の、さまざまな家系、さまざまな生まれ、さまざまな家の出身の修行者がいます。彼らは自分のことばでブッダの教えをけがしています。おお、世尊よ、私たちはブッダのことばをヴェーダ語に変えましょう。

ここでヤメールとテークル兄弟がいうヴェーダ語とは古い時代のサンスクリット語のことである。

西暦前五─前四世紀の文法家パーニニのつくりあげたサンスクリットの文法体系は、ヒマーラヤ山脈の南方、ヴィンディヤ山脈の北方のガンガー中流域地方、いわゆる中原地方に住む学識あるバラモンのことばにもとづくとされる。また、法典のなかでも同じ地方に住むバラモンの言動が、インドの正統派の文化を受け継ぐ人々の基本であるとされることからすれば、この兄弟の主張は当時としてはそれほど奇異なことではなかったのかも知れない。おそらく、彼らもブッダの教えを学ぼうとして教団に入りはしたが、誇り高いバラモン出身者として他の階級出身者のことばが耳ざわりで許すことができない、と感じていたに相違ない。あるいは、彼らは仏教サンガのことばをサンスクリットに変えることによって、ブッダの教団をヴェーダ系の教団のように、社会的に〝高めよう〟としたのかも知れない。いずれにせよ、この兄弟の考えのなかには、サンスクリットが高貴な階級に属する人々のことばであるという、当時の社会通念があったことは事実であろう。

しかし、二人の申し出にたいし、ブッダはきっぱりと拒絶の態度を示した。生まれや職業、性別による差別を一切認めなかったブッダの立場からすれば当然のことであるが、さらに教団のことばをサンスクリットに変えようとすることを罪の一つと考えていた点が重要である。ブッダの教団は人生に悩みをもち、自分自身で道を求める人々の集まりであり、そのような人々は日常のことばで悩みを打ちあけ、語ることしかできない筈である。そのような人々の悩みを聞くことこそサンガの修行者たちのつとめではないか、とブッダはいいたかったにちがいない。

また、ブッダの答えのなかにある「自分のことばで」という表現から、もう一つの重要な意味を汲み取ることができる。それは文字どおり、私たち自身が自分のことばでブッダを語る、ということである。

ブッダは当時の民衆のだれもが理解できることばで、自分自身の悟りという宗教体験の内容を明らかにした。後世の仏教徒たちはブッダのそのことばをよりどころにして、ブッダの悟りを追体験し、彼ら自身の宗教体験の内容を、その時代にふさわしい、彼ら自身のことばで表現した。祖師たちの著作がその祖師自身のことばによって書かれていることを考えれば、このことは容易に理解されるであろう。

そこで、私たちの場合について考えてみると、本当に自分のことばで仏教を語っているであろうか。私たちは種々の経典を読み、祖師の語録や著作にふれ、講義や老師の提唱を聞いたりして、仏教を理解することは可能である。難解とされる経典も多少の努力を重ねさえすれば、その理論構造もよくわかり、何をいおうとしているのかもつかめるようになる。そして経典のことばのままに語ることは誰にでもできる、と言ってよいであろう。

しかし、そこで説かれる真理が私たち自身の日常的あり方のなかで具体的に何を意味しているかということを、私たち自身のことばであらわそうとすると、それがそれほど簡単なことではないのに気づくであろう。経典を読み、ブッダや祖師たちの宗教体験を追体験し、その結果を自分自身のことばで言いあらわすことができたとき、はじめて仏教の真理が自身のものになったと言ってよいのである。禅でいう不立文字ということも、いわば禅体験の概念的把握の拒絶であるが、このことは同時に、他に依ることのない、まったく主体的な自分自身の表現を求める主張である、と言うこともできるのである。

戯論を超えて

ある人が毒を厚く塗った矢で射られたとしよう。彼の親友・同僚・親族・血縁のものは、彼のために医者を迎えにやるであろう。

しかし、彼は「私を射た人が王族であるか、バラモンであるか、庶民であるか、隷民であるかがわからない間は、この矢を抜きとってはならない」というとしよう。また、彼は「私を射た人が何という名で、何という姓であるかがわからない間は、この矢を抜き取ってはならない」というとしよう。（中略）

マールンクヤプッタよ、このようにいっている間に、この人はそれがわからないままで、やがて死んでしまうであろう。（『中部経典』）

あるとき、ブッダの弟子のマールンクヤプッタが、世界は常住であるか、無常であるか、常住であって無常であるのか、常住でも無常でもないのか、という質問に始まり、世界の有限・無限、身体と生命の同異、如来の死後の有無などの十四の問題を提起し、これらの問題について納得のいく答えが得られなければ、ブッダの教団を出て世俗の生活に戻りたい、と申し出たことがあった。このとき、ブッダはこれらの問題自体には直接答えないで、それに代わって説いたのが「毒矢の譬喩」である。十四の問いに直接イエスともノーとも答えなかったので、「十四無記」とも「捨置記《しゃちき》」ともいわれる。

文字どおりには問いに答えないままで捨てておくというほどの意味であるが、これは判断を停止することでもなければ、真実は知り得ないとする不可知論でもないことはもちろんである。ブッダ時代のインドにおいては、最初期経典で六十二見《けん》（世界の起源などに関する六十二の見解）といい、ジャイナ教で三六三の説をあげているように、伝統的な正統派の哲学派や沙門《しゃもん》とよばれる自由思想家たちの間に、世界の起源などについての無数の説が唱えられていた。ブッダはこれらの諸説にたいして、捨置記の態度をとったのである。その理由はつぎの文によって明らかである。

マールンクヤプッタよ、世界は常住であるとの見解があるときも、世界は無常であるとの見解があるときも、〔人間には〕生存があり、老いがあり、死があり、憂い、苦痛、嘆き、悩みがある。私はいま現実に、これらの制圧を説くのである。（『中部経典』）

ブッダが説いた教え《ダンマ》は、いまここで生きている人間存在そのものが負っている病み、老い、死ぬことなどの苦悩を除くために説かれたのであり、それ以外の何ものでもない。一般に、苦の存在たる人間の救済という問題を離れて形而上学的、あるいは超経験的なことがらを論ずることは戯論《けろん》といわれ、この戯論を超えるところに、そもそも仏教の出発点があると言ってよいであろう。

ブッダが悟った真理《ダンマ》は、「諸如来が世に出ても、あるいは出なくても、このことわりは確定したものであり、法として確定し、法として決定したものである。如来はそれを等しく悟り知る」(『相応部経典』)といわれるように、ブッダの出世・不出世にかかわりなく真理性としてある、いわば宇宙の法則そのものである。しかし、それがブッダの悟りという宗教体験を通して、ブッダによって人々に語られるときには、その機会や場所、あるいは人に応じて、もっとも具体的な形で、ある状況のなかにあるその人に示された。「応病与薬」といわれるブッダの態度がそれであり、マールンクヤプッタの場合のように、世界は有限か無限かというような超経験的な問題にたいしては、ブッダは常に「無記」の態度でのぞんだのである。

私は学内のある会議で、この「毒矢の譬喩」を持ち出したことがある。仏教の経典のことばを一般の会議などで語ることは極力ひかえているのであるが、議論のすすめ方を聞いているうちに、どうしても言わずにはいられなくなったのである。大学改革をめぐってある提案が行なわれても、まず問題とされるのは手続き論で、××委員会で審議したかどうかが問題にされ、事の緊急性によってある委員会の審議を後まわしにしようものなら、たとえその提案が改革の根本にかかわるものであっても、討議の対象にさえされないのが普通である。毒矢がいまささっているという現実は、議論している間に人々の意識から消えうせてしまうかのようである。毒矢を抜くことこそが、いまの、この議論の目的であるのに……。

総論が終われば各論で、ここでも同じ議論がくりかえされる。かくして時間だけが経っていく。

毒矢の譬喩は、いまでも確実に意味をもっている。

仏教に秘伝なし

アーナンダよ、私は内外の区別なく法を説いた。アーナンダよ、如来の教えには〝師の握拳《にぎりこぶし》〟はない。（『長部経典』）

クシナガラのサーラ双樹の下でブッタが入滅しようとしたとき、最も悲しんだのはアーナンダ（阿難《あなん》）であった。ブッダ晩年の二十五年間、彼はどんな時も師の傍にあって真心をもって仕え、多聞第一とよばれるほど多くの教えを師より直接聞き、無常のことわりを理解していた筈であったが、師の涅槃の場に居たたまれなくなってその場を離れ、サーラ樹の枝に手をかけ、「私は修行中の身のうえで悟りを開いていないのに、私をあわれんでくださるお方は涅槃に入りたもう」といって、一人泣いていた。

これを知ったブッダはアーナンダを呼びよせ、改めて無常のことわりを説いた後に、彼が尊敬と慈愛に満ちた態度で師に仕えてきたことを称《たた》え、さらに、

アーナンダよ、汝には〝師のことばは終わった。私たちにはもはや師はない〟という思いがあるであろう。アーナンダよ、そのように見てはいけない。アーナンダよ、私の亡き

あと、私が説いた法と律が汝らの師である。

と説いた。ブッダのことばどおり、アーナンダには師を敬慕するあまり師の人格に頼り、自分の問題を自分自身で解決せずに、その答えを師に求めるような傾向があったと思われる。二十五年ものあいだ仕え、常に師のぬくもりにつつまれていたことを考えれば止むを得ないとも言えるかも知れないが、このことによって、彼は師の存命中ついに悟りを開くことができなかった。

アーナンダは師が入滅しようとしていることを知って驚愕し、我を忘れて「どうしても入滅されるなら、二十五年のあいだお傍でお仕えした私にだけ、誰にも説き明かしたことがない師の教えの奥義をお教えください」と懇願したのであった。「如来の教えに〝師の握拳〟はない」ということばは、このようなアーナンダの願いにたいする答えである。「師の握拳」とは師が特別に許した弟子だけに伝える秘密の教え・奥義のことであり、いわゆる「秘伝」である。同じシャカ族の出身者として晩年のブッダに誠心誠意仕えてきたアーナンダが自分のための教えを期待したのは当然かも知れないが、如来の教えはすべての人々に平等に説かれていて、つつみかくすものは何一つない、というブッダの答えは誠に明快である。

仏教という宗教を考える上で、このことばは二つの意味で重要である。第一はブッダの教えの無差別公開性であり、第二には仏教が原理的に「自覚の宗教」であるということである。

第一の点はインドの宗教的伝統から見ると特別の意味をもっている。仏教と同様な社会的・文化的状況下に成立した文献に『ウパニシャッド』があるが、これは「近くに坐る」を意味する動詞から派生した語で、「師と弟子とが対坐して伝えるべき秘密の教え・奥義」を意味している。当時のインド一般の宗教・哲学においては、師の最後の教えは公の場で明らかにされることはなく、静かな森林のなかなどで師が弟子に秘密に伝えるのがふつうであった。

これにたいして、ブッダは最初から最後まで、みずからの悟り体験にもとづく教えを、余すことなくすべての人々に説き示したのである。カーストによって宗教上の信仰までも制約を受けるインドの社会にあって、ブッダのこのような態度はきわめて重要な意味をもっていた。

第二の点は、アーナンダが二十五年ものあいだ師の傍にあって、その教えを常に聞いていたのにもかかわらず師の存命中に悟りを開けなかったのはなぜか、という問題でもある。仏教は「自覚の宗教」ともよばれるように、ブッダの菩提樹下の悟りに始まるが、その悟りとよばれる宗教体験についてのことばによる説明をいくら聞いたとしても、それはことばの理解にしかすぎない。たとえブッダ自身のことばであろうと、聞くものがそれをことばとしてとらえている限り、何の意味もないのである。ブッダの悟りとよばれる自覚体験を追体験しえて、始めてブッダのメッセージをしっかり受けとったことになるのである。したがって、「法」とよばれるブッダの自覚の内容こそ、ブッダ亡きあとは修行者の頼るべきもの、とされるのである。

大乗仏教においては、ブッダの徳性そのものが救済の根拠とされるようになるが、この場合も「私の亡きあと、私が説いた法と律が汝らの師である」という基本的立場は変わっていない。だからこそ、ブッダの徳性を信仰の対象としながらも、修行者は尊師ブッダの自覚の内容をみずからの自覚とするための修行をつづけるのである。

和合僧

尊者よ、サンガと和合すべきである。サンガはまさに和合しており、諍《あらそ》いなく、同一の教えを学んで安穏にすごしている。（『律蔵』僧残法第十）

ブッダはブッダガヤーの菩提樹のもとで無上の悟りを得たのちに、ヴァーラーナシーの鹿野《ろくや》苑《おん》で五人の修行者にたいして初めての説法を行なった。仏伝経典でいう「初転法輪《しょてんほうりん》」である。始めはブッダのことばに耳を傾けようとしなかった五人も、ブッダの確信に満ちた説法によって次第にブッダの教えを信ずる心が生まれ、ついに最初の仏弟子となった。ここにブッダとその五人の弟子からなる仏教教団が成立したのである。仏教教団は原語でサンガ saṃgha といい、中国では「僧伽《そうぎゃ》」と音写し、一般にはさらに略して「僧」という。

仏教は、カピラヴァストゥの王子シッダールタが「悟り」とよばれる宗教体験を経て覚者「ブッダ」となり、その宗教体験が「法《ダルマ》」として弟子たちに説かれ、その教えを信奉し実践する人々の集まりたるサンガ、すなわち「僧」が成立して、はじめて仏・法・僧として完成するのである。

サンガということばはガナ gaṇa と同義で、政治に関していえば「共和制」を意味し、社会的には同業者の組合を表し、もともとその構成員が同等の責任と義務をもつ集団の名称であった。仏教と同じ社会的・文化的環境のなかで成立したジャイナ教もその教団をサンガとよんだので、仏教のサンガは正しくは「仏教サンガ」というのが適当であろう。

仏教サンガは他宗教の教団と比べて幾多の特色をもっているが、まず第一に挙げられるのは、あらゆる意味で無差別・平等の原則の上に立つ教団、ということである。これは歴史的には当時のサンガとよばれる集団の基本性格を受け継いだものであるが、絶対的な平等観の上に立つ仏教が形の上からサンガという名称を採用した、といった方が正確ないい方であろう。

仏教サンガにおいては、その構成員たる仏弟子は、出身階級や身分などとは無関係に、ブッダの教えを信奉・実践して「悟り」を求めるという点で平等であり、サンガ内での修行生活に何の差別もなかった。すべての人間に等しくブッダとなりうる可能性を認めることから出発した仏教からすれば、サンガ内の無差別・平等は当然のことであろうが、カーストやジャーティとよばれる身分・階級制度の上に成り立っていた古代インド社会においては、革命的でさえあったと思われる。

仏教サンガにはバラモン階級の出身者もシュードラ階級の出身者もいたであろうが、いったん仏教サンガに入れば道を求める仏弟子として平等であり、人間の価値は道を認める心が堅固であるかどうかによるとされた。一般に修行者の心境は修行の期間に比例して進むものと考えられていたので、仏教サンガでは先に出家してブッダの教えを多く聞き、修行のすすんだものが上位に着くという、もっぱら実践修行上の価値だけが認められていたのである。

仏教サンガはその意味で開かれた集団であり、ブッダの教えを信奉するものは、その意志を表明することによって、男性であれ女性であれ、だれであっても仏弟子として迎え入れられた。

このように無差別・平等で開かれた仏教サンガにおいて、何よりも重要なこととされたのは和合僧 samagga-saṃgha の実現であった。和合僧とは一致和合したサンガということで、一切平等の立場に立ちながらもサンガが一体となってブッダの教えの実現に励むことである。ある集団が外に向かって開かれており、集団構成員の個性が尊重され、それぞれの構成員が集団の運営などにおいて平等であるとき、その集団をまとめあげる力が重要な意味をもってくるのが普通である。仏教サンガにおいては、この「集団をまとめあげる力」に当たるものは、ブッダの教えに従って悟りを得ようとする仏弟子一人一人の意志であった。仏教の戒（シーラ sīla）は、このような修行者一人一人の意志を表しているのである。

しかし、現実的にはサンガ内で自己主張してサンガの分裂（破僧伽）を企てようとしたものがあり、「尊者よ、サンガと和合すべきである」という『律蔵』のことばは、このようなものに対して他の修行者が忠告していったものである。

その構成員があらゆる意味で平等であり、社会にたいしては開かれ、排他性をまったくもたない仏教サンガは、ある意味では常に分裂の可能性をもっていたとも言えようが、その危機をのりこえることができたのは、サンガにおいて諍いをおこし、サンガを分裂させる行為をいましめる律と、それにも増してサンガの構成員たる仏弟子たちの道心の堅固さによると言ってよいであろう。

中道

修行者たちよ、出家者は二つの極端に親しむべきではない。二つとは何か。ひとつはもろもろの欲望のままに快楽に耽ることである。これは劣っていて野卑であり、凡夫の行ないであり、卑しく無益である。他は自分自身を疲れさせることであり、これは苦であって卑しく、無益である。

修行者たちよ、如来はこれらの二つの極端に近づくことなく、中道を悟った。これが眼となり、智となって、寂静、証智、涅槃に導くのである。

（『相応部経典』）

ブッダガヤーの悟りの座（金剛座）から立ちあがったブッダは、みずからが体験した深い宗教経験の内容（法）をだれに説き示すべきかを考えた。まず初めに心に浮んだのは、悟りの座につく以前に王舎城《おうしゃじょう》で師事したことのあるウッダカラーマプッタとアーラーラカーラーマという二人の修行者であった。しかし、二人ともすでに亡くなっていることを知ったブッダは、西方のヴァーラーナシー郊外の鹿野苑《ろくやおん》で修行をつづけている五人の修行者のところに行くことを決意する。

悟りを開く前のブッダを菩薩というが、五人の修行者とは、菩薩とともに、ガヤー郊外のウルヴェーラーのネーランジャラー河（尼連禅河）のほとりで苦行をしていた者たちであり、菩薩が苦行の無意味なことを知って苦行林を離れたとき、「ゴータマは堕落した」といってミガダーヤへ去り、五人だけで苦行を行なっていたのである。

菩薩が五人の修行者とともに行なっていた苦行は当時行なわれていたあらゆる種類のものであったといわれる。いずれも肉体に苦痛を与えるものであった。たとえば呼吸を止める苦行は、これを実践するうちに耳鳴りをともなう苦痛がおこり、ついで鋭い剣で頭をうちくだかれるような苦痛、硬い革ひもで頭を巻きしめられるような苦痛、下腹部が切りさかれるような苦痛、炭火で焼き苦しめられるような激痛がおこる、と経典は記している。菩薩の苦行はあまりにも激しく、徹底したものであったので、神々も「沙門ゴータマはすでに死んだ」と思ったほどであったという。現在、ラホールやペシャワールの博物館に収められている「苦行する釈迦」の像（日本では「出山《しゅっせん》の釈迦」とよばれる）を見ると、その苦行の激しさとともに、苦行が菩薩の肉体をいかに苦しめたかを如実に知ることができる。

しかし、このような苦行は自分の肉体を苦しめるだけで、決して心にやすらぎを与えるものではないことを、菩薩は知った。

この激しい苦行によっても、私は通常の人や法を超越した最高の智に達することはできない。悟りに至る別の道があるであろう。（『中部経典』）

菩提樹下の金剛座での悟りは、このようにして自覚しえた仏教独自の「悟りへの道」によるものであった。

ブッダが「悟り」とよばれるみずからの宗教体験を語る相手として苦行をともにした五人の修行者を選び、中道の教えを説いたということには、きわめて意義深いものがあるように思える。ここに、仏教におけるすべての修行法の原点が示されているからである。

ブッダは五人の修行者にたいして、さらにつづけて中道の具体的な内容として四諦・八正道を説いたのであるが、とくに、

正しい見解（正見《しょうけん》）
正しい考え（正思惟《しょうしゆい》）
正しいことば（正語《しょうご》）
正しい行ない（正業《しょうごう》）
正しい生活（正命《しょうみょう》）
正しい努力（正精進《しょうしょうじん》）
正しい憶念（正念《しょうねん》）

正しい禅定（正定《しょうじょう》）

という「八正道」が中道のより具体的な姿として示されている。とくに最後にあげられている正しい禅定は三昧（サマーディ samādhi）、禅那（静慮《じょうりょ》〈ディヤーナ dhyāna〉）ともよばれ、出家者にも在家者にも共通する仏教の修行法である。禅定はインドの宗教に共通するヨーガ yoga とよばれる修行法とも通ずるものであり、ブッダの時代から現在にいたるまで、仏教が広まったすべての国々の、すべての宗派に共通する修行法の基本といってもよいであろう。

このことはヨーガについても言えることであり、『ヨーガ・スートラ』は「ヨーガとは心のはたらきを制御することである」という明確な定義を与えている。ヨーガが飛び上がったり、空中に浮いたりすることを目的とするものではないことは言うまでもない。

快楽を追い求めることが宗教的境地に到達することと無関係なことはだれの目にも明らかであるが、苦行主義も身心を損うだけの結果しかもたらさないという仏教の主張には、いま再度耳を傾ける必要があるように思われる。水中に潜ったり、空中に浮いたりすることは仏教の悟りとは何ら関係がないのである。中道はただ非苦非楽の中ほどということではなく、悟りに至る正しい実践方法というべきであろう。

ブッダも耕し種を播く

バラモンよ、私も耕し、種を播いている。耕して播いてから食べている。

(『相応部経典』「第七婆羅門相応・第二優婆塞品・第一耕田」)

それは、ブッダがマガダ国の首都王舎城《おうしゃじょう》をとりまく山々の南部にあるバラモン村に滞在していたときのことであった。ちょうど春の種播きどきで、カシ(「田を耕す」の意味)・バーラドヴァージャというバラモンが五百挺《ちょう》の鋤《すき》を五百頭の牛に結びつけて田を耕していた。やがて食事の時がきて、バラモンは使用人たちに食物を分配しはじめたが、ブッダが托鉢のためにそばに立っているのを見ていった。

沙門よ、私は田を耕し、種を播いている。私は田を耕し、種を播いてから食べる。沙門よ、あなたも田を耕し、種を播きたまえ。耕し、播いてから食べよ。

カシ・バラモンのこのような問いにたいして、ブッダは「バラモンよ、私も耕し、種を播いている」と答えたのである。しかし、カシ・バラモンにはブッダのことばの真意が理解できず、「われわれはゴータマが田を耕し、種を播く姿を見たことがないし、ゴータマの牛も軛《くびき》も鋤も見たことがない。それなのに、どうして〝私も耕し、種を播いている〟というのか」と、重ねてたずねた。

それにたいして、ブッダはその意味を次のような詩句で説き明かした。


信仰は種、修行は雨。智慧は私の軛と鋤、みずから恥じる心（慚《ざん》）は鋤の柄《え》である。禅定はその縄、正念は私の鋤先と突棒。

身とことばを守り、節食し、信によって草刈りをする。

涅槃の楽は私の休息、精進は私の重荷を負う牛、禅定の安穏に運ぶ。

行って帰ることなく、行って悲しむことなし。

これが私の耕作であり、不死はその果実である。

私はこのように耕作し、すべての苦悩より解脱した。


ブッダのこのような詩句を聞いて「耕すこと」の真意を知ったカシ・バラモンは、その場で三宝（仏・法・僧）に帰依することを誓い、仏弟子になったと経典は記している。

ブッダの時代、北インドでは沙門（サマナ samaṇa）とよばれる自由思想家たちがあらわれ、伝統的なバラモン文化の枠をこえて、自由な立場から、さまざまな宗教や哲学説を説いていた。当時の北インドのそのような文化的・宗教的傾向のなかで、ブッダの宗教が始められたのである。カシ・バラモンがブッダにたいして「沙門よ」と呼びかけているのは、ブッダがバラモンたちから自由思想家の一人と見なされていたことを示している。

伝統的な文化や宗教を否定し、カーストまでも否定しようとする沙門たちにたいして、バラモンの側が反感をもち、こころよく思わなかったのはむしろ当然であろう。インドにおいては、宗派を問わず出家修行者を尊重し、出家修行者に食を供養する風習があるが、田を耕すバーラドヴァージャにとって、先祖以来の祀りを否定する「沙門」に食を施すことはどうしてもできなかったのであろう。「自分も田を耕し、種を播いてから食べているのであるから、ブッダもそのようにせよ」という彼のことばは、出家修行者にたいするものではなく、無為徒食《むいとしょく》のものに向けられたもののようでさえある。

ブッダの教団（サンガ saṃgha）では、出家修行者はいかなることであっても世俗的なことがらにかかわってはならず、ただひたすら修行し、人々に教えを説くことが求められた。したがって出家修行者は田を耕したり、木を切ったりするなどの「仕事」をすることは許されないし、金儲けはおろか金銭を手に持つことも許されなかった。「許されない」といういい方は正しくないであろう。出家者はすべて律を授けられて教団に入るのであるが、律は正確には授けられるのではなく、出家し修行しようとする者がみずからの意志で引き受けるものだからである。

このようなインドの宗教史上のことがらを離れて「私も耕し、種を播く」というブッダのことばを見ると、そこに「宗教家」の役割が明確な形で示されていることに気付く。それは「心を耕す」ということこそ宗教家の役割だ、ということである。信仰の種を播き、修行・禅定・精進などの道具で心の田を耕し、涅槃という安穏な境地をその果実として手に入れる——。それはブッダ自身だけではなくすべての人々の場合にあてはまり、人々の心に種を播き、その心を耕し、人々に安穏の果実を収穫させることこそ宗教家の仕事である、とブッダは教えているのである。

ブッダの時代にもただ金儲けのために祭祀を行ない、布施を強要するバラモン司祭が存在したが、現代においてそのような職業的宗教家がいるとしたら、今度はブッダ自身から、「君は本当に人の心を耕しているか。耕してから食べているか」と問われるにちがいない。

自分で真理を確かめる

ヴァーセッタよ、三ヴェーダに通達したバラモンたちのうちで、一人でも梵天を自分の眼で見たものはない。三ヴェーダに通達したバラモンたちのうちで、七代まえの師でも梵天を自分の眼で見たものはない。

（『長部経典』「三明経」）

あるとき、ブッダはコーサラ国のマナサーカタ村に滞在していた。この村は高名なバラモンたちが住んでいる村として知られていたというから、村のところどころで形而上学や宗教についての議論が行なわれていたにちがいない。

ちょうどブッダの滞在中に、この村に住むバラモンの青年、ヴァーセッタとバーラドヴァージャとのあいだに、最高神ブラフマーについての議論がおこった。二人は自分の信じる道こそブラフマー神の世界に至る正しい道であることを主張してゆずらなかった。終日議論をつづけたが決着せず、二人は新たにインドの宗教界に登場した宗教家ブッダのもとに行って、どちらが正しいか判定してもらうことになった。

二人の主張をよく聞いたのちに、ブッダはヴァーセッタにたずねた。リグ・サーマ・ヤジュルの三ヴェーダに通達したバラモンたちのうちで、一人でもブラフマー神を自分の眼で実際に見たものがいるだろうか。ヴァーセッタはよく考えたのちに「そのような人は一人もいません」と答えた。ブッダは重ねて質問した。

古《いにしえ》の聖者たちは、ブラフマー神はどこにいるのか、どんな道をたどってブラフマー神に近づくことができるのか、どこに行けばブラフマー神のもとに行けるのか、このような問題について、「われわれはこれを知っている、自分の眼で見た」と言ったことがあるだろうか。

これについても、ヴァーセッタは「そのように言ったものはありません」と答えるほかはなかった。

ここで「自分の眼で見た」と訳した語は、「面と向かって見る、確かに見る、見証する、確証する」などとも訳すことができる。ブッダはバラモンたちが自分自身でブラフマー神を確証することができない、という点を指摘して、二人の青年の議論そのものが無意味であることを説き、ついに二人を安らぎに至る真実の道たる仏教に導いた、と記されている。

古代インドでは『リグ・ヴェーダ』以来、さまざまな神が信仰されていた。インドラ・アグニ・ミトラなど、アーリヤ民族そのものの文化に根をもつ神々や、それぞれの土地で人々の素朴な信仰を受けている神祇などである。

一般的にブッダはこれらの神々の信仰にたいして、全面的に否定する態度はとらなかったということができる。古い経典のなかでは、ブッダの説法を聞いて土地の神々がこぞって賛嘆の声をあげたという記事はめずらしくないし、ブッダが土地の神祇を祀ったチェーティヤ（廟）を大切にするように説いた、と記す記事もある。

しかし、ここで否定されるブラフマー神は、このような素朴な信仰の対象とされるような神ではない。ブラフマー神は唯一であり、絶対的な存在（仏教ではこのような存在を「常一主宰《じょういつしゅさい》」という）としての神である。あらゆる存在はブラフマー神という第一原因によって成立するという バラモン系の思想家たちの主張にたいしては、ブッダは明確に否定の態度をとったのである。

当時のインドの思想界では、ブラフマー神を世界の根本原因とする説、地・水・火・風などの諸要素が集合して世界が成り立っているとするもの、などの諸説が行なわれていたが、ブッダは「縁起」という観点から新しい世界観、人間観をうち立てたのである。

このような縁起観からすれば唯一絶対の創造神の存在が否定されるのは当然であるが、ここでは「バラモンたちのうちでブラフマー神を自分自身の眼で直接見たものはだれもいない」といって、あえて、自分自身で見証・確証できないものを認めるわけにはいかない、としている点が注目されるであろう。

かつてヨーロッパで仏教研究が始められたころ、ブッダの時代の仏教を「合理主義的な宗教」としてとらえる傾向があったが、このような経典の記事を読むと、彼らがブッダの主張に合理主義、実証主義的な傾向を感じとったのもうなずける気がする。確かに最初期の経典においては、ブッダについての奇跡的記述は比較的少ないし、ブッダの主張に合理的性格があることは認められるであろう。

しかし、ここでは、真理は修行者自身によって直接確証されるべきであり、自身で確証できるものこそ真理である、という仏教の根本的立場をバラモンの青年ヴァーセッタに教えようとしたと解すべきであろう。

教える者の心構え

富楼那《ふるな》よ、まずまさに定に入《い》り、この人心を観じ、しかる後に法を説くべし。穢食《えじき》をもって宝器に置くなかれ。（『維摩経』「弟子品」）

『維摩経《ゆいまぎょう》』は在家の居士である維摩詰《ゆいまきつ》を主人公とする経典です。彼は商業都市ヴァイシャーリーに住む富豪で、家族をもち、商人の組合の長としてはたらきながらも、大乗仏教の空の境地に達しているという、おそるべき人物です。『維摩経』では、この維摩詰（略して維摩）が方便によって病気で床についているさまを示し、人々に教えを説く場面からはじまります。維摩は病むわが身を示して、人々に無常のことわりを示したのち、「ブッダは大慈悲心をもてるお方であるから、私を見舞ってくださるにちがいない」と心のなかで思います。

ブッダは維摩の思いをただちに感じとり、世に十大弟子といわれる高弟たちに、維摩の病気を見舞うよう命じられます。ところが、舎利弗《しゃりほつ》・目連《もくれん》を始めとする仏弟子中の優等生たちは、みな、かつて自分が維摩居士にやりこめられた経験を語り、「私には維摩居士の病気見舞いに行く資格はございません」といって辞退してしまいました。弟子たちは、通常はブッダの命令にはそのまま従うのですが、ここでは一人残らず辞退してしまうのですから、よくよくのことと思わざるを得ません。

彼らがどのような時に、どのように問題について維摩にやりこめられたか、ということを見ると、大乗仏教といわゆる小乗仏教との人間観・世界観の違いがとてもはっきりしてくるように思います。

ここにあげたことばは、十大弟子のうちで五番目に病気見舞いを命じられた富楼那にたいして、維摩が批判していったものです。富楼那とはパーリ語でプンナですので、ここではプンナということにしましょう。

プンナは仏弟子中で「説法第一」といわれるように、巧みなことばで教えを説く点にかけては、彼の右に出るものはいませんでした。「富楼那の弁」ということばがあるほどです。また、プンナの説法はことばたくみであっただけでなく、生命をかけたものであったという話もつたえられています。

このような説法第一のプンナが、ある日、ヴァイシャーリーという町の園林の木の下で、新たに仏弟子となったばかりの修行僧（新学）たちにブッダから教えられたとおりの教えを説いていました。維摩がやって来たのはそのときでした。維摩はその場に着くやいなや、プンナにたいして「富楼那よ、まずまさに定に入り、この人心を観じ、しかる後に法を説くべし」といい放ったのです。

プンナが命をかけて説法していることは認める。しかし、いくら命をかけているからといっても、きまり切った教えを型どおりに説いているだけでは、とうていブッダの心をつたえることはできない。まして、ここにいるのは、道を求めて出家したばかりの修行僧たちではないか。これらの人々がいかにつよく道を求めているかを、あなたはまず知らねばならない。それにはまず、禅定に入って自分自身の心を澄ましてから、新たに学ぼうと決意している人々の心を知るようにつとめなければならない――。維摩はこのように言っているのです。

ブッダの教えに限りない期待をいだいて仏弟子となった人々は、まさに宝の器です。その何にもまして尊い宝の器に、穢れた食物のような、型にはまった陳腐な教えを入れてはならない、ということばは痛烈です。

プンナの立場に立てば、人間は煩悩に縛られた存在で、これを教導していくのが指導者の仕事なのですが、維摩の見方は違います。いま新たにブッダの教えを学ぼうとして入門した人々は、もともと仏性《ぶっしょう》とよばれる無限の可能性を自分自身のうちにもっている。いまここで学ぼうとしていること自体が、その可能性のあらわれである。指導者たるものは、そのことをわきまえて、彼ら自身が自分の仏性を明らかにするよう仕向けなければならない。維摩はこのように考え、あなたが指導しようなどと思うことがそもそも間違いだ、といおうとしたのです。

「穢食をもって宝器に置くなかれ」ということばは、私のように教壇に立つ者の胸にもつきさささってきます。無限の可能性を秘めて、学ぼうとして入学してくるフレッシュマンたちに、穢れた食物をおしつけてはいないだろうか。彼らが本当の意味で宝の器であることを見抜くことができるだろうか。あるいは、彼らが自分自身が宝器であることを自覚していない場合には、それに気づかせる努力をしているだろうか。私は維摩のことばが、このような根本的な問いを私自身につきつけているように思うのです。

罪は心の汚れ

優婆離《ウパーリ》よ、重ねてこの二比丘の罪を増すことなかれ。まさに直《ただ》ちに除滅《じょめつ》すべし。その心を擾《みだ》すことなかれ。ゆえは何《いか》んとなれば、彼の罪性《ざいしょう》は内にあらず、外にあらず、中間にあらず。仏の所説のごとし――心垢《けが》るるがゆえに衆生垢る、心浄《きよ》きがゆえに衆生浄し、と。（『維摩経』「弟子品」）

『維摩経《ゆいまぎょう》』の「弟子品」では、ブッダの十大弟子たちが病の床に伏す維摩を見舞うことをブッダから命じられるのですが、その一人一人が、かつて維摩によって批判を受けた経験を語り、病気見舞いに行くことを辞退してしまいます。ブッダの二大弟子といわれる舎利弗《しゃりほつ》・目連《もくれん》から始まって、ウパーリ（優婆離《うばり》）が登場するのは八番目です。

ウパーリはブッダと同じシャカ族で、理髪師の家に生まれ、ブッダが故郷のカピラヴァットゥに帰ったとき、シャカ族の青年たちに先立って出家しました。ブッダの教団に入ってからは律を守ることこそ仏道修行の第一と考え、自分でも律にもとづいた修行生活をするとともに、他の仏弟子たちが律にふれる行ないをしたときは、ブッダの教えにもとづいて公正にそれを裁定する役割を果たすようになりました。そのため、ウパーリは仏弟子中で「持律第一《じりつだいいち》」と称され、ブッダの入滅直後にラージャガハ（王舎城《おうしゃじょう》）で行なわれた第一結集《けつじゅう》では、律をまとめる責任者となったと伝えられます。

『維摩経』の作者は、このようなウパーリの考え方、仏教教団での役割を充分にわきまえたうえで、経典の舞台に登場させたのです。

あるとき、二人の若い修行僧が律を犯す行為をしてしまいました。しかし、二人はブッダの前に出てその罪を問う勇気がなかったので、教団中で律にかけては第一人者といわれるウパーリのところに来て、「どうか私たちが罪をまぬがれるようにしていただきたい」といいました。そこで、ウパーリは律の定めにしたがって、二人の犯した罪の重さについて解説し、大勢の出家修行僧たちの前で懺悔《さんげ》することが必要だ、などと説いていました。このとき、維摩がやって来て、「優婆離よ、重ねてこの二比丘の罪を増すことなかれ」といって、ウパーリを批判したというのです。維摩のことばを現代語に直せば、つぎのようになります。

この二人の修行僧たちの罪を、さらに重くするようなことをしてはなりません。いますぐに彼らの罪の思いを除いてやりなさい。彼らの心をかき乱すようなことをすべきではありません。なぜかというと、二人が罪を犯したというが、その罪なるものは、内にあるのでも、外にあるのでも、その中間にあるのでもない。ブッダが説かれたように、心が汚《けが》れることによって衆生は汚れ、心が浄らかであることによって衆生は浄らかになるのであるから。

二人の出家修行僧は、自分たちが律を犯した罪を気にして、早く除いてもらう方法を知りたいと思ってウパーリのところにやって来ました。そこまではよいとして、ウパーリは二人が犯したという行為について、律の条文に照らして、彼らの罪の重さを裁定しました。ウパーリは確かに裁判官と同じ仕方で彼らを裁《さば》いたのです。実は、そこが問題だ、と維摩はいっているのです。

ウパーリは、律こそブッダの教えの具体化であり、律をきちんと守ることが仏弟子の第一のつとめであると固く信じこんでいて、自分自身の重大な過《あやま》ちに気づきませんでした。彼は律による裁定をくり返しているうちに、いつしか人間に罪性《ざいしょう》という罪の実体があると思うようになっていたのです。罪性があるからこそ、懺悔したり、罰を受けたりすることによって、その罪なるものが消滅すると考えていたのです。

このようなウパーリの罪性観が、維摩によってきびしく批判されるのはむしろ当然というべきでしょう。維摩によれば、おおよそ罪性というものがどこかにあるというのではなく、心が汚れるとその人も汚れ、心が浄らかになれば、おのずとその人も浄らかになる、というのです。心といい、罪といっても、それらは真如《しんにょ》とよばれる真理性を離れたものではなく、二人の修行僧はたまたまある因と縁が重なって律を破ったのであって、彼らにもともとそなわっている罪性など、どこにもないのです。

それでは、この場合、ウパーリは二人の修行僧に何といえばよかったのでしょうか。

律を破ったことは反省すべきであるが、もともと人間に罪性といわれるようなものがあるわけではない。君たち二人を誤らせたのは、煩悩とよばれる心の汚れだ。心も煩悩も、真実には真如を離れたものではない。このことをかたく信じて、ひたすら修行すればよいのだ。

このようにいえば、きっと維摩も認めてくれたにちがいないと思います。

病気見舞いの心得

そのとき、文殊師利《もんじゅしり》、維摩詰《ゆいまきつ》に問うていわく、「菩薩はまさにいかんが有疾の菩薩を慰喩《いゆ》すべきや」。

維摩詰のいわく、「身は無常と説きて、身を厭離《えんり》せよと説かざれ。身に苦ありと説きて、涅槃を楽《ねが》えと説かざれ。身に我《が》なしと説きて、しかも衆生を教導せよと説け。身は空寂と説くも、畢竟《ひっきょう》寂滅と説かざれ。先罪を悔いよと説くも、過去に入ると説かざれ。おのれの疾《やまい》をもって彼の疾を愍《あわれ》め」。

（『維摩経』「文殊師利問疾品」）

『維摩経《ゆいまぎょう》』の舞台は豊かな商業都市ヴァイシャーリーで、在家の居士《こじ》である維摩は自宅で病床に横たわる姿で経典に登場します。ブッダは維摩居士の病気を知って、見舞いのためにブッダをとりまく弟子たちのなかから「十大弟子」とよばれる人々をさしむけようとしますが、それぞれがかつて維摩からやりこめられた経験を語り、辞退してしまいます。つぎに、ブッダは弥《み》勒《ろく》をはじめとする三菩薩と長者の子である善徳《ぜんとく》に病気見舞いを命じますが、彼らも同じ理由で辞退しました。

そこで、最後に、ブッダの集会のうちの代表者として文殊師利《もんじゅしり》が維摩を見舞うことになります。維摩の病室に入った文殊師利が、「あなたはどうして病んでいるのか。あなたの病気の原因はなにか」と質問したのにたいして、維摩は「一切衆生病むをもって、このゆえにわれ病む」と答えました。一切衆生が老・病・死の苦を背負って苦しんでいるから、菩薩は病むのである、というほどの意味です。

維摩と文殊師利との問答は、このような大乗仏教の基本的な問題から出発して、やがて「病気の菩薩を見舞うにはどうしたらよいか」という具体的な話題に及んでゆきます。「菩薩」というところを私たち自身に置きかえると、一般的な「病気見舞いの心得」になります。大乗仏教で説く菩薩道は特別な人の行く道ではなく、私たちの日常生活そのものを言うのですから、維摩は私たちに「病気見舞いとはなにか」を教えようとしていると言ってよいと思います。

ところで、病気の人を見舞うのは意外にむずかしいものです。何かの義理があってお見舞いする場合も気をつかうものですし、親しい人が病気で倒れたときなど、何といってよいかことばも出ないことがあります。病気の原因や回復の見通しなどがはっきりわかっている場合はまだよいのですが、そうでない人を見舞うときには、私たちはどのようなことばで、お見舞いの心を伝えたらよいか悩んでしまいます。

このようなとき、病む人に「この身は無常なもので、生まれた以上は老い、病み、やがて死ぬものだ」と説いてもよいが、この身を厭《いと》い、捨ててしまいたいという気持ちをおこさせないように、慰め励まさなければならない、と維摩は説きます。いくらこの身が苦しくても、この身を離れた世界を求めさせるようなことがあってはならない。苦しみが長くつづいたりすると、いっそ死んでしまいたいと思うことがあるかも知れないが、そのように追いつめられた心の状態となっている人に、ただこの身の無常であることを説くのはよいことではない。人は生まれ出たからには必ず老い、病み、死ぬ存在であり、そのような存在である以上、苦悩はもともと人間が背負っている重荷であることは確かだ。しかし、だからといって悲観して別の世へのがれ出ようとするのではなく、身の無常であることをしっかり知ったうえで、無常であるからこそ一日一日を大切にして生きてゆこうとする気持ちをおこさせなければならない、と維摩はいっているのです。私たちの場合、なかなか維摩のいうとおりにはできませんが、病気見舞いの基本が、病む人に生きる勇気をおこさせる、というところにあることはよくわかります。

維摩の説く「病気見舞いの心得」のなかでもう一つ重要なのは、「自分の病気から推して他人の病気をおもいやり、その苦悩を知る」ということです。

仏教で説かれる慈悲は、絶対的に優位の立場にあるものが、苦しんでいるものに手をさしのべて救い上げるということではありません。慈悲の原語の一つにアヌカンパー anukampā という語がありますが、これは「なにかとともに震えること」の意味で、相手と同じ立場に立ち、相手と共感し、悩みをともにし、やがて悟りを求める心をおこさせてゆく、ということをあらわします。「病気をしたこともない者には病人の気持ちはわからない」と言われることがありますが、このいい方には一理あると思います。私たちは病気をしないに越したことはないのですが、病気をし、苦しみ、悩むことによって、他人の苦しみ、痛みが理解できるようになることも事実です。このような場合、病気をする前に比べて、その人は一まわりも二まわりも大きくなっていると言ってよいと思います。

本当の分別心

この華をいいて如法ならずとなすなかれ。ゆえは何《いか》んとなれば、この華には分別するところなし。仁者はみずから分別想を生むのみ。

（『維摩経』「観衆生品」）

『維摩経《ゆいまぎょう》』の舞台は、古代インドの商業都市ヴァイシャーリーにある維摩居士の自宅です。ブッダから命じられて維摩居士の病気見舞いに来た文殊師利《もんじゅしり》と、病床にある維摩とのあいだで、空や菩薩行などについてのさまざまな問答が行なわれた末、文殊師利は維摩にきびしいことばで問いつめられ、答えを失って黙ってしまいます。文殊師利の後に従って維摩の家に来ている仏弟子たちや菩薩たちも、息を飲んで二人の顔を見つめています。

このとき、突然、一人の天女が空中に姿を現します。天女は羽衣の裾をひらひらなびかせて空中を舞いながら、天上の花を文殊師利をはじめとする菩薩たちや仏弟子たち、ヴァイシャーリーの市民のうえに降りそそぎます。

ところが、ここに不思議なことがおこります。天上から落ちてきた花は菩薩たちの頭や肩に触れても、そのままスルリと身体から離れて地上に達するのですが、舎利弗《しゃりほつ》などの仏弟子の身体に触れた花は、そのまま彼らの身体に付着してしまい、どうしても落ちないのです。

身体に花が付着したことに気づいた舎利弗は手で払い除けようとしたり、身体をゆすったりして、何とかして花を自分の身体から払い落とそうとしています。その前に降り立った天女は、「尊者よ、どうして花を落とそうとするのですか」と問います。舎利弗は真面目な顔をして、「花を身に着けるのは、出家修行者にふさわしくない。だから取り去ろうとしているのだ」と答えます。このような舎利弗の考え方を批判したのが、「この華をいいて如法ならずとなすなかれ」以下のことばです。「あなたは、この花は自分にふさわしくないと言われますが、花自体に善悪を分別するはたらきがあるわけではありません。この花が自分の身体に付着して身を飾っているように見えたらどうしようという、あなた自身の分別の心、執着の心があなたを動きのとれない状態にしてしまっているのです」という意味です。

出家修行者の生活規範を示す『律蔵』では、出家修行者が身に油を塗ったり、香水をつけたり、装飾品で身を飾ったりすることは禁止されていますから、舎利弗がまず律を犯すことにならないかと怖れたのも無理からぬ点があります。しかし、天上から花が舎利弗の頭や肩の上に落ちてきて付くのは、いわば物理的なことがらで、花自体に舎利弗の身を飾ってやろうとか、舎利弗に律を破らせてやろうとかの分別心があるわけではありません。天上から舞い落ちてくる花を見て美しいと思うか、花が身に付いたら律を犯すことになると思って怖れるかは、舎利弗自身の心の問題だ、と天女はいっているのです。

私たちの日常語で「分別がある」といえば、「ものごとに理性的な判断ができる」という意味の誉《ほ》めことばですが、ここでは、ものごとをあれこれ分けて考え、対立的、あるいは分析的にとらえる見方をいいます。私たちは、ふつうの場合、善と悪などを対立的に考えて自分勝手に判断し、それを気にして自分で苦しみ、追いつめられた気持ちになったりしています。このような分別の心がなくなった境地を〈無分別〉とも〈無心〉ともいいます。

天女はつづけていいます。

あなたがブッダの教えに従って出家したのであれば、分別の心をおこすことこそ、出家修行者にふさわしくないと言うべきでしょう。菩薩の方々を見ると、花は身体に付きません。それは菩薩の方々には、ものごとをあれこれ分別する心のはたらきがないからです。

菩薩たちの身体に花が付着しないのは、天上から降ってきた花がたまたま身にふりかかったと感じているだけで、花で身を飾ろうとか、律に触れたら困るとかいう分別の意識がまったくないからだ、というのです。

舎利弗は天女のことばを聞いて、なるほどそのとおりだと納得しました。その瞬間、身に付いてどうしても取れなかった花は、ハラリと地上に落ちたにちがいありません。律を守ることは仏弟子にとってきわめて重要であることは言うまでもないことです。しかし、それにとらわれ、美しい花を見ても、美しいと思うより前に律を犯しはしないかと怖れるという心のあり方は、自由とか融通無碍《ゆうずうむげ》とかいわれる境地とはほど遠いものだといわざるを得ないと思います。

一切諸法に男女の別なし

われ十二年より来《このかた》、女人相《にょにんそう》を求めて、ついに不可得《ふかとく》なり。まさに何《いず》れにか転ぜらるべきや。（『維摩経』「観衆生品」）

『維摩経《ゆいまぎょう》』の主人公は、商業都市ヴァイシャーリーに住む資産家・維摩居士です。この維摩居士の自宅で、仏弟子中の優等生である舎利弗《しゃりほつ》は、身体に付着してどうしても落ちない花びらを振り払おうとしているとき、そこに現われた天女に「あなたの分別の心が、あなた自身を身動きのとれない状態にしている」と批判されました。もともと優れた資質をもっている舎利弗は天女のいうことをすぐ理解して、「本当にこの天女のいうとおりだ」と思い、天女の力量に尊敬の気持ちをもつようになったにちがいないと思います。

しかし、目の前にいるのは薄い羽衣を身にまとった天女で、どう見ても女性です。そこで、彼は思わず「天女よ、どうしてあなたは女性の身体を男性の身体に変えないのですか」とたずねました。奇妙な質問のようですが、彼がこのようにたずねたのには理由があります。

仏教教団において、最初の女性出家者となったのはブッダの養母マハーパジャーパティーでした。それ以来、多くの女性が出家して男性に勝るとも劣らない高い宗教的心境に達しましたが、古代インドの社会状況や慣習によって、ブッダの教団では女性出家者には男性の場合よりもめんどうな律が定められ、彼女らの修行生活は男性の出家者の保護のもとに置かれました。このような事情から、仏教教団のなかに女性を低く見る傾向が生まれていったことは歴史的な事実といってよいと思います。

しかし、大乗仏教では出家者も在家者も、男も女も、ブッダの慈悲行を実践しようとするものはすべて菩薩とよばれ、そこには何の差別もない、とされています。とはいっても、大乗経典において女性についての見方が定まっていたわけではありません。そのなかの一つに、女性が悟りを開いてブッダとなるためには、女性の身体をいったん男性の身体に変えなければならない、という説があります。この説は「転女成男《てんにょじょうなん》」、あるいは「変成男子《へんじょうなんし》」とよばれます。

舎利弗の質問は、実はこのような女性観によるものだったのです。彼は天女のいうことを聞いて、「あなたほどの力量をもつお方が、女性の身体のままでいるのは惜しいではないか」と思ったのです。

この質問にたいする天女の答えが、「私は十二年のあいだ女性の特性を求めてきましたが、ついに見つかりませんでした。いったい何を変えろと言われるのですか」ということばです。この天女は維摩の部屋にいたというのですが、「維摩の部屋」とは大乗仏教そのものを指すとみてよいと思います。

天女はいいます。「もし、魔術師が幻の女性をつくり出したとき、その幻の女性に向かって、どうして女性の身体を変えて男にならないのかと言うとしたら、意味をなすでしょうか」。舎利弗は答えます。「いや、それは意味をなさない。幻の女性には固定した特性はないから」。天女「それと同様に、あらゆるものに固定した特性はないのです。それなのに、あなたはどうして私に女性の身体を変えるように言われるのですか」。

このように言いおわると、天女は法力によって舎利弗を天女の姿に変えてしまい、反対に自分が舎利弗の姿となります。そして、何が何やらわからなくなって茫然としている舎利弗に向かって、「あなたはどうして女性の身体を男性の身体に変えないのですか」と問い返します。舎利弗の受けたショックは極みに達した、というべきでしょう。「私はどうしてこうなったかわからない」とつぶやく舎利弗に、天女はつぎのように言いました。

舎利弗さん、あなたが本当は女性ではないのに女性のように見えるのと同じく、すべての女性も女性の姿をしているけれども、男性とは別の女性の特性なるものがあるわけではないのです。

このようにいい終わるや否や、天女は法力によって舎利弗をもとの姿にもどし、自分も天女の姿にかえって、「あなたの女性の姿はどこにいったのですか」と舎利弗に問いました。ここまでくれば、さすがの舎利弗も「一切諸法は男にあらず、女にあらず」というブッダのことばの真意が、文字どおり身をもって感得できたにちがいありません。

男性と女性とを区別してとらえ、いったん男性にならないと悟りを開くことができないと固く信じて疑わなかった舎利弗に、「われ十二年より来、女人相を求めて、ついに不可得なり」と答えた天女のことばには、『維摩経』という大乗経典の人間観が明確、かつ具体的に示されていると言ってよいと思います。

具足の法施

もし施主、等心もて一《ひとり》の最下の乞人に施すこと、なおし如来福田のごとくにして、分別するところなく、大悲を等しくして果報を求めざる、これすなわち名づけて具足の法施《ほうせ》という。（『維摩経』「菩薩品」）

『維摩経《ゆいまぎょう》』の主人公は、商業都市ヴァイシャーリーの長者である維摩居士です。彼は在家の人なのですが、大乗仏教の真髄を体得しています。その維摩居士が病床にあるというので、ブッダはまず十大弟子といわれる仏弟子たちに維摩の見舞いに行くよう命じますが、十人ともかつて維摩居士からやりこめられた経験を語り、辞退してしまいます。そこで、ブッダは弥勒《みろく》をはじめとする四人の菩薩に病気見舞いを命じますが、同様な経験をしていたことを理由に辞退します。ここにあげたのは四人目の菩薩である善徳《ぜんとく》にたいする維摩のことばです。

善徳はヴァイシャーリーの長者の息子で、父親の長者の屋敷で一切の出家沙門、バラモン、種々な宗教の修行者たちをはじめ、貧しい人々、身寄りのない人々、物乞いの人々に食を施す会を七日のあいだ開いたことがありました。

インドには裕福なものが出家者や巡礼者などに食を施す習慣が古くからありました。この習慣はいまでも続いていて、たとえばニューデリー北方三百キロほどの、ガンガーに沿ったヒンドゥー教の聖地ハリドワールへ行けば、施食のありさまを見ることができます。そこでは裕福な商人などが食事を用意し、金だらいのような大きな器に入れたご飯を、行儀よく一列に並んでいる巡礼者や乞食の人々のさし出す食器に盛りつけています。この場合、施しをしようとする人（施主）が自分自身で食事を用意し、自分で手渡すのです。善徳の場合も、おそらく彼自身が「私はよいことをしている」という満足した気持ちで、施食をしていたのでしょう。

ところが、施食の会を始めて七日目に、維摩居士が現れて彼にいいました。「善徳よ、君が行なっているのは財施であって、重要なのは人々を安心に導く法施なのだ」。

そこで、善徳が「法施の大会《だいえ》とはなにか」とたずねると、維摩は「それは七日間という期限つきでもなければ、始めも終わりもなく、人々がこの世に存在する限り、いつでも、だれにたいしても等しく行なわれるべきものだ」と答えました。さらにその具体的な意味を問う善徳にたいして説いたのが、ここにあげたことばです。維摩のことばは、

もし、施しをする人がすべての人々にたいして等しい心をもって、あたかも福田である如来にたいするように、最も貧しい物乞いの人々に施し、貧富の区別をしないで、ブッダの大悲の心と同じになって、施しの果報をもとめないならば、それこそ真の意味での法施

を行なっているのだ。

というほどの意味です。

現実の世界においては、財物を施すということは決して無意味ではありません。しかし、維摩居士がいうように、財物を施すことに限度があることも事実です。たとえば、ハリドワールなどの巡礼地で、施しを受ける人々の行列の末尾に並んでいたら、前の人のところでご飯がなくなってしまった、ということもあると思います。

それでは、食事を受けられない人々が出るような布施なら、いっそのこと何もしないほうがよいのではないかというと、そうではないと思います。そこに布施を受けることを必要とする人々がいる限り、たとえ限度のある布施であっても、生きとし生けるものにたいする深い共感（大悲）としてはたらき出すとき、それはすでに法施であり、人々を物的に満足させるだけではなくて安心に導くことになるのです。

これは大乗仏教の主張する布施の本質であり、「智慧の完成としての布施」の意味といってよいと思います。「智慧の完成」（般若波羅蜜）は布施、持戒などの六つの実践徳目として大乗菩薩の行なうべきものとされますが、果報を求めない布施は、いまも重要な意味をもっています。

それは、いまここで使われている「布施」ということばを、発展途上国にたいする「援助」ということばに置きかえてみればよくわかります。日本は政府開発援助（ＯＤＡ）において常に高順位を占めながら、何かと批判を受けています。これにはいろいろな理由があると思いますが、その根底に日本の援助が維摩居士によって批判されたような「財施」にとどまっていて、「法施」となっていないという点があることに問題があるのではないでしょうか。内乱や飢餓などで苦しんでいる人々に、ただ物を与えるのではなく、安心を与え、それらの人々が自立していくための援助を行なうこと、それが法施だと思います。このような安心を与える援助が行なわれたとき、維摩居士は「これこそ具足の法施だ」というにちがいありません。

非道を行じてこそ菩薩

もし菩薩にして非道を行ずれば、これを仏道に通達《つうだつ》すとなす。

（『維摩経』「仏道品」）

『維摩経《ゆいまぎょう》』の舞台は古代インドの商業都市ヴァイシャーリーの維摩《ゆいま》居士の自宅、しかも病室です。見舞に来た大勢の人々のなかで、文殊師利《もんじゅしり》が立ちあがって維摩にたずねました。「菩薩はどのように仏道を歩めばよいのでしょうか」。

「仏道を歩く」ということはブッダの教えにもとづいて生活していくということですから、これは仏教の基本にかかわる重要な問いです。

しかし、この問いにたいする維摩の答えは、「仏道を歩むということは非道を行ずることだ」という、文殊師利をはじめとする人々の意表をつくものでした。

非道とは文字どおり、「道ならざる道」「行なうべからざること」の意味で、日常語でも極悪非道というときは、道理にはずれ、人情に反し、残酷であることを意味しています。したがって「非道を行ずる」とは、仏教の教えからすれば避けなければならないことを行なうのが仏道を実践することだ、ということになります。菩薩たちの指導者といわれる文殊師利さえも理解しかねて、「どうして非道を行ずることが仏道を歩くことになるのですか」と、維摩に聞き返しました。

それにたいする維摩の答えは、おおよそつぎのようです。

菩薩は五つの重罪（五無間業《ごむけんごう》）となる道を行なっても悩みやいかりはなく、地獄へ行っても罪やけがれはなく、煩悩にみちたすがたを見せるけれども心はつねに清らかである。

魔界に入るすがたを見せるけれどもブッダの教えをすてることはない。

金持ちや権力者のすがたを見せるけれども、すべてが無常であることを知っているから貧《むさぼ》ることがない。

すべての世俗の道を行くすがたを見せるけれども、世間の因縁にしばられることはない。

涅槃《ねはん》に入るすがたを見せるけれども、生死流転《しょうじるてん》をつづけている。

文殊師利よ、このように菩薩は道ならざる道を行くのであり、これを仏道に通達しているというのである。

仏教で説く五つの重罪（五無間業）とは、父母を殺し、仏身を傷つけて血を出すなどの、無間地獄におちるといわれる重罪です。そこにおちた罪人は熱気によって耐えられない苦しみを受けるとされています。

菩薩がこの地獄におちて苦しんでいる人を救おうとするとき、自分の身は涼しいところに置き、そこから手をのばして酷熱に苦しむ人を救い上げるのではないのです。彼は自分自身で地獄の底までおりて行くのです。菩薩の生き方は人々と共にあることが基本ですから、地獄におちて苦しんでいる人々にたいしては、「共におちる」ことが救済の大前提になるのだ、と維摩はいっているのです。

このような維摩の主張からすれば、菩薩が魔界に入るということも、当然のことと言えるでしょう。

仏教で説かれる魔（マーラ）は邪悪な霊的な存在というよりも、人間が善を行なうのをさまたげ、修行を妨害する存在です。この魔には煩悩魔《ぼんのうま》、陰魔《おんま》、死魔《しま》、天魔《てんま》の四種があるといわれます。煩悩魔は貪り・恚《いか》り・無知などの煩悩とよばれる心のはたらきが人間を苦しめていることをいったもの、陰魔は人間の心身をつくりあげている五つの構成要素（五蘊《ごうん》）が人間の苦しみの原因となっている点から魔といい、死魔は人間の生命を奪う死そのものを魔といったものです。これらの三つは人間に内在するものであることから内魔《ないま》とよばれます。天魔は仏教の世界観では欲界《よくかい》の第六天に住むとされ、ブッダの成道をさまたげようとしたのも天魔です。内魔にたいして外魔《げま》とよばれます。

このうち、やっかいなのはむしろ内魔の方で、どこか外部から私たちに襲いかかってくるのではなく、つねに私たちと共にいて、私たちを悩ませ、苦しめているものです。このように見れば、「魔界に入る」といっても、どこか、この世のほかに魔王の支配する世界があるというのではなく、貪り・恚り・無知などに支配されて悩み苦しむこの世こそ魔界にほかならない、ということになります。

ブッダの教えをひたすら信じ実践することによって、貪り・恚り・無知をこえることはできるのですが、あえてそれをしないで、貪り・恚り・無知の支配するこの世にとどまって、貪り・恚り・無知を共有しながら苦しむ人々を導いていくのが菩薩の道である、と維摩はいうのです。

このような菩薩の生き方をさらにおしすすめていくと、必要とあればすすんで戒・律をも破る場合もあることになります。

日本中世の戦乱の時代に、「この世こそ魔界である」という意識をもって、維摩の教えをそのまま実践した禅僧があらわれました。それは『一休咄《いっきゅうばなし》』などによって「一休さん」として親しまれている禅僧・一休宗純《そうじゅん》です。少年僧・一休についてはさまざまな奇談・滑稽譚《こっけいたん》が語られていますが、実在の人物としての一休は時の権力者に追従する禅林のありさまをきびしく批判し、形式主義や偽善を憎み、権威主義に抵抗するためには仏教の戒・律をも破ってみせた人でした。彼の詩集『狂雲集《きょううんしゅう》』には、男女間の情事をうたった詩さえあります。

一休が残した「仏界易入魔界難入」（仏界入りやすく、魔界入りがたし）という墨跡は、彼の生き方を端的に語っています。世間とは無関係に自分だけの悟りを求めることは容易ですが、戦乱・飢饉《ききん》・悪疫・天災などで「地獄の苦しみ」のなかにある人々をそのままにして、自分だけが仏の世界に入ることは許されない。酒肆《しゅし》・淫坊《いんぼう》（居酒屋・娼家）のような魔界に入ってでも、人々の心に少しでも安らぎを与えなければならない。きわめて困難な道だが、乱世に生きる仏教者のつとめとして、自分はこの道を歩くしかないのだ、と一休は思っていたにちがいないと思います。

一切衆生悉有仏性

一切衆生はみな如《にょ》なり。一切法もまた如なり。もろもろの聖賢《しょうけん》もまた如なり。弥勒《みろく》に至りてもまた如なり。もし弥勒、受記《じゅき》を得ば、一切衆生もまたまさに記《き》を受くべし。（『維摩経』「菩薩品」）

弥勒はサンスクリットの原語マイトレーヤ Maitreya の音訳で、「友愛」「友情」「慈悲」を意味するマイトリー maitrī に由来するところから慈氏《じし》、慈尊《じそん》と訳されることもあります。

弥勒はブッダから予言を受けて、ブッダ滅後の五十六億七千万年ののちにこの世に現れ、その時代のブッダとしてこの世を救済する菩薩です。弥勒はすでに菩薩としての修行を完成し、いまはあと一回だけ生まれかわればブッダとなることのできる位（一生補処《いっしょうふしょ》）にのぼっていて、いまは兜率天《とそつてん》の善法堂《ぜんぽうどう》で教えを説きながらそのときを待っていると言われます。

未来仏としての弥勒信仰は過去二千五百年にわたって、インド・中国・日本などの仏教徒に大きな影響を与えてきました。中国では、唐の則天武后《そくてんぶこう》（六九〇―七〇五年在位）が自分こそ弥勒の再誕であるとして世直しを意識した統治をしようとしました。また、日本では八―十世紀ごろ、弥勒がいまも説法しているという兜率天に生まれることを願う信仰がおこって、奈良県の吉野山の金峯山《きんぷせん》が弥勒浄土として信仰を受けました。十一世紀以後、末法《まっぽう》意識が強まると、この末法の世の救済を弥勒に求める「弥勒下生《げしょう》」の信仰がおこり、さらに幕末には、弥勒信仰と世直しの民衆運動が結びついたこともありました。弥勒に未来の理想を求める信仰はいまでもあり、ヨーロッパやアメリカでさえもメシアとしての弥勒を待望する人々が少なくないといわれています。弥勒が遠いむかしから現在まで、ブッダに次ぐ仏《ほとけ》として信仰されてきたことがわかります。

さて、『維摩経《ゆいまぎょう》』では、ヴァイシャーリーの自宅の病室にいる維摩のもとに、ブッダが十大弟子たちに病気見舞に行くよう命じるのですが、それぞれがかつて維摩によってきびしく批判されたことを告白し、辞退してしまいます。次いで弥勒をはじめとする菩薩たちが病気見舞いに行くことを命じられますが、彼らも維摩によってやりこめられたことがあり、それを理由に辞退します。

弥勒の場合、彼が未来の世においてブッダとなって人々を救うことを予言された、ということが維摩の批判を受けました。仏教では予言は「受記《じゅき》」あるいは単に「記《き》」といいます。「記」とは、一般には善悪などどちらかに決定することをいい、ここでは、将来かならずブッダとなることはまちがいない、とブッダが与える予言、約束・保証のことです。

将来かならず悟りを開くことができるとか、救われるなどの保証を受けることは日常の宗教信仰においては確かに重要なことでしょうが、維摩はブッダから成仏するという予言を受けることはあり得ないと主張します。なぜかというと、すべての衆生はみな真如《しんにょ》(=如、絶対的真理)であり、ありとあらゆる存在・現象も、もろもろの聖者や賢者も、ふつうの人間から弥勒にいたるまでがすべて真如であるから、と維摩はいうのです。

もともと真理、あるいは真如と人間とは別のものではなく、人間は真如そのものであるから、弥勒が悟りを得るなら私たちも悟りを開くことができるはずです。したがって、ブッダが弥勒に予言を授ける必要はなく、弥勒もブッダから予言を受ける必要はないことになります。私たちの場合も同様であって、ことさらに「ブッダになることができる」と予言される必要はないのです。

大乗経典のなかにはブッダの予言を救済の原理として重要視する主張もあり、このような「あなたは必ず悟りを得ることができる」ということばに励まされて、困難をのりこえて修行の道をすすんでいくこともあることと思います。しかし、維摩は「すべての衆生は真如である」という大乗仏教の原理を示し、たとえブッダからであろうとも自分以外の他人から予言を受けるのではなく、自分自身で真如と一体となることが仏教の究極の救済なのだ、と主張しているのです。

禅宗で伝えられる話《わ》に「世尊拈華《せそんねんげ》」とよばれるものがあります。あるとき、霊鷲山《りょうじゅせん》の法会《ほうえ》においで、ブッダは一枝の花を手に取って修行僧たちに示しました。そこに居合わせた修行僧たちはその意味がわからずにみな黙ってしまいました。しかし、マハー・カッサパ（摩訶迦葉《まかかしょう》）だけが破顔微笑しました。するとブッダはいいました。

私には真実にして、妙《たえ》なる涅槃《ねはん》の心、相対差別の相をこえた不可思議な教え（正法眼蔵《しょうほうげんぞう》、涅槃妙心《ねはんみょうしん》、実相無相《じっそうむそう》、微妙《みみょう》の法門）がある。いまこれを文字によらない、以心伝心の方法でマハー・カッサパにゆだねよう。

これは広く知られている禅の伝法物語です。ここで重要なのは正法眼蔵・涅槃妙心などといわれる悟りの真実は、ブッダだけではなく、もともとマハー・カッサパにもそなわっているものである、ということです。だからブッダからマハー・カッサパへと伝えていくものではなく、ブッダの拈華《ねんげ》という行為を機に、マハー・カッサパがそれを自分自身で自覚した、というべきなのです。ブッダだけに正法眼蔵などといわれる何ものかがあって、それを拈華によってマハー・カッサパだけに伝えた、というのではないのです。

この伝法物語には語られていませんが、そこに並居る他の修行者たちにも正法眼蔵などとよばれる悟りの真実がもともとそなわっているのですから、彼らもやがて機が熟したときには自分のうちの真実に気づくにちがいないのです。

授記（予言を与えること）も受記（予言を与えられること）も、「一切は真如である」という立場に立てばまったく不要であるという維摩のことばには、大乗仏教の根本原理が示されていると言ってよいと思います。「未来の救済者を待つよりも、いま、みずからのなかにある真理に目覚めよ」と維摩はいいたかったのです。

人心浄ければ国土浄し

このゆえに、宝積《ほうしゃく》よ、もし菩薩にして浄土を得んと欲《ほっ》せば、まさにその心を浄《きよ》むべし。その心の浄きにしたがいて、すなわち仏土浄し。

（『維摩経』「仏国品」）

『維摩経《ゆいまぎょう》』の最初の舞台は、古代インドの豊かな商業都市であったヴァイシャーリーのアームラパーリーの園です。この庭園に、八千人の出家修行者や三万二千人という菩薩のほかに、多くのヴァイシャーリーの市民があつまり、ブッダの説法を聞いていました。そのなかに、ヴァイシャーリーに住んでいるリッチャヴィ族の富豪の子で、宝積《ほうしゃく》という青年がいました。宝積とはラトナーカラ Ratnākara という原語を訳したもので、「宝の蔵」というほどの意味です。

宝積は五百人のリッチャヴィ族の若者とともにブッダを礼拝し、賛嘆のことばを述べてからブッダにいいました。

この五百人のリッチャヴィの若者は、みなすでに無上の悟りに向かう心をおこしていて、菩薩の清浄な仏国土とはなにか、どのような実践によって菩薩の清浄な仏国土を建設することができるか、ブッダにお聞きしたいと願っております。ブッダよ、菩薩の清浄な仏国土をつくりあげるには、どうしたらよいかをお説きください。

この宝積のことばを聞くと、ブッダは「宝積よ、仏国土を浄めるためにはどうしたらよいかを問うのは、実によいことだ」といって大いによろこびます。大乗仏教では悟りを求める心（菩提心《ぼだいしん》）をおこすことが何よりも重視されますが、宝積をはじめとするリッチャヴィの若者が、自分自身の安楽の境地を問題にしないで、清浄な仏国土を実現するためにはどうしたらよいかを問うている、ということがブッダの心にかなったのです。

そこで、ブッダはまず「菩薩の仏国土」とはなにか、ということから説きはじめます。大乗仏教で菩薩というとき、観音や勢至《せいし》などのブッダに等しい位をもつ大菩薩はもちろんのこと、出家・在家を問わず、悟りを求める心をおこしたものはすべて菩薩とよばれます。そこで、「衆生のたぐいはこれ菩薩の仏土なり」といわれるように、菩薩の仏国土とは、私たち人間や動物が住むこの国土、この社会が仏国土である、ということになります。

浄らかな仏国土をつくりあげるということは、衆生の国土、すなわち、私たちが住んでいるこの国土を浄らかにすることである、とブッダはいっているのです。

ブッダはつづいて仏国土を浄めるための要件として、直心《じきしん》・深心《じんしん》・菩提心をおこすべきことを説きます。直心とは直《なお》き心、素直な心、純真な心です。ブッダの教えを素直に聞き、誠意をもって実践しようとする心をいいます。深心とは深い心、ブッダの教えについての理解が深まり、確心が生じたことをいい、菩提心は無上の悟りに向かおうとする心です。

さらにこの三心をおこした菩薩の具体的な実践方法として、布施・持戒などの六つの実践行をはじめとする大乗仏教の実践徳目が述べられたうえで、

それゆえに、宝積よ、菩薩が清浄な仏国土をつくりあげようとしたら、その心を浄めなければならない。その心が浄くなることによって、仏国土は清浄となるのである。

ということばで結ばれています。

それでは「その心を浄める」とはどういうことか。もし、自分の心さえ浄ければよい、というのであれば、それは観念論的な一人よがりになってしまうでしょう。そこで、心を浄めるということは、ただ自分の心を浄らかにするだけではなく、必ずそこから行動が始まることまでを含めていっている、と解すべきだと思います。

「国土を浄める」実例として環境問題を考えてみましょう。この場合、「心を浄める」とは、環境の保全が人類や動物が生きていく上で必要不可欠であることを認識し、まず環境を浄化しようと決意すること、といってよいと思います。経済上の利益などよりも環境の浄化がまず必要であるとする考え方は、まさに「心を浄める」ことに当たるでしょう。

かつては日本でも工場の排出物などによって川の水が汚染され、魚も棲めないようになった

ことがありました。しかし、この問題を「公害」としてとらえようとする傾向がつよまり、昭和四十四年には最初の『公害白書』が出され、川の水を浄化する努力がはらわれた結果、全国のほとんどの河川で魚の影を見ることができるようになりました。

しかし、一口に環境といっても、一度破壊されてしまうと生き返らせることのできないものもあります。一九九七年七月、内モンゴル自治区の元の上都《げんじょうと》址付近の草原は金蓮花《きんれんか》の黄色い花で埋めつくされていました。ところが二〇〇〇年七月、草原一帯に咲く花を期待して同地に出かけたのですが、ほんのわずかな土地に金蓮花の姿を見ただけでした。昨年は雨が降らず、異常に暑い日がつづいて、緑の草原とはとうてい言えそうもないありさまでした。まっ茶色の草原を見て、温暖化が地球規模ですすんでいることを実感しました。

これに加えて開墾と乱開発によって内モンゴルの多くの草原は砂漠化し、風の強い日には砂が天にまいあがって、遠くから見ると黄色い煙が立ちのぼっているかのようでした。

いったん砂漠化した草原がよみがえることはきわめて困難であり、むしろ不可能といった方がよいのかも知れません。

二〇〇〇年の春、中国の北京を三メートル先も見えないほどの砂嵐がおそったことがありました。それが内モンゴルの草原から飛来したものと知った中国政府は、北京の北方に当たる正《せい》藍旗《らんき》の草原に大規模な火力発電所を建設することを計画していたのですが、それを延期したと聞いています（現在は完成）。

もはや手遅れの感がありますが、そこには中国政府の選択があったわけであり、国土を浄めようとする心が確実にはたらき出したことは事実でしょう。

「国土を浄めようとしたら、まず、人間の心を浄めなければならない」という主張は、今後ますます大きな意味をもってくると思います。

二項対立を超えて

文殊師利《もんじゅしり》は維摩詰《ゆいまきつ》に問えり。「……仁者、まさに説くべし。何らをかこれ〝菩薩、不二の法門に入る〟なる」。ときに維摩詰は黙然《もくねん》として言《げん》なし。（『維摩経』「入不二法門品」）

『維摩経《ゆいまぎょう》』という経典は、主としてヴァイシャーリーの長者、維摩居士と仏弟子や諸菩薩との対話で構成されているが、「入不二法門品」は、居並ぶ菩薩三十二人が次々と立ち上がって維摩と対論する、少し変則的な「菩薩のシンポジウムの章」である。

維摩があげたテーマは「入不二法門」、すなわち、「菩薩が不二の法門に入るとはなにか」である。「不二の法門とはなにか」と問わないで、「不二の法門に入るとはなにか」と問うているのは、このテーマを現実問題として、自分の生き方の上で実践的にとらえるとどういうことになるのか、を問題にしているからである。

「不二」とは、文字どおりには「二ではないこと」、あるいは「二がないこと」を表している。インド六派哲学の一つであるヴェーダーンタ学派、とくにシャンカラの系統においては不二論

(advaita-vāda) が主張される。この派の主張によれば、現象世界はすべて宇宙的原理たるブラフマンの顕現であり、この意味においてブラフマンと現象世界は「不二」である。絶対的な原理ブラフマンから全世界が展開するというのであるから、この主張は「不二」というよりも「一元論」とよばれるべきであろう。

維摩が問うている「不二」は、「不二二元論」の対極ともいうべきものである。現実世界には種々雑多な事柄や事象が生起しているが、それらは、普通の場合、自と他、善と悪、老と若、生と死、美と醜、男と女、さらには理想と現実、迷いの世界と悟りの世界というような対立した関係としてとらえられている。しかも一般には、このような相対《あい》立する二つのもの（こと）は一つにはならないと思われていて、あるものは白が正しいといい、他のものは黒が善であると主張する。このような対立が昂じると二つのものの間に対立抗争がおこり、現実の場においては両者の衝突が生ずる結果となる。

さて、ブッダ以来、大乗仏教にいたるまで仏教思想を根底から支えているものは「縁起」観である。存在するもの――ここでは善悪、自他などの二つのもの――はそれぞれ独立不変の固定した実体（我《が》、自性《じしょう》）をもって存在しているのではなく、もろもろの因（直接的原因）と縁（間接的原因・条件）によって成り立っている無自性《むじしょう》の存在である。このような存在のあり方を「空《くう》」というが、二者対立は無自性・空としてのあり方であり、根底は不二・一体をなしていると言うことができるであろう。換言すれば、ここでいう「不二」は「二にして一」という存在のあり方である。

維摩のこのような問いにたいして、法座にいる菩薩たちから、生と滅、浄と不浄、垢と浄、罪と福、世間と出世間、生死と涅槃、菩薩心と声聞心《しょうもん》、などの対立するものが「不二」であると主張され、たとえば「心相は空にして幻化《げんけ》のごとしと観ずれば、菩薩心もなく、声聞心もなし。これを不二の法門に入るとなす」とコメントされる。

これら三十一人の菩薩がそれぞれの心境を述べ終わった後に、文殊師利は「わが意のごとくんば、一切法において言なく、説なく、示なく、識なく、諸問答を離るる、これを不二の法門に入るとなす」といって、諸菩薩の主張をしめくくっている。文殊師利によれば、三十一人の菩薩はこの問題に真向《まっこう》から立ち向かい、それぞれの心境を語っているが、それでもまだ「不二」といううちの「二」にとらわれ、ことばを尽くして議論している。そのようにことばによっては語ることのできないもの、それが「不二」である、と文殊師利はいう。

そこで、最後に文殊師利の方から維摩に「不二の法門に入るとはどういうことか」という問いが発せられたのに対して、維摩は無言で答えた、というのである。

古来から「維摩の一黙《いちもく》、響《ひび》き雷《らい》のごとし」といわれているところであり、中国の僧肇《そうじょう》や道生《どうしょう》をはじめとする註釈家たちは、文殊師利がことばを使って「不二」を説いたのにたいして、維摩は沈黙をもって真理を表したのであるから、維摩の心境の方がはるかに高い、という意味の註釈を加えている。

しかし、文殊師利が菩薩たちの見解を一応は認めながらも、それらを「二」と「不二」を対立的にとらえた議論だとして、真実には文字もことばもないところが「不二」だと語った、その文殊師利の語った内容を身をもって示したのが維摩の沈黙である、というべきであろう。文殊師利も菩薩たちの議論が尽きるのを待って、「言なく、説なく」といったはずである。

このように見れば、菩薩たちより文殊師利の心境が高く、維摩はその上にいるという理解の仕方こそ、事態を対立的に見ていることになるであろう。

もし、菩薩たちや文殊師利の主張が述べられず、舞台の上にいきなり維摩の沈黙のシーンが現れたとしたら、聴衆は理解に苦しむにちがいない。三十二人の菩薩の所信の表明、文殊師利による「真理はことばを離れている」という解説があった後の維摩の沈黙という順序が、実は重要な意味をもっているのではないか。

「悟り」とよばれる宗教体験を重視する仏教においては、悟りの体験はことばではいい表せないとしながらも、悟りへの道を示す実に多くの経典が作られ、高僧による無数といってよいほどの語録が残されている。悟りの経験とことば、文字とその内容も、根底に「不二」があると言わねばならない。

ヒンドゥー教から見た仏教

多神教としてのヒンドゥー教

「ヒンドゥー教」ということばは、ヒンドゥイズムという原語の訳語で、「インド人の宗教」というほどの意味です。しかし、「ヒンドゥー教とは何か」を定義するのは、それほど容易ではありません。この宗教には仏教やイスラム教の場合と違って特定の開祖はなく、また教理の内容も『ヴェーダ』や『ウパニシャッド』などのインドの正統派といわれるものから、ドラヴィダなどの原住民のシャクティやリンガ崇拝にいたるまで、さまざまな要素がいりまじっています。

「インド人はヒンドゥー教の信者になるのではなく、ヒンドゥー教徒として生まれる」（ルイ・ルター）といわれるように、ヒンドゥー教は宗教的信仰だけではなく、インドの文化や社会制度、風俗・習慣などのすべてを含むものと言ってよいと思います。

ヒンドゥー教が多くの神々を崇拝する多神教であることはよく知られています。私たちがインドを旅行してまず驚くことは、この国のどこにおいても、家庭、学校、銀行、商店、バスやタクシーのなかにも、さまざまな神像や絵が祀られていることです。それは踊るシヴァ神の像であったり、幼児の姿をしたクリシュナであったり、悪魔を踏みつけたカーリー女神の絵であったりで、これらを見れば、この宗教が「多神教」であることがよくわかります。

このように、ヒンドゥー教はヴェーダの宗教の伝統を受けて多くの神々を立てる宗教であり、しかもヒンドゥー教徒はそのうちの特定の神を信じるように要請されるわけでもないのです。一般的には、その人が生まれた家の伝統的な「家の神」を祀り、その村の「村の神」を信じ、さらに家族の一人一人が「自分の好む神」をもっています。この場合、この三種の神は同一の神であってもよいし、別の神でもよいとされます。このことからしても、ヒンドゥー教の神観念がきわめて広く、また、自由なものであることがわかると思います。

日本では、「八百万《やおよろず》の神々」などといいますが、ヒンドゥー教の神々の数がどれほどであるかは見当もつきません。無数といってよいのではないでしょうか。

ヒンドゥー教、あるいはヒンドゥー神話の多くの神々のうちで、最も古いものはすでに『リグ・ヴェーダ』において讃歌をささげられていたもので、この系統の神々のなかにはインドラ

（仏教の帝釈天）、アグニ（火神、火天）、ブラフマー（梵天）などがあります。

しかし、現在、ヒンドゥー教徒の信仰の対象とされる神々は、叙事詩『マハーバーラタ』や『ラーマーヤナ』、あるいは『プラーナ』とよばれる文献に登場するものが多く、『リグ・ヴェーダ』以来の神々も新しい性格を与えられています。たとえば、ヒンドゥー教の神々の信仰のなかで重要な地位をしめているヴィシュヌ神は、『リグ・ヴェーダ』においてはインドラやアグニ神以上の信仰を受けていたわけではなく、叙事詩や『プラーナ』において、クリシュナ神と同一視されて、民衆の信仰を受けるようになったのです。

また、ヒンドゥー教の神々のなかには、『リグ・ヴェーダ』以来のインド・アーリヤ系のものだけではなく、それぞれの土地の神々、あるいはある部族の神々など、いわゆる民間信仰のマイナーな神々も含まれています。それらの神々は、特定の地方的、部族的な性格を保ったままでヒンドゥー教の神とされるものもありますが、多くの場合は、ヴィシュヌ神などと同一視されたり、何らかの関係を与えられてヒンドゥー教の神話・神学に組み入れられています。

ヒンドゥー教と他宗教との関係を見るとき、このようなヒンドゥー教の基本的な性格が重要なはたらきをもっていることがわかります。たとえば、南インドで崇拝されているミーナークシー女神（「魚の目を持つ女神」の意味）はもとドラヴィダ系の女神でしたが、シヴァの神妃パールヴァティーと同一視されるようになり、シヴァ神との結婚を通して、ヒンドゥー教神話に組み入れられました。

このようにヒンドゥー教の神観念はきわめて広く、また自由であり、ヒンドゥー教徒にたいする教義上の拘束力は決して強いとはいえません。このことが、ヒンドゥー教と他の宗教との関係においても、重要なはたらきをしています。ヒンドゥー教はもともと対立している見解や宗教にたいして、正面から対立・対決するのではなく、自分たちの信じている神々や宗教思想と相手方のそれとの同一性・関連性を認めたうえで、ヒンドゥー教自身の神学・神話・儀礼のなかにとりこんでしまうのです。

中世のインドでは、バクティ bhakti（「信愛」「誠信」などと訳されています）とよばれる、神にたいする絶対的な帰依を中心とする宗教運動がおこりましたが、このバクティに基礎をおいて、根本的に異なる宗教的な伝統をもつヒンドゥー教とイスラム教の交流を説く人々もあらわれました。現在のインドでのヒンドゥー教徒とイスラム教徒の対立・抗争は、ただ教理や信仰の相違によるのではなく、むしろパキスタンとの分離独立以来のインドの歴史的な事情によると言ってよいと思います。

ヴィシュヌ神の化身

ヒンドゥー教の主神はブラフマー、ヴィシュヌ、シヴァの三神であると言われますが、これは三神一体説という神学上からのもので、実際はヴィシュヌとシヴァの二神が信仰の対象とされます。

ヒンドゥー教の三大神の一つとされるヴィシュヌ神は、さまざまな姿でこの世に現れて人々を救済する、と信じられています。『法華経』の「普門品」に観世音菩薩が救済すべきもののあり方に応じて三十三の身を現す、と説かれるのと同じ考え方です。

ヴィシュヌ神の化身（アヴァターラ avatāra、「権化《ごんげ》」とも訳されます）の数は、多い場合は二十二種があげられますが、通常は十種です。十種の化身は順序がきまっていて、

一　魚……マツヤ
二　亀……クールマ
三　野猪……ヴァラーハ
四　ヌリシンハ……半分がライオン、半分が人間の姿をした化身
五　ヴァーマナ……掌《てのひら》に乗るほどの小さな姿をした化身

六　パラシュラーマ……斧を持つラーマ
七　ラーマ
八　クリシュナ
九　ブッダ
十　カルキ……未来に出現する化身

という順序でヴィシュヌ神はこの世に化身を現すとされます。

これらの化身のそれぞれに、神話的な理由が説かれています。たとえば、第一の魚については、太古において大洪水がおこったとき、ヴィシュヌ神は魚としての化身を現して人類の始祖であるマヌをたすけた、といわれます。ちなみに、この神話は旧訳聖書『創世記』の「ノアの箱舟」の話に対応するものです。また、ラーマやクリシュナは現在にいたるまで、インドの人々によって熱烈に信仰されている神々です。

それでは九番目に位置づけられているブッダについては、どのように説かれているのでしょうか。ブッダを第九とする十の化身は『プラーナ』とよばれる文献のなかの『アグニ・プラーナ』『シヴァ・プラーナ』『バーガヴァタ・プラーナ』などで説かれていますが、ここではヴィシュヌ派の聖典とされる『バーガヴァタ・プラーナ』に記されている「ブッダとしての化身」の物語を紹介したいと思います。

ヴィシュヌ神のブッダとしての化身物語

むかし、神々とアスラたちとの戦いがあり、神々はアスラに敗けた。そこで、神々は「おたすけください」といって、イーシュヴァラ（自在神、ここではヴィシュヌ神）に庇護を求めた。そこで、ヴィシュヌ神はシュッドーダナ（浄飯《じょうぼん》）王の子としてこの世に生まれた。彼は悪魔ダイティヤたちをたぶらかし、ヴェーダの宗教をすてさせたので、彼らも仏教徒となり、さらに他の人々にもヴェーダをすてさせた。彼は阿羅漢《あらかん》となり、他の人々をも阿羅漢とならせた。このようにして、人々はヴェーダの宗教をすててパーシャンディン（ヴェーダを尊重しない異端の者）となった。人々は地獄に堕ちるにふさわしい行為《カルマ》をおこない、非法《アダルマ》をも認めた。そこで、カリ・ユガ期（四つの世界周期の最後の時期、正法《ダルマ》が四分の一しか残っていない末世）の末には、すべてのカーストに混乱がおこった。道徳をすてたダシユたちがはびこり、宗教の仮面をかぶって偽《にせ》の宗教を説き、王をよそおったムレッチャ（野蛮人）が人間を食らった。

このとき、ヴィシュヌはヴィシュヌヤシャの息子のカルキとして世に現れて野蛮人を亡ぼし、カーストと四つのアーシュラマ（生活階梯）を確立させ、人々を真の宗教に導いたうえで、カルキとしての姿をすてて天にもどった。その後にクリタ・ユガ（正法の時期）が前のとおり出現し、カーストとアーシュラマが確立した。

神学的なブッダ観

ヒンドゥー教がブッダを自分たちの神学・神話にとりいれたと言っても、ここで描かれているブッダは、悪魔ダイティヤに仏教を説いてヴェーダの教えをすてさせる存在であり、カーストを混乱させ、バラモンのアーシュラマとよばれる伝統的な生活階梯をもかき乱した存在です。伝統的なインドの世界観・人間観からすれば、ヴェーダの権威は絶対的なものであり、バラモンを頂点とするカースト制度とバラモンの四つのアーシュラマが社会を支える根本であり、これを乱す因縁をつくったのがブッダである、というのです。

すでにふれたように、古代のインドにはクリタ、トレーター、ドヴァーパラ、カリという四つの世界周期（ユガ）が説かれ、その最後のカリ・ユガ期には正法は四分の一に減り、いわば末法の時代に入ります。このカリ・ユガ期の世の混乱、道徳の乱れということとブッダを結びつけて説いているところに、この文献の記述の特徴があります。

このことは、仏教がカーストにたいしてまったく否定的な態度をとっていたこと、ヴェーダの伝統に真向《まっこう》から対立する姿勢を保っていたことを物語っていると言えるでしょう。インドの古代史におけるある時代に、ブッダの活躍によってヴェーダの権威が否定され、カースト制度がゆらぎ始めたという歴史的な事実を、ヒンドゥー教の側も認めざるを得なかったのではないか、と私は思います。しかし、そのブッダも、実はヴィシュヌ神の化身であって、カーストやアーシュラマを混乱させたのはカリ・ユガ期の人々の心を正法に向かわせるためであった、とヒンドゥー教は主張しているのです。

ブッダがヴェーダの伝統を否定し、カースト制度を全面的に否定した人として描かれている点は、きわめて重要だと思います。十の化身のうちでブッダを除く九つの化身は、まさに人々を救うためのものですが、ブッダとしての化身は性格を異にしています。ここには、インドのバラモン的伝統に批判を加えたブッダという存在を、ヒンドゥー教の立場から合理化しようとする意図が見て取れると思います。ヴィシュヌ神の化身を表す多くの神像があるなかで、ブッダとしての化身がほとんど見当たらないのは、ヒンドゥー教のブッダ観の特徴をよく表しています。

ブッダ観の実際

しかし、このようなブッダ観はヒンドゥー教神学、あるいは文献上のものであり、日常的にはブッダはインドで生まれた偉大な宗教家としてあがめられています。現在、ブッダの誕生記念日（五〜六月）はブッダ・ジャヤンティとよばれ、国の祝祭日として祝われます。

また、ヒンドゥー教と仏教との習合の実例は、ネパールで見られます。ネパールのカトマンドゥやパタンなどには多くのヒンドゥー教寺院とともに、仏教寺院も散在しています。一般にネパールの宗教人口の九〇パーセントちかくがヒンドゥー教徒で、仏教徒は一〇パーセントにも満たないといわれますが、毎日のように行なわれる各寺院の祭礼にはヒンドゥー教徒も仏教徒も参加していて、祭礼などの宗教上の慣行については両教徒を明確に区別することはできません。シヴァ神を祀ったパシュパティナートのようにヒンドゥー教徒以外は内部に入れない寺院もありますが、一般的には両教徒とも仏教の寺にもヒンドゥー寺院にも同じように参詣し、それぞれの寺院に祀られている神々や仏・菩薩などを区別なく拝んでいるように見受けられます。

たとえば、カトマンドゥとパタンにある白・赤マチェンドラナート寺院に祀られている本尊はアヴァローキテーシュヴァラ Avalokiteśvara（観自在、観音）ですが、ネパール盆地ではヒンドゥー教徒、仏教徒を問わずあらゆる人々の信仰の対象となっています。とくに、パタンの赤マチェンドラナートに安置されている本尊は、教理の上からはアヴァローキテーシュヴァラですが、実際はヒンドゥー教シヴァ派の行者マチェンドラナートの像であり、さらに土着性の強い慈雨神の信仰がこの上に重ねられていると見られています。これは両教が習合した典型的な例といってよいと思います。

ヒンドゥー教から仏教への改宗

インド政府が毎年発行している『インド年鑑』によれば、インドの宗教人口のうち、ヒンドゥー教徒八二・六パーセントにたいして仏教徒は〇・七パーセントです。インドの総人口を十億人とすれば、現在インドに約七〇〇万人の仏教徒がいることになります。

これは主として一九五六年、国民会議派の有力な政治家であったアンベードカルの指導のもとに、ヒンドゥー教から仏教へ集団改宗した人々で、ネオ・ブッディスト（新仏教徒）とよばれています。マハーラーシュトラ州のアジャンター、カルリ、バージャーなどの仏教遺跡の周辺には新仏教徒が多いといわれます。

アンベードカルはなぜヒンドゥー教をすてて仏教に改宗したのか、ヒンドゥー教のどのような点を嫌い、仏教のどのような教えに期待したのでしょうか。

アンベードカル（一八九一〜一九五六）はマハーラーシュトラ州のマハールとよばれる低カーストの家に生まれました。父はヒンドゥー教改革派のカビールの信者で、宗教的には自由な雰囲気の家庭で育てられますが、当時の名門校エルフィンストン高校に入学し、ここで出身カーストを理由にサンスクリットの学習を拒否され、はじめてカーストによる差別を受けるという経験をします。しかし、一九〇七年、十六歳のとき、大学入学資格検定の合格祝いに、著名な作家ケールスカルからマラータ語の著作『ゴータマ・ブッダの生涯』を与えられます。これが仏教との最初の出会いであり、これよりおよそ三十年後に彼は仏教改宗の決意をすることになります。

アメリカやドイツに留学後、弁護士となったアンベードカルは政界に入るとともに、さまざまな不可触民への差別撤廃運動を展開します。なかでも、ヒンドゥー教の聖地とされるナーシクのカーラーラーム寺院がマハール・カーストのものの参詣を拒否していたのにたいし、不可触民解放闘争を行なって成功したことはよく知られています。一九三五年、彼はヒンドゥー教徒でいる限りカーストの制約をのがれることはできないとして、ヒンドゥー教と決別し、マハール・カースト全体で仏教に改宗することを決定します。一九四七年八月、インドがパキスタンと分離独立すると、アンベードカルは憲法草案起草委員会の議長などをつとめ、一九五五年にインド仏教徒協会設立、翌五六年十月十四日、ナーグプール市でマハール・カーストに属する人々の仏教改宗大会が開かれました。

アンベードカルはヒンドゥー教徒である限り、身分階級差別からのがれることはできないと判断し、「人間の平等」と「人間の尊厳」をなによりも尊重する宗教として仏教を選んだのです。彼は仏教改宗の理由を述べるなかで、まず、

一　仏教は不可触民制をうみ出したインドの伝統的な宗教と闘ってきた唯一の宗教であること。

二　仏教は近代科学の批判に耐えうる合理性をもっていること。

三　仏教はいたずらに貧困を美化することなく、下層の人々の物質的生活の向上を目指していること。

をあげています。つぎに、仏教はインドで生まれ栄えた宗教であり、仏教への改宗はインド文化を否定することにはならない、という理由があげられています。インド人としてインド文化そのものを否定することは望ましいことではなく、広い意味でのインド文化の伝統のなかで人間の平等と尊厳を主張する宗教を求めれば、仏教しかないと彼は考えたのです。これはヒンドゥー教の仏教観というよりも、現代的な意味での人間の平等と尊厳を求めたヒンドゥー教徒の仏教観であり、両教の関係を暗示していると言ってよいでしょう。

また、改宗の理由の一つに、仏教改革によって国外の仏教徒との連帯が生まれ、彼らから精神的・物質的な援助が期待できる、ということがあげられています。インドの新仏教徒が日本をはじめとする仏教国の仏教徒にきわめて大きな期待をしていたことがわかりますが、日本の

仏教徒の側に彼らと全面的に連帯し、援助の手をさしのべる準備ができているでしょうか。残念ながら、その態勢はいまだ整ってはいないと言わざるを得ないのではないでしょうか。

在家菩薩を学《まね》ぶ

菩薩とは——その誓願と実践

菩薩とはなにか

西暦紀元前後のころのインドの地で、大乗仏教運動を始めた人々は、自分自身の悟りを求めるとともに他のすべての人々を教化《きょうけ》して悟りに導くこと（上求菩提《じょうぐぼだい》、下化衆生《げけしゅじょう》、あるいは自利利他）を新しい宗教運動の目標とし、そのために日々つとめる修行者を菩薩と呼びました。

菩薩ということばは、サンスクリットの原語ボーディサットヴァ bodhisattva の俗語形ボーディサッタ bodhisatta を菩提薩埵《ぼだいさった》（多）と音訳し、これを略して菩薩としたものです。ボーディは「悟り」を意味し、菩提と音写されるのがふつうです。サットヴァは「ある、存在する」を意味する動詞からつくられた抽象名詞で、存在、本質、心、決意、志願など多くの意味をあらわします。一般には「生命をもつもの、生きとし生けるもの」の意味で用いられ、「有情《うじょう》」あるいは「衆生」と漢訳されます。そこで、このような意味をもつボーディとサットヴァからつくられた複合語であるボーディサットヴァは「悟りの有情」「悟りをもつ有情」、あるいは「悟りへ向かう有情」「悟りを求める有情」を意味することになります。

菩薩ということば自体は初期仏教の時代にもつかわれていましたが、そこでは「未来においてブッダとなると確定している者」という意味で、前生において修行中のブッダの呼び名とされていました。ブッダの前生物語である『ジャータカ註』などの経典に登場する菩薩は、ブッダその人を指しています。

前生物語のなかの菩薩はさまざまな布施をおこない、飢えたトラの母子に我が身を食わせて救うなどの利他行をつづけた結果、この世でブッダ（悟りを開いた人）になったとされます。この意味からすれば、ブッダ自身が大乗仏教で強調される自利利他の実践者であったと言えるでしょう。

しかし、大乗仏教が興ると、菩薩ということばは「ブッダに等しい悟りを求めて発心《ほっしん》し、すべての生きとし生けるものを救済しようとつとめる者」の意に解され、このような決意をもつものは出家修行者であっても在家者であっても、すべて菩薩と呼ばれるようになりました。大乗仏教では自利利他といううちの利他（すべての生きとし生けるものを救済すること）がさらに強調され、菩薩は自分のためよりも他人の利益《りやく》のために勇猛《ゆうみょう》に精進する者とされ、この点からマハーサットヴァ mahāsattva（音写して摩訶薩《まかさつ》、「偉大な有情」「偉大な志をもつ者」の意味で、大士《だいじ》、大心と漢訳）とも呼ばれます。大乗経典では菩薩摩訶薩、あるいは菩薩大士とつづけて言うのが一般的です。

菩薩の利他行をさらにおしすすめると、中期大乗経典の一つである『入楞《にゅうりょう》伽経《がきょう》』などに説かれる「大悲闡提《だいひせんだい》の菩薩」が出現します。この菩薩は、救済しなければならない人が一人でもいる限りこの世にとどまって、自分自身の救い（成仏）はまったく考えないで、もっぱら他の人々の救いのために精進する存在です。悟りを開いてブッダとなる（成仏）ことがないという点からすれば、ブッダとなる可能性すらない（断仏種《だんぶっしゅ》）といわれる一闡提《いっせんだい》（イッチャンティカ icchantika）と同じですが、それは人々を救済するための大悲にもとづくものであるから大悲闡提と呼ばれるのです。自利利他が初期大乗の菩薩であるとすれば、もっぱら利他行に徹したのが大悲闡提の菩薩であり、これは大乗仏教の究極の理念をあらわす菩薩の姿といってよいと思います。

菩薩の誓願と実践

初期大乗仏教の中心となるテーマは「いかにして智慧を完成するか」ということであり、般若経典では菩薩が智慧（般若）の完成のために実践する徳目として「六つの完成行」（六波羅蜜）があげられています。具体的には、

㈠布施《ふせ》……物を施す財施、真実の教えを説く法施《ほうせ》、恐怖する心を除いて安心《あんじん》を与える無畏《むい》施《せ》
㈡持戒《じかい》……戒を守ること
㈢忍辱《にんにく》……苦難に耐え忍ぶこと
㈣精進《しょうじん》……たゆまず仏道を実践すること
㈤禅定《ぜんじょう》……禅定に入って心を統一すること
㈥真実の智慧……般若

という実践行を通して、

の完成を実現することです。これらの六つの完成行を実践しようとするものは、出家・在家にかかわりなく菩薩と呼ばれることを、もう一度確認しておきましょう。

さて、大乗経典では、ブッダの教えを聞いて実践するものとして、「菩薩摩訶薩、八万人」（『法華経』）、「菩薩、三万二千」（『維摩経《ゆいまぎょう》』）などというように、ほとんど無数といってよいほどの菩薩がいたと説かれ、かなりの数の菩薩名があげられている場合があります。たとえば『維摩経』では等観《とうかん》菩薩、不等観《ふとうかん》菩薩、等不等観《とうふとうかん》菩薩をはじめとして五十二人の菩薩名があげられていますが、日本仏教において名を知られている菩薩は観世音《かんぜおん》、勢至《せいし》、弥勒《みろく》、文殊師利《もんじゅしり》だけです。他の菩薩名は、それぞれ大乗仏教の教えを具体的に示したものと見てよいでしょう。『法華経』

の場合でいえば、常精進菩薩《じょうしょうじん》、不休息菩薩《ふくそく》、勇施菩薩《ゆうぜ》など、固有名詞というよりも仏教の考え方や生き方を具体的にあらわしたものであることがよくわかると思います。

立場を変えて、それぞれの菩薩の側から見ますと、六つの完成行などを通じて利他の実践をするところまでは共通しているのですが、それぞれの菩薩が自分自身の独自のテーマをもって、人々の救済につとめていることになります。たとえば『法華経』（「常不軽菩薩品」）に登場する常《じょう》不軽菩薩《ふきょう》は、いついかなるときにも常に相手となる人を軽んじることなく、見るところの人々のすべてを、「私はあなた方を尊敬します（不軽）。あなた方は必ずブッダとなる方々ですから」といって礼拝・讃歎したので、この名となったといわれます。

これらの無数の菩薩たちの指導者（上首《じょうしゅ》）とされるのが弥勒・普賢《ふげん》・文殊・観音《かんのん》などの大菩薩です。弥勒（マイトレーヤ Maitreya）は未来の世界において、ブッダの教えによって未来の人々を救済する課題をになって、兜率天《とそつてん》で時期がくるのを待っているとされます。観音は観世音、観《かん》自在《じざい》、光世音《こうぜおん》、闚音《きおん》などとも訳され、原語アヴァローキタ＝イーシュヴァラ Avalokita-īśvara は「観《み》ることの自在なもの」という意味です。別名を「あらゆる方向に顔を向けているもの」（サマンタ・ムカ samanta-mukha）というように、すべての人々のあり方を観察してすべて救いつくし、安心を与える（施無畏《せむい》）菩薩です。『法華経』（「普門品」）では、観音菩薩が人々を救済するために、人々の求めに従って三十三の姿をあらわすことが説かれ、「もろもろの衆生が苦難に遭ったとき、一心にその名を唱えれば、観音菩薩はたちどころにその声を観じて、人々をその苦難から解き放ってくれる」という記述は、観音信仰の源泉となりました。

また、地蔵菩薩はブッダが入滅してから弥勒菩薩が世に現れるまでのあいだ、この世の教化《きょうけ》を任せられた菩薩とされ、わが国では六地蔵、子育て地蔵、子安《こやす》地蔵などとして民間信仰にまでとり入れられています。

菩薩がもつ「人々を救済しよう」という決意、あるいは誓い（誓願《せいがん》）ということからすれば、薬師《やくし》の十二願、文殊の十八願、普賢の十願などが知られていますが、何といっても阿弥陀《あみだ》仏が法蔵《ほうぞう》菩薩と呼ばれていた修行時代に立てた四十八願がもっとも有名です。四十八の誓いに共通していることは、「この世で一人でも、あらゆる意味において不幸な人がいる限り、自分はブッダとならない」という強い決意であり、ここに私たちは典型的な大乗の菩薩の姿を見ることができます。

市民としての菩薩——維摩の場合

大乗仏教においては、ブッダの教えを実践して利他行につとめるものは出家・在家の別なく、すべて菩薩と呼ばれる、ということはすでに見たとおりです。『華厳経』の「入法界品《にゅうほっかいぼん》」において求道者・善財童子《ぜんざいどうじ》が遍歴して教えを受けた五十三人の善知識のうちには、観音や普賢だけではなく、女性を含む多くの在家信者がまじっています。彼らは観音や普賢に等しい力量をもった人々ですから、在家の菩薩といってもよいと思います。

そのような在家の菩薩の代表者ともいえる人物が、『維摩経』の主人公である維摩居士です。維摩とは原語ヴィマラキールティ Vimalakīrti を音写して維摩詰《ゆいまきつ》とし、略して維摩といったものです。原語を意訳して「浄名《じょうみょう》」とすることもあります。

維摩は古代インドの豊かな商業都市ヴァイシャーリーの長者です。仏典に説かれている長者とは、商業にたずさわる人々の組合の長となる人をいいます。ただの金持ちではなく、徳性にすぐれていて人々の尊敬の的となっている人が長者と呼ばれました。維摩はヴァイシャーリー市で商業活動にたずさわりながらも、ブッダの教えに深く通じていて、ブッダと等しい徳性をもち、大乗の菩薩として融通無礙《ゆうずうむげ》の生き方を示します。彼はブッダと等しい力量をもっているといっても、ヴァイシャーリー市の市民であることに変わりなく、いわば「市民の菩薩」「市民としての菩薩」です。そこで、維摩は私たち市民の生き方の手本を示した人、といってもよいと思います。

経典の説くところによれば、維摩は何ものにもとらわれない自由な境地・畏《おそ》れのない境地に到達しています。彼は衆生の心の動きや能力・素質を知りつくしていて、その心の大きいことは海のようである、といわれます。彼は妻子をもち、家長として一家をとりしきっているのですが、それに執着することがありません。商業によって利益を得ているのですが、欲ばることはありません。彼はヴァイシャーリーの町中にある賭博場や遊戯場、さらにはいかがわしい場所にまで出入りするのですが、肉欲の無益なことを教え、酒場に通っては酒を汲みかわしながら人々を勇気づけ、正しい道に向かわせています。

維摩は、その名のとおり浄《きよ》らかな心をもっていますが、自分だけが高い心境にあるとすることなく、ヴァイシャーリー市のどこにでも姿を現します。組合の寄り合いで組合員間のもめごとを処理したかと思うと、政治の場にあらわれて長広舌をふるい、酒場や遊女の家にまで出かけて行って、その場、その人にふさわしい方法（方便）で人々を正しい道に向かわせます。自分一人の身を浄らかに保つというのではなく、自分からすすんで汚れた現実世界にかかわり、そこに生きる人々と同じことばを語り、同じふるまいをしながら、いつの間にか人々に正しく生きようという意欲をおこさせる（発菩提心《ほつぼだいしん》）のです。

このような維摩居士のダイナミックな生き方は、まさに「市民としての菩薩」というにふさわしいものであり、現代に生きる私たちの生き方に明確な方向性を与えていると言ってよいと思います。観世音菩薩や弥勒菩薩への信仰も重要ですが、維摩居士の生き方によって示される「市民としての菩薩」の道は、現代においてはさらに重要なのではないでしょうか。

優しさの原点を探る

優しさということ

優しさという言い方は仏教のことばそのものにはほとんどないように思われますが、仏教をいろいろな角度から見ていくと、それはむしろ仏教の根本に関係しているのではないか、と思います。

これを日常的に使う場合、優しさということばのなかに何かを期待して使っているものです。それは同時に反対語としてこわい人ということが必ず想定され、優しさといっても複雑です。

交通安全のキャンペーンに「優しく走ろう」というのがありますが、優しい走り方とはどういう走り方なのか、と質問する若い人がいます。けれども、優しくない走り方というのは、みんな身に沁みて感じているはずです。

こんな新聞記事があります。読売新聞のもので、タイトルは「親切うれしい運転手さん」というのです。それは、台東区の主婦（四十四歳）がバスに乗ったが、乗ってから百円玉の持ち合わせがないことに気づいた。車内では両替はできない。困っていると、運転手さんが、後でいいですよと言ってくれた。それが非常に嬉しく、この主婦を感激させたというのですが、日常の小さな出来事のなかの、ちょっとした優しさ、思いやりが心に響いたということです。ところが、その運転手さんのコメントがまた優しさをあらわしているのです。いつもお客さんに気持ちよく乗ってもらおうと思って一人一人に声をかけるようにしている。ことにお年寄りの乗り降りに手をかしてあげるわけにいかないから、せめて声をかけるようにしている、というのです。この運転手さんが「一人一人に」とおっしゃったことに、実は重要なポイントがあるように思ったのです。

『大般若経』のなかに、三千大千世界にそれぞれ一人ずつお釈迦さんがいらっしゃる、という文章があります。三千大千世界というのは全宇宙のことですが、世界中のあらゆるところに仏さんがいらして、ガンジス川の砂の数ほどの衆生に教えを説いている。そしてガンジス川の砂の数ほどの人々が仏さんの教えを聞き、あれは私一人のために説いてくださっている、と感じる。まさにこのことであると思うのですが、現実にそれを実践しようとしても実に難しいことは明らかです。しかし、優しさを一人一人が求めていることはまちがいないし、優しさはそれぞれが持っているのですが、いまの世の中では、その優しさが現実に輝き出ないようなメカニズムになっているのではなかろうか、と感じないわけにいかない。

渡辺淳一さんの作品に『優しさと悲しさ』というのがあります。この作品の舞台は帝都病院という都内にある大きな病院です。そこの院長はある大学の内科教授をしておられたので、帝都病院にはその教え子たちが幾人も務めています。たまたまその院長先生が病気にかかってしまわれた。かつての弟子たちが診断したところ、あきらかにガンで、治る見込みはないらしい。そこで弟子たちの間に、ガンとたたかっている科学者の先生にははっきりそれを告げるべきであるというものがいたのですが、先生の一番弟子であった医長はいかに科学者であろうとも現実を真っすぐ見るのは難しいことなのだから最後までお知らせしないで、生きる望みを持っていただこう、といいます。そうやって議論が闘わされるのですが、最終的には医長の意見に従い、院長先生には病名を知らされなかったので、そのまま死んでしまうのです。その死後に遺書が発見されます。それには自分がガンであることを知っていたことが書いてあります。知っていたけれども、そのことを自分で覚知するのと、他人から客観的に告げられるのは違う。弟子たちが科学者でありながら、科学という問題だけでなく、人間の心までおもんぱかってくれた。それが非常にありがたかった。君たちの優しさに感謝する、という内容の遺書でした。人間というものは、もうダメだといわれても、たとえ百万分の一でもいいから可能性があれば、その可能性にすがって生きる。私もしょせんそういう人間であった。だから君たちの思いやりに大いに感謝する、というのです。

しかし、科学者であり、医者であったなら、ちゃんとそれを知って、真実をきちんと見詰めていくべきではないか、という意見もあるだろうと思います。宗教学の岸本英夫先生は皮膚ガンに冒されたのですが、岸本先生は初めからそれをご存じの上で、数回の手術をなさいました。病気と対決されたのですが、最後には安心立命の境地に達せられたご様子が『死をみつめる心』という自著のなかに克明に記されています。

岸本先生のような、死に対するすばらしい態度もあるのですが、いまここに、非情な死の苦しみにある人に対しては、思いやりこそがそのほかのすべての条件に優先する、ということは確かなことではないかと私は思います。

慈悲の実践こそが般若

人間の知性とか、あるいは勇気とか、度胸といったものと、優しさということとは、どういう関係にあるのか。そこで、とりあえず優しさという問題の原点を大乗仏教のなかに求めてみたいのですが、私は般若経典の趣旨について見たいと思うのです。

般若経典は大乗仏教の最初の経典とされ、紀元前後、インドのクシャーナ王朝という時代のものです。それは東西文化の交流が起こった時期で、まさにその時期に大乗仏教が興こり、その革新のはつらつとした雰囲気のままに、中央アジアを経て、中国、日本へと伝わってきた、ということになります。大乗仏教のまだ熱烈な信仰の時代に、その経典が中国に伝わり、日本へ伝えられ、日本の仏教にも大きな影響をあたえました。仏教の革新運動の先駆というべき般若経典ですが、般若というのは原語の当て字で、サンスクリットのプラジュニャー prajñā です。これを智慧と訳してしまうともとの意味が伝わらないので、音写したことばです。白と黒を分けるというような智慧ではなく、人間を支えている根元の一番の智慧のことですから、やむをえず般若と漢訳したのです。

般若は、本来は般若波羅蜜多というのですが、それもプラジュニャーパーラミター prajñā-pāramitā の音写です。その般若波羅蜜多ということばはチベットやモンゴルの伝統でも全部同じ解釈で、「彼岸に到る」ということです。こちらの迷いの世界（此岸）に対して、迷いを越えた向こう側の世界（彼岸）という意味合いで、日本の伝統でもそのように解釈しております。般若の智慧によって、迷いの岸から悟りの彼岸へ到るというのはたしかに説得力があります。しかし、学問的な解釈では、般若波羅蜜多というのは、実は本当の智慧、完全な智慧のことを言うのですが、それなら、本当の智慧を完成するとはどういうことなのか。

大乗仏教では智悲不二というい方をします。この悲は、慈悲、あわれみのことですが、それはまた、ここに掲げた優しさ、思いやりという観念をあらわすのです。さらにいえば、悲ということばの内容は愛であり、したがって般若の完成というのは愛の力、つまり優しさの実践である、ということなのです。その優しさ実践の論理というのは、本当の智慧の実践の論理と解釈していいのだと思います。

般若経典のなかで、ここではとくに『金剛般若経』を取りあげて、この問題を考えたいと思います。金剛というのは読んで字のごとくダイヤモンドのことで、ヨーロッパの人はこの経典をダイヤモンドスートラと訳しています。ダイヤモンドのように切れ味の鋭い般若の智慧という意味ですが、その鋭いダイヤモンドのような般若の智慧で何を切るのか。それは人間のとらわれの心を切っていく。仏教では煩悩といいます。具体的には、日常生活のなかの私どもの思い上がりや執着の心を切って、融通無礙《ゆうずうむげ》なはたらきができるようにすることです。この経典の舞台になったのはコーサラ国の舎衛城《しゃえいじょう》で、釈尊が千二百五十人の比丘と一緒におられた、という出だしで始まっております。このとき釈尊の教えを説かれる対象になったのが釈尊の十大弟子の一人須菩提《しゅぼだい》で、「須菩提よ、……」とはじまります。

それでは般若の実践はどのように説かれているのだろうか。それは大乗仏教独特の表現で、「如来は、三十二相はすなわちこれ相にあらずと説かれたればなり。これを三十二相と名づくるなり」とあり、次に「仏土を荘厳すというは、すなわち荘厳にあらざればなり。これを荘厳と名づくるなり」とあります。ちょっと妙な文章になっています。般若波羅蜜多は般若波羅蜜多ではない、だから般若波羅蜜多である、ということになるのです。ヨーロッパの論理学ではAはBであるというのを『金剛般若経』では、AはAでない、だからAである、という表現になります。鈴木大拙先生はこの表現のことを、「般若即非の論理」といわれました。

「まさに色《しき》に住して心を生ずべからず。まさに声《しょう》・香《こう》・味《み》・触《そく》・法《ほう》に住して心を生ずべからず。まさに住するところなくして、しかもその心を生ずべし」。これは『金剛般若経』一巻のなかでもっとも重要なところ、いわばさわりの部分で、漢文では「応無所住而生其心《おうむしょじゅうにしょうごしん》」というのです。これは禅宗の六祖の慧能《えのう》が、この一言を聞いてパッと悟りを開いたと伝えられているもので、特に禅宗では重要視していることばです。「色に住して」という場合の色というのは物のことと考えてよいのですが、いろんな物にとらわれの心を起こしてはいけない。心にはどこにもとらわれがあってはいけないということですが、しかもここでは特に布施という行為を代表しているのです。このように読んでくると、その内容がわかるように思います。布施は物を与えるという行為ですが、普通には自分という主体があって、相手という客体があり、自分が相手にある物を与える、という形式をとります。その場合、与える側か受ける側かに「自分は相手に物を与えてやる」、あるいは「自分は相手から物を受けとる」という心がおこることがあります。経典は、このような心はとらわれの心であり、どちらかというと主体の側におこりやすく、そのような心で行なわれた布施行は般若の智慧によるものではない、といいます。

では本当の般若の智慧の実践とはどういうものなのか。自分はたまたま物を与える側にあるだけのことで、自分に〈与える人〉という不変の本質があるわけではない。受ける人も同じであり、また、物があるから布施ができるとすれば、それは物が主人公になっていることだ、というように般若経典では徹底的に批判します。

主体にとらわれた布施があるとすれば、布施は布施にあらずということで、そのような布施は否定されます。だから禅宗では「無施《むせ》の施」ということを申します。自分にとらわれがなくて相手のためになるようなことをしていること、それが〈般若の完成〉ということなのです。

優しさというのは智慧そのものということがわかるのですが、智慧といういい方よりも、優しさといういい方に仏教的な意味があるのです。学校というところは、先生と生徒の主体対客体という構造です。先生は教え、生徒は教わる。それはあたりまえのことですが、先生のほうで、おれが教えてやるのだと考えたら、先生は先生にあらず、と『金剛般若』ではピシャリと言うでありましょう。このように見れば「般若即非の論理」は、優しさ実践の論理であることがよく分かると思います。

菩薩の精神

智慧というものと、現実にはたらく愛、または優しさというものが、経典でどんなふうに表現されているかというと、それは慈と悲ということです。先に申しましたように、慈悲というのは人に垂れるものではなく、般若の智慧がはたらき出したときが慈悲なのですから、もとより人に要求するものでもなければ、人にあげる性格のものでもない。おのずからなる人間のはたらきそのものが慈悲となるのです。

慈の原語はマイトリー maitrī、もとのことばはミトラ mitra で「友達」という意味です。悲というのはカルナー karuṇā が原語であわれみとか同情という程度の意味です。漢文では「悲しむ」ということですが、もう一つ「あわれむ」というように、動詞読みもあります。しかし、実際は慈も悲も同じ意味で使われています。

この慈あるいは悲をいいかえたサンスクリット語にアヌカンパー anukampā というのがあります。カンパー√kampā は、「震える」「動く」という意味合いの動詞ですが、アヌ anu-という接頭辞は「一緒に」という意味で、あるものが震えているから自分も一緒に震える、ということばです。それは自分が上からあわれみを垂れてやるというのではなく、相手が泣いているから自分も悲しくなった、ということです。したがってアヌカンパーというのは、「ともに悩むこと」「ともに震えること」「相手と悩むこと」ですから、悲という観念は明らかにキリスト教のような恩寵、神の愛というものとは違うのだと思います。

『涅槃経』には、「慈即如来。慈即大乗。大乗即慈。慈即如来。善男子。慈即菩提道」ということばが出てきます。菩提道《ぼだいどう》というのは悟りへの道ということで、仏教によって生きようとしている者はまさに悟りへの道にある者ですから、私どものことを言っている。したがって悟りへの道はすなわち慈、つまり優しさの実践だということになるわけであります。

こういう優しさを実践するのが、仏教では菩薩とよばれます。菩薩には菩薩の発展段階があるのですが、優しさの実践というところで、菩薩の特徴がつかめそうな感じがします。

『ジャータカ註』というのは釈尊の前世の物語で、前世にどういう善を積み重ねられたか、またどうして釈尊がこの世で悟りを開かれたか、ということを説いた文学作品です。これを読むうちに仏教の精神がわかってくる、という入門しやすい経典です。『ジャータカ註』を素材とするような仏教の文学作品はいろいろあるのですが、日本の学界では本格的に研究する人はごくわずかです。けれども、仏教の精神は物語の方がよくわかるというのは事実です。

ガンダーラ美術展が開かれましたが、そこに釈尊の一生を石に浮き彫りにしたものが数多く出陳されました。そのなかでも多いのは前世の釈尊が自分の身を犠牲にして人のために尽くしている、という物語をモチーフにしたものでした。このように、ガンダーラあたりではじまった仏教は哲学的な仏教ではなくて、むしろ仏教の原理的な精神を物語として説いたであろうことが推定できます。

例えばアショーカ王の碑文があるシャバーズガリ（いまのパキスタン）に参りますと、この地でスダーナ太子が夫人や子供まで布施したという因縁話が伝えられていますし、また、タキシラーにはギリシャ人のつくった町の跡が残っていて、そのなかのバーラの塔というストゥーパにも月光王（チャンドラプラバ）が自分の頭を布施したという物語が伝えられています。頭を施すとは命を落とすということですから、月光王は自分自身を捨てる徹底した布施をしたのです。実はそれが前世の釈尊のことで、捨身供養という行ないです。その結果として、釈尊がこの世で大願成就してブッダになった、という物語です。

ところが、大乗仏教の菩薩というのは釈尊一人のことではなく、すべての者が菩薩であり、悟りを求めているもの全員が、慈即菩提道という考えを持たねばならないとされます。仏教はだれでも悟りを開くことができるというのが建前ですが、仏教の歴史のある時期には、お前は一生かかっても悟りは開けないであろうと言われた人々がありました。これを一闡提《いっせんだい》といいます。仏となるべき種《たね》のない人、涅槃に入ることができない人、という意味です。もちろん大乗仏教ではそのような仏となれないものを認めるはずはなく、『涅槃経』などの経典は一闡提の成仏を積極的に主張しました。

ところが、ここに、自分自身で「自分は涅槃には入らない」と宣言するものがあらわれたのです。涅槃に入らないというのですから、そのところだけは一闡提と同じですが、「みずから誓って」というところに大きな相違点があります。このような人々を「大悲闡提」といいます。「大悲」ということばが頭についているように、実は菩薩の最終的な姿の人ですが、この大悲闡提はみずから進んで涅槃に入らず、この世にとどまっている菩薩なのです。

『楞伽経《りょうがきょう》』の文章によると、世の中に苦しんでおられる人が一人でもいるうちは、絶対に自分の救済ということは考えない、と決意した人のことです。最後の最後まで、自分だけはこの世にとどまって、最後の一人まで浄土へ渡してやろう、と決意するのです。『楞伽経』には、「大慧、仏にもうしていわく。世尊、このなかいかんが畢竟《ひっきょう》して般涅槃せず」とあります。畢竟というのは「いつまでも」ということですが、大慧という人が、このなかでいつまでも涅槃に入らないものはだれかと釈尊に質問します。

そうすると、ブッダは大慧に告げていいます。「仏、大慧に告ぐ。菩薩の一闡提は、一切の法はもとより般涅槃たることを知りおわりて、畢竟して般涅槃せず。しかして一切の善根を捨てし一闡提にはあらざるなり」と。本当に仏になるような善を積まないから涅槃しないのではなく、自分から意思をもって涅槃に入らないのが大悲闡提の菩薩である、ということなのです。

そして、「大慧よ、一切の善根を捨てし一闡提は、また如来の神力をもってのゆえに、あるときは善根の生ずるゆえんはいかん」とあります。一切の善根を捨てて、悪いことばかりしているけれども、如来の力によって必ずその人は、一生悪いままで終わることはない。必ず善根が菩薩の力によって生まれてくる。どうしてかというと、「いわく、如来は一切衆生を捨てざるのゆえに。これをもってのゆえに、菩薩の一闡提は般涅槃せず」、如来は一切の衆生を捨てないからだ。だから絶対に涅槃に入らないというのは、自分で意思をもって永久に涅槃に入らない人になると決意した一闡提だけなのだというような、すさまじい物語です。

そのように見てくると、確かに『ジャータカ註』における釈尊の物語と、いまの菩薩像の最終的な姿というものは見事に一致するのですが、しかも仏教の求める優しさというものは、決して並み大抵のことではない、ということがわかります。

相手に共感されるような心が慈悲

マザー・テレサは、カルカッタを本部にして救済活動をしておられましたが、その本のなかで「傷つくまで愛せよ」といっています。傷つくまでというのはもちろん自分が傷つくまでということです。それは仏教徒的で、まさに大悲闡提という感じがします。しかも彼女の場合は、神の名において愛するのではなくて、「私は愛したい、しかも私は弱いから、神の力をかりて愛するのだ、しかも傷つくまで愛そう」といういい方をしているのです。

長島愛生園の精神科医であった神谷美恵子氏の『心の旅』という本は、らい患者で、しかも心を病んでいらっしゃる患者の訴えを全身で受けとめて書いておられるのですが、そこには「震えるほど共感する」とあります。私はアヌカンパーという慈悲の原語にまったく一致するような感銘を受けました。不幸な患者に対して治してやろうと考える前に、相手が必死に求めているのに、自分がいかに無力であるかを感じて震えてしまう、というのです。

宗教を取り入れた現代のカウンセリングの方法は、アクティヴ・リスニングというのだときました。とにかく聞いて聞き抜く。相手のいうことをとことん聞く。そうしてあげると、相手のなかにもう一つよみがえる力が湧いてくる、というのです。これも優しさの発想でしょう。智慧というのは滝に打たれて三十年というようにして出てくるものではなく、私どもが日常のなかで優しく生きようと決意して生活していくこと自体が智慧のはたらきになる。これが本当の原点です。〈慈悲の実践〉ということは「相手に共感されるような心」ということに尽きるのではないでしょうか。

維摩居士の生き方に学ぶ

はじめに

わかると嬉しい

私は群馬県の山のなかにある禅宗の貧乏寺に生まれました。仏教に入ることについていろいろな因縁があるかと存じますが、私の場合はお寺に生まれ、仏飯《ぶっぱん》で育ちました。檀家の方々が仏さんに差し上げたお供え物で育つことを仏飯で育つといいますが、そういう因縁でいつの間にか仏教を勉強するようになった、というのが正直なところであります。

私は昭和二十八年に大学に入りましたから、考えてみますと、もう仏教を勉強し始めて六十年以上もたっています。

しかし、仏教というもの——結局はお経ですね——お経というものがようやく分かりかけた、

「何かこういうことを言っているのかなぁ」というふうに感じられはじめたというのは、実は、そんなに昔ではありません。六十を過ぎたころからだんだんとわかるようになった、というのが正直なところです。

それからもう一つのサンスクリット語というのも、在職中は毎日のように講義してきたのでありますが、これも奥が深いですね。非常に奥が深くて、ようやくこのごろ奥の深さに気づいたというので、まああと何年勉強できるかわかりませんけど、死ぬまでが勉強だな、と感じております。そんなことで、私の仏教研究はほんとうに初心に返って毎日お経を読んでいる、というのが現状です。

しかし、わかるということですね、あるいはわかりはじめたと思うこと、これは今になりましてわかってどうするのかという感じもありましたが、やっぱりわかるというだけで嬉しいですね。非常に嬉しい。わかりはじめたと思うことによって、また自分が前に進めるんじゃないか、という感じがあります。恐らく皆さんも同じことをお感じになっていらっしゃるんじゃないかと思うんですね。

玉城康四郎先生、この方も私の師匠の一人ですが、お亡くなりになる前の年の講演をたまたまお聴きしたことがありました。そのなかで、玉城先生はもう九十を越していらっしゃいましたけれども、「今年の正月にわかったことがある」とおっしゃるんですね。ずっと疑問に思っていたことが今年の正月にわかった。正直に「嬉しい」とおっしゃいましたね。そして、「もしこの正月にわからなかったならば、私はわからないまま死ななきゃいけないことになったんだろう」とおっしゃいました。死ぬ前にわかって嬉しいんだとおっしゃった。その気持ちがだんだん私にもわかるようになってまいりました。恐らく皆さんの場合もそういう自覚がおありになるんじゃないか。やっぱりわかるだけで嬉しいというふうになってくる、これが自然ではないかと思うんですね。

『維摩経』とはどんなお経か

そこでこれから皆さんといっしょに『維摩経《ゆいまぎょう》』というお経を、ほんの一部でございますが、読んでみたいと思います。

私が最初に『維摩経』に出会いましたのは、花山信勝先生の講義でした。終戦後、A級戦犯を収容していた巣鴨プリズンの教誨師をつとめられたことでも知られています。この花山先生のご専門は聖徳太子のご研究なんですね。そこで、毎年のように聖徳太子の『三経義疏《さんぎょうぎしょ》』――『法華経義疏』と『維摩経義疏』と『勝鬘経義疏《しょうまん》』――について繰り返し講義していらっしゃいました。

私が聴講したのは『維摩経義疏』でしたが、花山先生のご講義は浄土真宗のお説教の感じで、講義に節が付いているようで、聞いていると眠くなってしまいます。先生を目の前にして私が一人で講義を聞くわけですから、居眠りするわけにもいかないし、机の下でペンをももに突き刺したりして、眠気をこらえて、というような読み方だったんですが。

そんなご縁があって『維摩経』に接したことがあったんですが、いつかは一所懸命読んでやろうと、そのころ思っておりました。

その後、一九九七年、ＮＨＫの宗教番組の担当者の方から、ラジオの「宗教の時間」で一年間『維摩経』の講義をしないか、というお話がありました。そこで改めて『維摩経』というお経を――今まではそれほど意識しないでお経の一つとして読んでいたのですが――一年間講義をするために、また本気になって読み返しました。チベット語の翻訳と比べてみたり（当時、サンスクリットの原典は発見されていませんでした）、あるいは註釈を読んだりして、『維摩経』を読み返してみました。その結果、これはむしろわかりやすいお経じゃないか、というように私は感じました。

どういうことかというと、仏教には、教理的にいうと結構面倒くさい点があります。よく「八万四千の法門あり」といいますね。実際は八万四千もないでしょうが、確かに教義的には結構面倒くさいです。

しかし、大乗仏教のお経というものは、どうもそうじゃないんじゃないか、どんな難しいことが書いてあるように見えても、結局、それは人間はどう生きたらいいのか、ということしか書いていない。どんなに難しい教義に出会っても、その目的は、人間はいったいどういう状況の中にあってどういうふうに考えたらいいか、どう行動したらいいのかという——一言でいうと生き方ですが——生き方しかお経のなかには書いていない、と感じられるようになったんです。

ほんとうはお経は初めからそういうものだったんですね。お経の作者は、初めからそういうつもりで書いたんでしょうが、私自身は六十を過ぎてようやく「ああ、そうだったのか」というふうに気づいた、というのが正直なところです。

そんなことで、これから皆さんとご一緒にいくつかの文章を読んで、維摩の生き方はいったいわれわれに何を示しているのか、ということを考えてみようと思うわけです。

そこで、本文に入る前に、この『維摩経』というお経について、ごく簡単にご説明したいと思います。

まず『維摩経』という経典、日本では『法華経』ほどは有名ではないかも知れません。しかし、維摩というと、だれでも聞いたことあるなと思う名前じゃないかと思うんですね。したがって、『法華経』、あるいは『阿弥陀経』ほどではないけれども、その次くらいに日本では名の知られた経典といったらいいのではないかと思います。

この経典は、言うまでもなく初期の大乗仏教の経典です。したがって、これは西暦紀元前後のクシャーナ王朝のころにできあがった経典ですから、時代からいうと、今からちょうど二千年ぐらい前にインドのどこかで生まれた経典ということでありまして、そういう意味合いからいうとほんとうの古典ですね。しかし、その古典といわれるものの中には、人類の智慧と申しますか、昔も今も変わらないような真理があることも、私はこのごろしみじみ感じております。

大乗経典のなかではまず般若経典、これが最初にできあがります。『般若心経』や『大般若経』六百巻などが一番先にできます。

六百巻の般若経といっても、同じことを繰り返し繰り返し説いています。さきほど申し上げましたように、大乗経典は難しそうでほんとうは難しくないんだというのは、そういう意味合いもございます。同じテーマを六百巻も繰り返し繰り返し説いているという感じなんですね。ほんとうに物分かりの悪い人でも繰り返し読めばそのうちにわかる、という発想かもしれませんけれども。

そのテーマは何かと一言でいうと〝空〟です。色即是空ということばは皆さんご存知かと思うんですが、空のあり方、あるいは空の生き方ですね。さきほど申し上げましたように、空ということも理屈でいうと非常に難しいですね。きわめて深い内容がありますけれども、人間の生き方を示しているというように考えますと、それほど難しいことを言っているわけではありません。一言でいうと、とらわれない生き方をすること、といっていいんじゃないかと思うんですね。とらわれのない生き方、一所懸命生きるんだけれども、しかし、とらわれのない生き方をすること、これが空ということだ、と私はこのごろ思います。

そして般若経典は、いわば原則論で「空の生き方とはこういうものだ」というけれども、それほど具体的に示しているわけではありません。

たとえば『般若心経』は色即是空、空即是色といって最終的に羯諦《ぎゃーてい》羯諦《ぎゃーてい》ということばで終わっていて、具体的な生き方を説いているわけではありません。したがって、『般若心経』について本を書きますと、瀬戸内寂聴さんのようにご自分の体験を語る、「これが実は、私の『般若心経』なんだ」といういい方をされることが多いと思います。

ところが、それの応用編というか、その般若経典が説いた空とはいったい現実にはどうはたらくのか、空による生き方とはいったいどういうことか、という具体的な話が展開されるのが、実は『維摩経』というお経であります。

近年、チベットのポタラ宮で『維摩経』のサンスクリット原典が発見されて、大正大学から出版されております。『維摩経』とは、原文ではヴィマラキールティ・ニルデーシャ Vimalakīrti-nirdeśa といいます。ヴィマラとは「垢を離れる、汚れを離れる、清浄《しょうじょう》な」というくらいの意味合いですね。キールティとは「〜と呼ばれている」というぐらいの意味合いですね。ニルデーシャとは「教え」という意味です。そこで中国の翻訳家は『維摩詰経《ゆいまきつきょう》』、あるいは『維摩詰所説経《ゆいまきつしょせつきょう》』と漢訳しました。ヴィマラキールティを維摩詰と音写したんです。

さていま、日本人が『維摩経』といっておりますのは、鳩摩羅什《くまらじゅう》（クマーラジーヴァ）という翻訳家の『維摩詰所説経』です。これを縮めて『維摩経』と私どもは呼んでいるわけです。

この鳩摩羅什という翻訳家でありますが、この方は玄奘の翻訳とよく比べられます。玄奘はインドにずいぶん長くおりましたから、玄奘の翻訳は非常に原典に正確です。サンスクリット原典と漢訳の経を比べるとよくわかるのですが、玄奘訳は非常に正確で、むしろ直訳ですね。ところが鳩摩羅什の翻訳は直訳ではありませんで、むしろその経典の心を翻訳するというのでしょうか、漢文で読んで、あるいは唱えて、非常に快い感じがする翻訳です。

玄奘と鳩摩羅什が訳したお経はたくさんあり、『阿弥陀経』もそうで『維摩経』もそうです。この場合、玄奘訳と鳩摩羅什訳のどちらが流行するかというと、たいていの場合、鳩摩羅什訳なんですね。『法華経』もそうです。そこで、日本ではこの鳩摩羅什訳が主として『維摩経』と呼ばれているわけです。したがって、ここで読む原文も鳩摩羅什訳であります。

舞台設定

さて、このお経がほかのお経とどう違うかということですが、まずこの登場人物が在家の居士であるという点です。維摩は在家の信者で、しかも皆さんと同じような経済人でもあります。当時の北インドにヴァイシャーリーという都市がありました。ガンジス川の北にある経済的に豊かな土地であったと言われています。維摩居士はそこに住んでいる一種の資本家、商業資本家です。商業資本家は仏教のことばでいうと長者といいます。資産家で、しかも同業組合の組合長をやったり、町の政治の中心になったり、という人を長者といいます。だから日本の長者番付と違うのは、仏教の長者はただお金持ちじゃなくて、徳が高く人々のために尽くしている人なのです。

維摩の人物像を知りたければ、維摩居士の像を見ればよいと思います。一番有名なのは興福寺の維摩像です。この維摩像は奈良にある興福寺の東金堂に祀ってありますが、恐らく興福寺の仏さんのなかで一番ポピュラーで人気のある像です。この像は貞慶《じょうけい》の作ですが、仏さんみたいじゃありません。実に意志が強そうな顔をしているし、全体として仏さんのような柔和な感じではありません。何か非常にきつい顔をして、相手をやっつけているように見受けられますね。貞慶も維摩という人物の意味がわかっていて、こういう姿に彫ったんでしょうね。

こんなことで、このお経の主人公は維摩です。ブッダも出てきますが、あまり説法しません。むしろ脇役ですね。維摩の背後にいて、維摩の活躍をみているのです。仏教のお経だからお釈迦さまが中心かというと、そうじゃありません。むしろお釈迦さまの心を体して、維摩が現実の世間でどうはたらくかということが、このお経の狙いだということがよくお分かりになると思います。

さきほど、ヴァイシャーリーと申しましたけれども、ガンガー、すなわちガンジス川とヤムナー川が合流する手前のところに、いまビハール州の都パトナがあります。これはマウリヤ王朝の時代の都です。この州都パトナから五十キロぐらい北へ入ったところでしょうか、ヴァイシャーリーという遺跡があります。その遺跡には、いまでもアショーカ王の石柱があって、ライオンが一頭その上に乗っています。そしてその辺りに〝サルの池〟という池があり、この辺りでお釈迦さまがいつも散策をされておられたという場所です。

この場所は、古代インドで非常に栄えた場所だったのです。『維摩経』はもちろんフィクションですが、古代インドで非常に栄えた、しかもお釈迦さまが非常に好まれたという場所をこの大きなドラマの舞台に設定したというところは、なかなかうまいですね。そしてこの舞台となるヴァイシャーリーという商業都市はお釈迦さまがほんとうに好まれてしばしば滞在され、特にアームラパーリーという遊女からアームラパーリー園という遊園を寄附されたという話でも有名です。その遊女が寄附したというアームラパーリー園が、この物語の初めの舞台です。

登場人物

さて、この経典には、いろいろな人物が登場します。まず陰の役ながらお釈迦さまです。それから在家の居士・維摩、これが主人公です。そしてその次は十大弟子です。お釈迦さまのお弟子さんたちのなかで一番優秀な十人の弟子を十大弟子といいますが、彼らが登場する。

これらの登場人物にはそれぞれ役割がありまして、十大弟子はこのお経のなかでは小乗仏教の代表です。ですから十大弟子のだれかが出てくると、必ずこのお経のなかでは維摩にやっつけられます。舎利弗《しゃりほつ》、目連《もくれん》というような弟子たちがひどい目に遭わされるという構成になっています。

次に大乗側で維摩以外で活躍するのは、文殊師利《もんじゅしり》ですね。文殊師利が維摩と対等に対論するところがたくさんあります。そのほか、天女が出てきます。この天女もこのお経のなかではたいへんな役割をするんです。登場人物には非常にしっかりと性格付けをして、活躍をさせています。

そしてこのお経はドラマとして考えますと、三幕十四場という構成なんです。そして、非常に効果的に台詞が嵌《は》まっておりまして、最終的には維摩の教えによって並居る人々が納得することになります。

日本における『維摩経』信仰

内容に入る前に日本における『維摩経』の信仰という話をしておきたいと思います。かつて奈良の興福寺には十月の十日から七日間、一週間のあいだ維摩会という『維摩経』を唱えて祈る法会があり、「南都三会」の一つとされました。したがって、この法会は明治維新までつづく非常に長い歴史を持っていますが、目的は、結局、病気を治すということですね。

この『維摩経』というお経にはいろいろなテーマがありますが、そのなかの一つに病気の問題があります。病気をいったいどう考えたらいいか、あるいは病気見舞いに行くときにどういう心掛けで行ったらいいか、とかですね。特にお坊さんの場合、病気になったらどんなふうに修行したらいいのかなど、病気が大きなテーマになっております。そこに気づいたのが藤原鎌足という人でありまして、この人が病気になったとき、斉明天皇が心配しまして、百済《くだら》からやって来た尼さんに『維摩経』の「問疾品」という病気見舞いの章を読ませた。すると藤原鎌足の病気が直ちに治ったというのが維摩会の最初だそうでありまして、以後、これが定着して何百年も続いた、ということであります。

人間と環境

維摩の登場——方便品

さて、このドラマの第一幕の第二場は「方便品」です。ここで維摩が登場するわけでありますが、維摩は病気の姿で現れます。ここはさきほどお話ししたヴァイシャーリーという町のなかにある維摩の自宅です。自宅の病室がこのお経の舞台となります。

そこでお釈迦さまは維摩の病気を心配されまして、弟子たちを一人ずつ呼んで、お前は維摩の病気見舞いに行きなさいとお命じになるんですね。ところが、まず最初に十大弟子が一人一人維摩の病気見舞いに行けと言われるんですけれども、十人ともそれを辞退してしまいます。どうして辞退するかというと、私は昔こういうことがあって、そのとき維摩に散々にやっつけられた、だからあの人には顔向けができない、といって断ります。これもあり得ることですね。病気見舞いに行きたいけれども、何となく行けない、という感じのときがあるでしょう。そこで十人の弟子たちは断ってしまいます。その次に四人の菩薩がお見舞いに行くことを命じられます。ところが菩薩も昔の経験を語ってお見舞いに行けないといって断ってしまった。というように、病気というものがこのお経の入口なんですね。実に多くのお経が仏教にはありますが、こういう入り方をするお経は、この経典だけだと思います。

お経の解説はこれくらいにいたしまして、これから本文を読んでまいりたいと思います。たくさんのテーマのなかで、きょう皆さんといっしょに考えてみたいのは、ごく限られた部分です。恐らくは三つくらいのテーマになってしまうかと思います。

菩薩が清浄なる国土を建設する――仏国品

まず「仏国品第一」で述べられた最初のテーマを考えてみましょう。

どういうお経でも、最初のテーマが結局は一番大きなテーマです。そのお経の最終的にいわんとするものが最初のテーマ、ということだろうと思います。

そこで最初のテーマなんですが、まずこれは菩薩が清浄《しょうじょう》なる国土を建設するとはいったいどういうことか、ということです。これは現在のことばに直してしまいますと、環境の問題です。人間と環境という問題だろうと思うんですね。

仏教では人間と器としての世界――環境です――を一体として考えます。「人間」という場合も、仏教の場合は「人間界」なんですね。人間界、それから餓鬼界、畜生界、天界、といいますが、これは正確にいうと必ず「界」がつきます。「世界に住む人間」と「環境としての世界」というものを仏教ではいっしょに考えます。したがって、ここで仏国土という場合には、国土、つまり環境とそこに住む人間は一体として考えられています。もし分けると、まず衆生界――衆生世間というほうが普通なんですが――それともう一つは器《き》世間というふうに分けます。これをいっしょに言ってしまうと、人間界となります。したがって、人間界というのは、人間と環境を含めて考えている、ということなんですね。

器世間という場合の「器」の原語は、サンスクリットでバージャナ bhājana といって、「分け持つ」という意味合いです。共有する、分け持っている。したがって器世間というのはバージャナローカ bhājanaloka、「人々が分け持っている世界」だと考えているのです。つまり環境は、人間と別にあるわけじゃなくて、人々が分け持っているものだ、というのが仏教の考え方です。したがって、これはヨーロッパとずいぶん違います。ヨーロッパ人は自然に働きかけて、自然を材料にして物を作り上げて、暮らしてきた。今のいわゆる生産という概念はそうですね。自然界に働きかけをして、材料を通して、それを加工して売って、そして経済が成り立っていくというしくみですね。仏教でいうと、自然界とか、あるいは環境世界というのは、人間が分け持っているものですら、自分の一部です。したがって、自分の一部であるからあまり荒っぽいことはできない。自然のしくみをこわしたりすると、それが自分に返ってくるということを経験的に知っていたんでしょうね。とにかく環境と人間とは一体であるという考え方に立っています。

「衆生の類いはこれ菩薩の仏土なり」といっています。つまり、清浄なる仏国土といっても特別の場所じゃなくて、人々が作り上げているこの世界にほかならない、という考え方です。

思いと行動――心を浄めるとは

つぎに「宝積よ、まさに知るべし」といって、「直心《じきしん》はこれ菩薩の浄土なり」、それから「深《じん》心《しん》はこれ菩薩の浄土なり」、「菩提心《ぼだいしん》はこれ菩薩の浄土なり」といっています。

直心というのは、日本的にいうと直《なお》き心ですね。正直な心、純真な心、あるいは清らかな心です。ブッダの教えを喜んで聞いて、そのまま実行しようとする心といってもいいと思います。それから深心というのは、文字どおり深い心、ブッダの教えを聞いて素直に喜んで、それが確信となって、次第に自分のなかに深まってくることと考えておいたらいいと思います。菩提心はもちろん悟りを求める心、あるいは真なるものを求める心です。これが菩薩の浄土のもとになるとして、直心・深心・菩提心という三つの心をあげております。

つぎに「このゆえに、宝積よ」といって、その次の文章が非常に大切だと思うのですが、「もし菩薩にして浄土を得んと欲せば、まさにその心を浄むべし。その心の浄きに随いて、すなわち仏土浄し」と説いております。

この場合の菩薩というのは、私ども自身です。大乗仏教では、観音や勢至《せいし》という菩薩だけじゃなくて、私も皆さんもすべて菩薩だという考え方に立っております。したがって、私どもが浄土というのは――浄らかな国土、環境と考えてよいと思いますが――これを実現させようと思ったら、まさに私どもの心そのものを浄めなければならないというのが、『維摩経』の環境、世界に対する基本的な考え方といっていいと思います。

実は、この部分ですね、私は若いころに読んだことがありまして、「ほんとうかな」と思ったことがあるんです。どうしてかというと、心さえ浄ければいいんだと取ってしまいますと、自分の心は浄い、私だけは心が浄らかなんだ、といってほかのことはもうどっちでもいいんだととられやしないか、あるいは、あまりにも観念論的に、人間が仏教を信じて自分の心を浄くしていればそれだけでいいということになってしまうんじゃないか、と考えていたんですね。

ところが、いろいろなお経を読むうちに、そうではないということに気づきました。どういうことかというと、心を浄めるということは、ただ自分の心を浄らかにするというだけじゃなくて、必ずそこから動きが始まる、活動が始まるということまで含めて、心浄ければと言っているんじゃないか、と思うようになりました。つまり、人間が環境を浄くしたいと思いますね。思ったら、即刻何かを始める、そこまでを含めて心を浄めるとお経は説いているんじゃないか、と思うようになりました。

例えば、五戒をご存知かと思いますが、五戒の一番最初にあるのは不殺生戒です。生きとし生けるものを傷つけず、その命を取ってはいけないという戒です。いま世界中で争いがあり、殺し合いがありますが、人の命を取っちゃいけないという基本的なことがどうして実現できないのかと、新聞を読むとほんとうに心が痛みます。

仏教では殺生というと自分が人の命を取らないというだけじゃないんですね。まず「私は殺さない」と、一人称の形を取ります。モーゼの十戒というのがありますが、これは、神が「汝、殺すなかれ」といいますね。ところが仏教の場合は「汝、殺すなかれ」ではなくて、戒は授けられるけれども、重要なのは結局は自覚の問題です。南方の仏教徒が唱えているパーリ語の五戒では、「私は殺生しません」と、はっきり一人称でとなえます。そこのところがほかの宗教と違うんじゃないかと思います。

ところが古いお経を読みますと、それだけじゃないですね。「私は殺しません、私は人に殺させません」といいます。つまり、「示唆し、教唆して、殺させるということもしない。さらに、他人が殺すのを認めません」というのです。「私は殺しません、私は人に殺させません、私は人が殺すのを認めません」という。これはものすごく強い決意の表明なんですね。現実にそれがほんとうにわれわれの日常の倫理になっているかどうかは別問題として、仏教の考え方とすると非常にポジティブですね、積極的です。したがって、この国土を浄めるという場合も同じ積極性がある点が重要です。

それからもう一つ例をあげると、〝七仏通戒の偈《げ》〟をご存知のことと思います。まず、諸悪莫作《しょあくまくさ》、悪いことをしてはいけない。諸善奉行《しょぜんぶぎょう》、よいことをせよ。その次が自浄其意《じじょうごい》といって、みずからその心を浄めること、あるいはみずからその心を浄めよということ。是諸仏教《ぜしょぶっきょう》、これが諸仏の教えである。七仏通戒の偈といってもただの四句ですが、そのなかの第三句がやはり非常に大切だと思います。みずからその心を浄めるということ。

国土の浄化は人心の浄化から

そこで話を元に戻しまして「もし菩薩にして浄土を得んと欲せば、まさにその心を浄むべし」という場合も結局は、われわれが環境をきれいにしようと決意すること、そして何でもいいから動き始めることが重要である、と『維摩経』はいいたかったのではないかと思うんです。

日本では環境対策が遅れていると言われるけれども、そうとばかり言えないと思います。例えば、五十年ぐらい前でしょうか、東京中の川の水にブクブクと泡が浮いていまして、ほんとうに毒ガスでいっぱいになっている感じがしたことがありました。ところが今は、川がきれいになっています。自然にきれいになったわけではなく、工場の排出物をどんどん抑えていった結果です。したがって、やればできるわけで、浄めるという心を持つことがまず大切なのですね。ところがそういう心がなかなか持てない。

環境保全と経済成長云々という議論は、永遠に続きそうです。両者の間でどういうバランスを保ったらいいかという問題ですが、しかし、今やそんなことを言っている時代じゃなくなった感じがします。とにかく何でもいいから環境を保全しないと人間そのものがあぶない。仏教でも、環境と人間はもともと一体だったという考え方に立つというお話をしましたが、それを考えると、とにかく環境を保全することが大事だと。どんなにお金がかかろうが、環境保全が第一だ、ということになっていくかと思います。

インダス文明の森林伐採

かつて、ＮＨＫのテレビで「四大文明」の特集がありました。皆さん、ご覧になった方もおられると思いますが、私はインドが専門ですから、特にインダス文明についてずいぶん教えてもらいました。コンピュータ・グラフィックを使いますと、古代の世界がありのままに目の前に現れますね。そのリアリティにショックを受けたほどでした。

そのなかで、「インダス文明は水の文明だった」といっていました。インド側で新しく発見されたドーラビーラという遺跡があるのですが、この遺跡は町が城壁で囲まれていて、その周りに貯水池があるんですね。水がいっぱい溜まっていて、しかもその水を溜めている貯水池に段差があって、一年中水がなくならないようにちゃんと配慮されていた、というのです。それだけじゃなくて、この城壁のなかにも上水道らしいものもあるし、下水道らしいものもあるというので、まず水をコントロールしようと思ったんですね。そういう考え方はいまとまったく変わっていません。設備にしてもいまは電気などを使いますが、それを使わないだけの話でいまとほとんど同じです。

そこまではいいんですが、あの放映のなかで、モヘンジョダロといういままで一番有名だった遺跡が紹介されていました。ところがこの遺跡にいま行ってみますと、ここには木が一本もない。考古学者によれば、かつてその辺り一体は森林で、木がいっぱい生えていた。それが何千年かたって今ではまったく乾燥した土地の上に遺跡が広がっているだけです。下が固いですから砂漠ともいえない、そういうふうに変わってしまっている。これは恐らくインダス文明の都市を築くときに、干乾し煉瓦だけじゃなくて、焼き煉瓦を使った結果とみられています。焼き煉瓦を造るには木がいります。あれだけのものすごく大きな遺跡ですから、何百万個も煉瓦を使うためにどんどん木を切ってしまったのではないか、という学者がいます。もしそうだとしたら、この遺跡は環境破壊の第一号となるのではないかと思います。

消えゆくモンゴルの草原

もう一つ私の経験をお話ししますと、私は外モンゴルと内モンゴルの仏教を調査していたことがありました。ちょうど内モンゴルから非常に優秀な留学生が来ましたので、その人に通訳になってもらってモンゴルの仏教がどういう状況にあるかというのをずっと調査したのです。

　これは機会があったら皆さんにぜひ聞いていただきたいと思うのですが、両国とも、ほとんどのお寺が破壊されました。かつて仏教の布教が禁止されただけではなく、お寺そのものが壊されたのです。そこで、お寺の廃墟、あるいは遺跡みたいなお寺が、いまでもそのまま放置されている。

　外モンゴルの場合は、特にスターリンが生きていた時代に、一九三七年から一九三九年ごろ、スターリンが直接指導してお寺を破壊しました。お坊さんは銃殺され、経典は焼かれました。ほとんど九九パーセントのお寺が破壊され、復興は容易ではありません。内モンゴルは歴史的にいうと、ソ連軍がやってきてお寺を壊し、その次にやってきたのが中国の解放軍で、最後にお寺破壊の仕上げをしたのは文化大革命です。文革で跡形もなく壊されたお寺が多いですね。お経も焼かれたし、あるいは東洋伝統の医学書——仏教が伝えておりました——の原典も全部燃やされたところがあります。ほんとうに悲惨な状況なんですが、なぜか日本では報告されていません。お隣の仏教国がそんな目にあっているということを——私も長いこと東京外語大学でモンゴル語の非常勤講師をやっていたことがありましたが——聞いたことがありませんでした。自分の目で見て、ほんとうに驚きました。

それはそれとして、その間にモンゴルの草原を見ました。私どもはモンゴルと聞くと、まず草原と馬をイメージします。それが日本人の憧れですから。ある年の夏にも内モンゴルの調査に出掛けたことがありました。正藍旗《せいらんき》の近くで元《げん》の上都《じょうと》というかつての都のあったところ、その辺りの草原に金蓮花《きんれんか》というちょっと黄色っぽい花が何十キロにもわたって咲いていました。ところが三年後に同地を訪れると、三年前はたしかに咲いていた花がどこにも見当たりません。

地元の人に聞くと「あるよ」というので付いて行ったら、ほんのわずかな土地に金蓮花が咲いていて、人が入って荒らされないように、有刺鉄線が張ってありました。三年前はずっと見渡すかぎり金蓮花が咲いていたのです。その年は雨が降らなかったので異常に暑かったんだそうです。したがって、温暖化はやはり地球規模ですすんでいますね。モンゴルの草原がもうまっ茶色でした。本来は七月中に行ったら見わたすかぎり緑の草原でほんとうに気分がいいんですが、その年はむしろ暗い気持ちになって帰ってきました。

しかも、遠くを見ると、何やら黄色い煙が立ちのぼっているんですね。聞いてみると事情がわかりました。実は、もともとあった草原を中国人――モンゴル人は漢人といっていますが――がやってきて開墾をしました。中国は人口が多いですから開墾をする。私どもは空き地があれば畑を作ればいいのにと思うだけかも知れません。草原は草原の役割があるのです。ところが、とにかく畑を作ればいいというので開墾します。すると最初の年はとっても実りがいいそうです。二年目はまあそこそこにとれる。ところが日本のように化学肥料をやりませんから、三年目になるともうまったく作物が取れなくなってしまう。そうなると、それを放置するわけです。こういうことをやってきた。そうすると結局、緑を全部ひきはがしてしまうわけですから、あとに残ったのは砂です。強い風が吹くと砂が舞い上がって、遠くからみると黄色い煙に見える、ということです。

それだけじゃなくて、実はモンゴル人自身にも問題があるんですね。これも環境と経済成長の問題になると思うんですが、家畜が増え過ぎたのです。例えばあるエリア内で百頭なら百頭の羊を飼うとして、そこの草を食いおわるとどこかに行って、しばらくたって帰ってくる。するとまた草が生えている。このサイクルがうまくいっていたのです。ところが羊の数がある一定量を超えてしまうと、いままでは何センチか下を少し残していたのを食い尽くしてしまう。どこかへ行って元へ戻ってきても、もう草が生えていない、ということになります。

じゃあどうしてそういうことをするかというと、いままでは自分たちで食べるだけの羊を飼えばよかったわけですね。しかし、生活の近代化にはお金がかかります。たとえば子どもの教育です。日本に留学させようとすると、とほうもないお金が掛かります。そのためには百頭の羊を二百頭にしなければいけないという必然性が生じます。その結果、その土地の草を食い尽くしてしまい、またほかへ行ってそこの草を食い尽くしてしまうことになります。その二つが重なっていま、モンゴルの草原は壊滅しようとしているかのようです。

日本の川は生き返って魚も棲めるようになった。しかし、環境には生き返らないものがあることがわかりました。モンゴルの大学関係の方々がいっしょに草原に行ってくれたんですが、彼らも砂漠のようになった草原を見てただ黙っているだけでした。本当にことばを失った感じでした。私が見たのはモンゴルの草原のごく一部ですが、恐らくこれは世界規模の現象なのでしょう。

実は内モンゴルの正藍旗の草原に、中国政府は火力発電所を作ることを計画していました。労働者が十万人ぐらい必要な大きな発電所です（現在は完成）。もちろん、草原を潰してです。ところがその年の春、北京は大変な砂嵐におそわれたそうです。日本にも黄砂《こうさ》がやって来ますが、あんなものではなくて、ほんとうの砂が降って三メートル先が見えなかった、ということです。そこで初めて調査をしたところ、草原が砂漠化していることがわかった。そこで中国政府はその発電所の計画をしばらく延期することになったそうです。したがって、そこには中国政府の選択があったわけです。つまり国土を浄めようという心がそこにはたらいた、ということだろうと思うんです。

ドイツの原発停止は環境浄化の意志

原発の問題だってそうですね。新聞によると、ドイツは原発を止めることに決めた。つまり経済性というよりも、とりあえずは核を使わないことに決めました。いまドイツに十七の原発があるそうですが、二〇二二年くらいまでに全部なくすそうです。そればかりではない、ドイツはいま、世界第一の風力発電の国になったそうです。私も人から聞いて驚きました。モンゴルの草原では、小さなプロペラが回るような風車で一軒一軒電気を起こしています。これを国家的な規模で行なおうとしているドイツの政策には、環境を浄化しようというきわめて強い意志が見られるような気がします。

このようにして、国土を浄めようとしたらまず、人間の心を浄めなければならないという問題、これはほんとうに大きな問題です。すぐには解決できないかもしれないけれども、私どもはこういう考え方を訴え続ける必要があると思うのです。

指導者の心得——弟子品

お釈迦さまは優れた教育者

つぎは、教育の問題です。お経というものはどれをとっても重要な問題をわれわれに提起している、あるいは突きつけている、という感じがします。

富楼那、これはフルナと読むのですが、十大弟子の一人です。一番最初に舎利弗《しゃりほつ》、目連《もくれん》、阿《あ》那律《なりつ》なんていう名前が続いて、何番目かに富楼那という人物が登場いたします。この人は、説法第一というニックネームがあります。お釈迦さまは、私どもが考えても、非常に優れた教育者であったと思います。どうしてかというと、お弟子さん――何人いたかわかりませんが――一人一人の性質をよく知っていて、その人の評価をしています。

例えば、ここに出てくる富楼那は説法第一ですね、教えを説くということにかけては第一人者、お前は教えを説くという点にかけては私の弟子のなかの第一人者だ、ということをブッダが讃えたことば、これが説法第一です。舎利弗の場合には智慧第一。目連尊者の場合には神通第一、法力が一番強いのはお前だ、というお墨付きをもらっています。

こういうふうにして、十大弟子だけではなくて、何十何百というニックネームがあります。いよいよ褒めことばがなくなってしまうと、お前は声がいい、美声第一というようなことをお釈迦さまはいっておられます。その人のすぐれた点を何とかして出してやろうという気持ちがよく見えるわけでありまして、こういう点からいうと、恐らくお釈迦さまは人類の教師のなかでトップクラスじゃないかと私は思います。

そんなことで、この富楼那という人は原始経典のなかではなかなかの活躍をしています。特に昔から〝富楼那の弁〟ということばがあるくらいですから、富楼那は雄弁だったんでしょう。彼のいうことには説得力があって、スナーパランタという未開の地方、仏教がまったく伝わっていないところへ単身乗り込んでいって、命懸けで説法したという方です。したがって、インドで仏教が広まっていくなかで大活躍をしたのが富楼那というこのお弟子さんです。そこで、お釈迦さまは説法第一というような尊称を賜ったのだろうと思います。

マニュアルどおりで伝わるか？――対機説法

さきほど申し上げましたように、この人が何番目かにブッダから維摩居士の病気見舞いに行くよう命じられます。しかし、彼はそれを断ります。なぜ断ったかというと、かつてあるところで大勢の人々の前で――この人は雄弁ですから――とうとうと仏教の教えを説いていた。八正道とか、空とか、四諦とか、縁起とかの教えを型どおりに説いていたのでしょう。

ところがそこへやって来て「そういうことをしてはならない」といったのが維摩だったのです。維摩は続けて「富楼那よ、まずまさに定に入り、この人心を観じ、しかる後に法を説くべし」といい、さらに、「穢食《えじき》をもって宝器に置くなかれ」というんですね。これは実によいことばですね。「まずまさに定に入り、この人心を観じ、しかる後に法を説くべし」というのは、恐らくこのときに富楼那はブッダの教えを型どおりにそのまま説いていたのだろうと思います。

つまりマニュアルどおりの説法です。機械をいじる場合にはマニュアルが必要ですが、人間を相手にする場合にはマニュアルどおりにはまいりません、当たり前の話です。

五十年くらい前、東大の安田講堂の攻防戦があったころ、私もまだ若かったものですから、時々大学に泊まり込みをやらされました。すると、ゲバ棒を持った学生がやってきて、学習会に出てこいと言うんですね。しようがないから出てまいりますと、議論をさせられます。そういうときに彼らがよくいったのは、「『資本論』の第何章でマルクスはこう言っているから、正しいんだ」というういい方でした。つまり彼らは教条主義者であって、マルクスがいったことは正しいんだという前提に立っています。

同じように、この富楼那の場合もお釈迦さまがいったことばをそのまま説いていたのだと思います。それは間違いではありません。間違いじゃないけれども、その場、その人にふさわしいことばが必要なのです。出家修行者にたいすることばと、在家者で子供を亡くして困っているという母親にたいすることばは、同じであってよいはずはありません。当たり前の話です。したがって、人様にものをいう場合には、まず定に入って心を落ち着けて「この人心を観じ」、すなわち自分が説く相手の人々の心をしっかり考えて、そのうえで教えを説くべきだ、と維摩はいっているのです。これは当たり前のことですけれども、しかし実際はなかなか難しいことです。

この逆の場合を考えますと、会議のなかでは何も発言しなくて、終わって出口に出てきてポンと肩を叩いて、俺もいいたかったんだよ、というようなことをおっしゃる方がいます。この場合、言うべきなのに言わないのはよくないです。会議のなかで「賛成」と一言いってもらうとずいぶん助かる、ということがありますから。

教える相手を宝器と思え

それからこのお経のなかのことばでもっと大切なのは、「穢食をもって宝器に置くなかれ」ということです。つづいて「まさにこの比丘の心の念ずるところを知るべし。琉璃をもって彼の水精に同ずることなかれ。……発起するに小乗の法をもってするを得ることなかれ。……大道を行ぜんと欲するに、小径を示すことなかれ」と説かれています。

ここで大切なことは、その教える相手を宝器、宝の器と思わなければいけない、という発想です。これは教育の基本だと思います。教育基本法というものがありますけれども、そういう法律とかではなくて、ほんとうの教育の基本とは何かというと、結局、教える相手を宝の器だと思えるかどうかということです。しかし、現実の問題とするとなかなか難しいことで、こういう信念を持っていても時々ぐらつくことがあります。

小学校で学級崩壊があるという話をよく聞きますけれども、そういう人々が十八か十九になって大学へ入って来ます。私の狭い経験では、このところ若い人たちが特に変わったような感じがします。どうしてかということを考えるよりも、現実の対処の仕方を考えなければならないのでしょうね。しかもいま、教科内容をもっとやさしく、もっと余裕をもって、数学、国語、英語、社会などの全科をもっと内容を切り捨ててしまって、簡単にするといってます。自主的な時間を多く作るためだといいますが、それがうまくいけばいいけれども、うまくいかないで、人格もいい加減でしかも学力もないということになりますと、これは問題です。いま大学へ入ってから補習をやっている学校もあるんです。例えば、工学部へ入るのに分数ができない学生がいるそうです。嘘かとお思いになるでしょうが、本当のことです。もちろんすぐれた若者も少なくないのですが、平均して基礎力がなくなったのは、事実です。

大学側もそういうイージー化の影響を受けまして、必修科目を減らします。必修科目がどんどん減っていって、四年間在学して必修科目が五つか六つぐらいのところがある。あとは自由です。自由ですから、自分の専攻の科目じゃない授業を聞けます。これはうまくいけば非常にいいことです。例えば、経済学部の学生さんが仏教の授業を聞いてもいいと思います。仏教を専攻している人が法律の講義にいたって構わない。これはとてもよいことです。しかしそうなってくると、何かその中心になるものがなくなってしまって、知識の寄せ集めだけを学ぶという状況が出てくるのではないかと思います。

私の在職していた学科では私が一番の古手だったのですが、一番の古手が一番新しい学生たちに当たれという方針がありまして、私は、ずっと一年生向けのインド宗教史という科目を担当していました。この授業は私の専攻の学生が三分一ぐらいで、ほかは他の学部・学科の学生たちでした。そうしますと、授業内容は当然変わってきます。インド哲学科の学生だけならほんとうの専門の話ができますが、他学科の人たちがたくさんいることになりますと、何か一般的な話、もっというと気を引くような話をしないとダメなんですね。そうしないとどうも騒がしくなってしまいます。恥ずかしいことですけれども、私はある年の六月ごろ、授業中にあまりに学生の出入りが激しかったものですから、一度だけキレたことがあります。講義の途中で「黙れ」とか「うるさい」とかいうと、私自身の精神集中が切れてしまいますから、その次に話がつづかない。情熱をもって話ができなくなります。私どもがキレるというのは、怒鳴るんじゃなくて醒めちゃうんですね。もう本気で語りかけるという心が萎えてしまう。そこで、私は心が冷えたので講義できないといって、途中で授業を放棄したことがあります。その結果、彼らは多少感じてくれたらしく、それ以後そういうことはなくなりました。

教育の現場にあって、若い人たちに何かを訴えかける場合に、相手に聞いてもらえないと思ってしまう、あるいはもうダメだと思ってしまう。その瞬間にもう教育はストップしてしまうのじゃないかと思うんです。そんなことがあって、私はその年の前期の最後に試験をして、答案の最後に授業の感想を書いてもらったんです。すると、私が授業放棄したことについて、十何人かの人々がコメントを寄せてきました。途中からやめるのはけしからんというようなことがあるかと思ったのですが、それはなかったですね。同じ学生として恥ずかしい、私のように一所懸命来ている人もいるんだから、授業をやめるようなことはしないでもらいたい、というんですね。そこで私はやっと救われた思いがしました。

　ということは、何かいい加減な感じがするようでも、一人ずつしっかり見ていくと、宝器、宝の器なんですね。宝の器であるけれども、なかなかその宝が光りださない、その光りだすきっかけを作るのが、結局は教育だろうと思うんですね。しかし、これは実はなかなか難しい課題なんですね。建前論とすると学生たちは宝器だとわかっている。ところが、時々ぐらつくことがあります。あまり妙なことをいったり、夏のレポートを正月に出してきたりされると、ちょっと私もぐらついてしまうことがあります。しかし、こういうときにはこのお経の文を思い出して、私も頑張らなきゃいけないなと思ったことがあります。

　こんなことで、教育の原点は、若い人々が無限の可能性をもつ存在だということを信じられるかどうか、ということだと思います。「穢食をもって宝器に置くなかれ」というのは、彼らの無限の可能性を信じて陳腐なマニュアルどおりの授業などするな、ということだと私は受けとめております。さらにいえば、教育はそれぞれの若者たちのなかにある魂を揺り動かすことだろうと思います。このことを抜いたら、学校なんてなくてもよろしい。私どもが教えられる問題の中身はごくわずかです。教えてやれるものはごくわずかしかない。できるのは、相手のやる気という魂を揺り動かせるかどうか、と思うんですね。

そこで、この「穢食をもって宝器に置くなかれ」「大道を行ぜんと欲するに、小径を示すことなかれ」とは、具体的には大乗の道を求めているのに小乗の教えを説いてはいけないと言っているんですけれども、これは現代的な意味があるんじゃないか、と私は思います。

病気見舞いの心得——問疾品

生・老・病・死は一セット

次は病気の問題です。まさに「問疾品」＝「病気見舞いの章」という名の章がありまして、ここでは病気という問題が根本から問われている、と私は思います。

病気という問題について、仏教では病気を人生のなかから一つだけ取り出して論ずる、ということはいたしません。生・老・病・死、すなわち、生まれて老いて病気をして死ぬという一連のものとしてとらえ、苦——すなわち人間が思うようにならないもの——という点から考えております。

しかし、私どもはごく一般的には、若いうちは年を取るなんていうことは考えない。また、元気なうちは病気のことも深くは考えず、病気になるとまず医者に行きます。人間のなかから病気だけを取り出して治そうとするのは、ヨーロッパ流の考え方です。これはこれでそういう考え方のゆえに、西洋医学は長足の進歩を遂げたのです。人間全体として考えてゆこうとすると――東洋医学はそうなのですが――客観的に人間を扱えないという面が出てくる。したがって、病気を客観的にとらえて、実験を繰り返していまのような高度の医療技術ができた。これは認めざるを得ません。しかし、いまになって思いますと、特に高齢化が進んできたなかで、病気というものそれだけを取り出して考えるというあり方そのものが、もう現実に合わないことが分かってきた、といってよいと思うんですね。

いま介護ということが社会的にも重要な問題としてクローズアップされていますが、これについても病気だけではなく、生・老・病・死というのを一セットの問題としてわれわれの前に突きつけている、という感じがします。そこで介護にはいろいろむずかしい問題がありますけれども、人生を考えるいいチャンスだと思うんですね。これを契機として、やはり生・老・病・死はいっしょに考えなければならないという傾向が世の中に進んできているのではないか、と私は思います。

行きます。

菩薩は慈悲ゆえに病む

さて、維摩の病室に十大弟子がお見舞いに行くことを命じられましたが、それぞれが自分の経験を語って病気見舞いに行かなかった。そこでやむを得ず最後に文殊師利菩薩がお見舞いに行きます。

彼は維摩の病室に入るやいなや尋ねます。「維摩居士よ、あなたの病気は耐えられるものであるかどうか、それから治療すれば病勢が弱まるのかどうか。ブッダはお見舞いの心を表していらっしゃいます。あなたの病気は何が原因で起こったのか」、また、「病気が起こってから長いのか、どうしたら病気はなくなるのか」という端的な質問をします。普通、病気見舞いに行ってこんなことは言いませんけども、そこはドラマですから、端的に問題提起をしたわけです。

それにたいして維摩はまず一般論として、「痴《ち》と有愛《うあい》より、すなわち我が病《やまい》生ず」といいます。根本的な煩悩による迷い（痴）と生存そのものへの本来的な執着心（有愛）があって、それから病気が生まれる、というのです。もちろんこれは心の場合です。

次に「一切衆生病むをもって、このゆえにわれ病む」と説かれます。このところは恐らく『維摩経』というお経のなかでもっとも有名なところだと思います。皆さんもどこかでご覧になったことがおありかもしれません。「一切衆生病むをもって、このゆえにわれ病む。もし一切衆生の病《やまい》滅せば、すなわちわが病も滅せん」。このところは、大乗仏教の基本的な態度を表しております。

維摩になぜ悩みがあるかというと、それは人々が悩んでいるからだというのです。仏教で慈悲ということばがあります。本来的には慈と悲は別で、慈しみと哀れみの心をいいます。これといわゆる英語のチャリティーとどう違うかと申しますと、チャリティーは困っている人、あるいは助けを求めている人に上から手を差し伸べて救い上げることです。ところが仏教の慈悲という考え方はそうじゃありません。上から救い上げるのではなくて、水に溺れている人がいると、自分が飛び込んで相手といっしょになって水をかきながら岸に上がってくる、という考え方です。つまり相手とまったく同じ立場に立って共に救われる、ということです。

仏教では四摂事《ししょうじ》、あるいは四摂法《ししょうほう》といって、菩薩が人々を導くための四つの方法が説かれていますが、そのうちの一つの〝同事摂《どうじしょう》〟は相手とまったく同じ立場に立って、悟りに導いていくことをいいます。これが仏教の慈悲です。したがって、慈悲を垂れるなどと言いますが、あれは本来のつかい方ではありません。「お慈悲」は上から垂れるわけですが、仏教の同事という考え方は「事を同じうする」という意味合いですから、まったく相手と同じ立場に立つことを意味しています。

例えば、子供を亡くして泣いている女性がいるとすると、その人に「人間は生まれれば必ず死ぬのだから、まあしようがない」などというのは慈悲じゃありません。子供を亡くした人に同情して、いっしょに泣いている。泣いているうちにその子供を亡くした人が次第に立ち直ってくるということは現実にあることです。しかし子供を亡くして何年も何年も悩んでいらっしゃるという方もおありです。そういう方に向かって仏教の教理を直接説いてもなかなか受けいれてくれないでしょう。やはりいっしょになって悩む、いっしょになって嘆くということがその人にたいする一番の救いになるわけです。そういう考え方を〝同事摂〟といいます。

仏教で慈悲といううちの「悲」という言葉の原語の一つにアヌカンパー anukampā ということばがあります。このうちでカンプ√kamp は「震える」という意味の動詞です。アヌ anu-という接頭辞が付くと「何かに従って震える」という意味となります。例えば、車でも何でもいいけれども、何か動いているものに触ると手が震えますね、それがこのことばの原意です。つまり、自分の心が相手の心といっしょになって震える、これが「悲」ということばの意味合いです。したがって、上から救い上げるという行為ではありません。相手といっしょになって震える。そのうちに次第に両方とも静まってくるという考え方です。そこで、一切衆生が病気をするから私は病んでいる、という表現になるのです。

もう一つ大事なことは、「またこの疾《やまい》、何の所因より起こるやといわば、菩薩の病は大悲をもって起こるなり」と説かれる文です。これもすぐお分かりかと思います。

おのれの疾をもって彼の疾を愍め

さて、次は「病気見舞いの心得」です。ここのところもなかなか大事なことを言っています。文殊師利は、まず「菩薩はまさにいかんが有疾の菩薩を慰喩すべきや」、病気にかかっている人々をどう慰めたらいいのかと聞きます。すると維摩は「身は無常と説きて、身を厭離《えんり》せよと説かざれ。身に苦ありと説きて、涅槃を楽《ねが》えと説かざれ」といいます。さらに「身は空寂と説くも畢竟《ひっきょう》寂滅と説かざれ」といいますが、結局、同じことを言っています。

まず最初の「身は無常と説きて、身を厭離せよと説かざれ」というのは、仏教で考えますと、すべては無常であって常住のものはまったくありません。したがって生まれれば必ず死ぬ。しかし、病気で苦しんでいる人のところへ行ってわざわざそういうことをいう必要はない。無常だから病気をする、だれだって病気はするんだ、というようなことを言っちゃいけないというんです。ここがほかのお経とちがうところです。経典のなかには、ふつう人間は生まれれば無常であるから必ず年を取って病気をするものだ、と書いてある。だけども病気で苦しんでいる人のところへ行って、そんなことをあえて言ってはいけないというんですね。この場合、苦しんでいる人のその苦しみをまず救うというところが大事なんです。

つぎに維摩は「常に精進を起こしてまさに医王となりて衆病を療治すべし」といっています。つまり常に精進努力をして大医王――これも仏教語で医者の王さま、人々の病を治すのに巧みな人――となって人々の悩みを退けるように努力をしなければいけない、ということです。私どもは病気見舞いに参りますと、よく「病気は苦しい、だけど頑張ってね」といいますね、それでいいんです、結局それしかない。確かに無常ですから、私どもはいつまでも生きているわけにはゆきません。人間は縁起の存在ですから、その因や縁がなくなれば、私という個体はなくなってしまうという儚《はかな》い存在です。しかし、儚いから、しっかりと病気に向きあわなくていいかというと、そうではない。儚い存在だけれども、私なら私というこの存在しかありません。したがって、いまその儚い存在といわれるそのありかたこそ大切なのです。したがって、「いま苦しんでいる人がいたら励まそう」という、常識的な対応がもっとも重要であることがわかります。

こういうふうに考えますと、この『維摩経』の病気にたいする考え方は意外に日常的なのですが、もう一つ大事な点があります。それは「おのれの疾《やまい》をもって彼の疾を愍《あわれ》め」といっているところです。病気をして初めて一人前になる、なんていい方をする場合がありますね。特に健康で俺は入院の経験は一度もないなどと威張っていらっしゃる方がおられますが、普通の人の場合は、一度や二度は入院の経験があると思います。これは人間を考えるのにほんとうにいい機会だと思います。入院すると人間性が見えてくる、ということがあります。自分の病で他人の病を推し量るということ、これも結局はさきほどお話をした「同事」という問題に尽きるんじゃないかと思います。

仏教的医療観

医療につきましてはいろいろな問題がありますけれども、いま私が感じますのは、まず第一点は医療制度は介護保険の制度も含めて確かに発達はしてきていますけれども、まだまだ病気というものを生・老・病・死というふうに一体としてみるという構えが足らないんじゃないかと思います。トータルな人間のなかから病気だけ切り離してしまうという考え方がまだまだ多い。したがって仏教の側から、もっとこの点について発言する必要があると思います。

それからもう一つ、日本の場合は、お医者さんと患者が、まだ完全に対等の関係にはなっていないようです。したがってまっとうな対応ができていないという現実があります。この場合も、お互いに「生・老・病・死は一体であり、人生には避けられないものだ」と知っていることが大切です。少なくとも「私だってそうだ」というお医者さんの側の自覚があれば、事態はもっとよくなると思います。

また、医療を不当な金儲けの対象にするというのも、やはり問題です。病死は人生そのものの問題なのに、それを営利の対象にする。製薬会社も、実際に効き目があるとわかっていてもタイミングを計っていてなかなか発売しないということがありますね。ほんとうはその薬が一日早く発売されていたら助かった、という人だっているかも知れません。そう考えると、やはり生・老・病・死というのを一体として考える、人生の一番大きな問題として考えるという点が、まだまだ足りないと思うんです。

このあいだテレビを見ておりましたら、タイのマッサージを紹介する番組がありました。タイのマッサージはバンコックの人たちに人気があるそうですが、マッサージ師の方々はマッサージを始める前に必ず合掌してお経を唱えています。解説を聞いておりますと、「この人が幸福になりますように」というふうにまずお祈りをして、そのためにマッサージをするんだと、これはいかにも仏教国らしいですね。医療というのは元来そういうものです。金儲けのためなどは論外として、病気を治すのではなくて、その人の幸せを祈って行なう行為なのです。すべての医療行為がそうであったらどんなにいいだろうか。タイの医療が全部そうであるかは知りませんが、タイではお寺がエイズ患者にたいする施設を作っています。大きなお寺でお坊さんたちがエイズの患者さんたちといっしょに暮らしているところがあります。これを見て、やはり仏教の考え方がこの国では生かされていると思いました。

以上で病気の話を終えまして、『維摩経』のもう一つのテーマをお話ししたいと思います。

無分別――観衆生品

天女、散華す

最後は、「天女、散華《さんげ》する」というテーマです。これは「観衆生品第七」に説かれるテーマで、ここでは文殊師利と維摩居士が非常に激しい議論をします。両者の議論がすすみ、結果的には文殊がやり込められて黙ってしまいます。そういう場面に突然、天女がヒラヒラと衣の裾をなびかせながら現れるんですね。これはまさにテレビ的な場面だと思います。すると、その天女が天の上からそこにいる人々――菩薩とか、あるいは十大弟子とか維摩とかヴァイシャーリーの市民とか、たくさんの人がいますね――の上に花びらを降らせました。その花びらは菩薩たちの体の上に落ちると、サラッと地面に落ちてしまいます。ところが、十大弟子の上に花びらが降りかかりますと、身体に附着して落ちないのです。十大弟子が自分の手で落とそうとするのですが、どうしても落ちない。落とそうとすればするほど、落ちないのです。

この華には分別するところなし

そういう場面で、この特に舎利弗――十大弟子中の智慧第一といわれ、二大弟子の一人でもあるという舎利弗が天女のターゲットにされます。天女は舎利弗に向かって、「舎利弗さん、あなたはどうしてその花びらを落とそうとするのですか」と聞きます。すると舎利弗は「この華は如法《にょほう》ならず、ここをもってこれを去るなり」といいました。どういうことかというと、初期仏教の律では、出家者が身に飾りを付けることは許されておりません。まして、花を衣につけて飾るなんていうことは、到底考えられません。一切の虚飾は捨て去る。これがブッダの厳しい態度です。したがって、花が落ちてきて、しかも体に付くと、身を飾っているように見えるかも知れない。何か悪いことをしているのではないか、律を犯すことになりはしないか、と考えたんでしょうね。そこで、必死になってその花を落とそうとしたのです。

そうすると、今度は天女が何といったかというと、「この華をいいて如法ならずとなすなかれ」、「この花を出家修行者にふさわしくないと考えてはならない。なぜかというと、この花にはあれこれ分別するはたらきはないからだ」といいます。「この華には分別するところなし」、「この華に分別の心があるのではなく、あなたが自分自身で善悪の分別をしているだけだ」というんです。花自身は何らいいとか悪いとかという心はない。あなた自身にこの花がついてはよくないという分別の心があるだけだ、というのです。むしろ、そういう善し悪しという分別の心を取り去ってしまうことこそ、ブッダの教えではないか、とこの天女が舎利弗をやり込めます。

日常用語で「分別がある人」といえば褒めことばです。ちゃんと理屈がわかっていて、相手のこともわかっている、これが「分別ある」という意味です。それに対してむちゃくちゃなことをする人のことを無分別者とか、いい歳をして無分別だというい方をします。

ところが、日常語と仏教の分別・無分別は逆の意味です。仏教の立場からしますと、分別というのはあれこれ善悪を分けて考えることで、これを離れたのが無分別です。大乗仏教では無分別こそ最高の心のあり方とされます。どういうことかというと、ものごとにとらわれ、善悪、善し悪しをきめる。ものごとを分析して、こっちがいいあっちは悪いというふうに考えていくのが分別です。ところが、善も悪も相対的なものであって、その場にふさわしい、そういう善があるはずだ。前に見た富楼那の説法も同じで、原則論として正しいけれどもその場にはふさわしくないということがあると思います。こういう場合、ブッダがこう言ったからということにこだわってはいけない。真理にもこだわってはいけないのです。ほかの宗教ではこんなことは言えません。ほんとうはそういうふうに考えれば、いまの宗教対立は起こっていないはずです。これは宗教だけの真理で、これ以外に真理はないと主張すれば対立が起こるのは当然です。

仏教では、真理についてさえも、その時々その場の真理はもう明日になれば真理じゃないかもしれない、と考えます。そういう真理にこだわって原則論を振り回している、これも分別の心といってよいと思います。

苦しみの原因である自我意識＝分別心

次に悟道偈《ごどうげ》といって、お釈迦さまが悟りをお開きになったときに、悟りの心境をうたった詩があります。どういう詩かというと、「家屋をつくるものよ、私はついに汝を見つけ出した。汝は再び家屋を作ることはないであろう。汝の梁はすべて折られ、家の屋根は壊されてしまった」。こういう詩をブッダは悟りのときにうたわれたというのです。

まず「家屋を作るものよ」。「家屋」とは人間のことです。私なら私という個体ですね。「作るもの」というのは、家屋を作っているもの、つまり大工という意味合いで、人間を突き動かしている迷いの根源、妄執、あるいは根本煩悩、あるいは執着をいいます。

ブッダは、カピラヴァスツの王子として生まれたので豊かな生活をしていた。そういう生活のなかでも、どうしても心が晴々としない。なぜ苦しいのか、どうして怒りとか悲しみとかの感情が生じてくるのかということをずっと考えて、ついにその原因となるものが見つかったというのです。それでは、その正体は何かというと、根本的な執着心、分別心です。そのなかで最も強いのが自己への執着、もっというと自我意識です。恐らく人間の根本的な自我意識、人間が生まれ持っている自我意識が、私どもの苦しみの原因になっていることに気づいたということです。

仏教では〝百八煩悩〟などといいますが、苦しみをひきおこすのは結局は自我意識です。自分が自分がという自我意識。これが物欲のもとにもなりますし、あるいは名誉欲のもとにもなるのです。私たちは他人と自分を比べて苦しんでいる存在です。それにはっきりブッダは気づかれた。そして、気づいた以上、もうそういう自我意識が自分を支配していることはないんだとうたっているのが、この詩なんです。

禅の思想家であった鈴木大拙先生に『無心といふこと』という書物があります。この著は、大拙先生の本のなかで最高傑作だと思うのですが、そのなかでこう言っておられます。「「屋舎の主」と云ふは、此の色身を我物と認めて居る分別意識のことである。此の分別意識の中心である「自我」の一念が多くの禍のたねである。これに縛られて自由を得ぬのが吾等の日常生活ではありませんか」。さらに「ところが、困るのは人間には分別意識といふものがある。……怒る、泣く、悲しむといふやうな性のほかに、吾等には知識といふものがある、論理というものがある。さうして何かにつけて理窟をつけたがる、そこから始末におへぬと云ふことが出て来る」と、いかにも大拙先生らしいことばがつづきます。私は学生のころ、鈴木大拙先生の講演を聴いたことがあります。そこでも分別・無分別の話を聞きました。そのときはよくわからなかったのですが、このごろ、やっとわかるようになった感じがするんです。

結局のところ人間をつき動かしているのは自我意識ですね、分別です。しかし、分別を超えないとほんとうの安心感はないことも確かです。これが私という個人の分別ならまだいいんですが、集団、民族あるいは国家、ということになってしまうと、これは問題です。

分別心が生み出す宗教紛争

例えば、いまイスラエルとパレスチナとの間に大紛争がおこっています。これも双方とも言い分はあるようです。エルサレムには数平方キロの地域にイスラム教とキリスト教とユダヤ教の聖地が三十個近くあります。これはたいへんなことです。

その聖地のなかにキリスト教徒が大切にしているのは〝ゴルゴタの丘〟で、ここはイエスが磔になった場所です。そこにいま聖墳墓教会という教会が建っています。ところがその教会のなかで、イエスが磔になった本当の場所といわれるところで、キリスト教の三つの宗派が自分たちのものだといって争っているというのです。あのゴルゴタの丘でイエスのお墓を守る人々さえも三つに分かれているのです。

〝嘆きの壁〟は、ユダヤ教としても聖地であるし、イスラム教からすればアッラーが天に昇った場所ですから、両方の聖地です。それぞれが自分たちのものだと主張して譲らない。つまり分別意識、自我意識のかたまりがどんどんふくれあがってしまうと、自我集団と別の自我集団の争いになってしまいます。

アメリカが乗り出して仲裁をしようとしていますけれども、あれは政治的な仲裁で、政治的な仲裁というものは、政治力が弱まればすぐなくなってしまいます。そういう解決ではなくて、やはり無分別というか、融通無碍《ゆうずうむげ》になっていかないと、本当の解決はないと思います。あなた方の聖地は認める、しかし、そこは私どもの聖地でもある、だからいっしょに拝もうじゃないか、という気持ちにどうしてなれないのか。一方はイスラム教が一〇〇パーセント正しいと思い、他方はユダヤ教の真理が絶対だと主張したら、もうお互いに相入れるところはまったくないことになります。これでは永久に争いは尽きません。

イスラエルは戦後、自分たちの国を作りました。ところがこのころ、パレスチナ人は自分の国をもたず、国連から「国家」として認められたのは、つい最近のこと（二〇一二年十一月）です。だから、ユダヤ人がかつて味わっていたような苦しい思いを、パレスチナ人もずっともっていたのです。

「おのれの病をもって他人の病を考える」という維摩のことばは、ここでも重要な意味をもっています。私ども仏教徒であれば、嘆きの壁に午前中は私どもが参拝するけれども、夕方はあなた方が参拝してください、といって折り合いをつけるかも知れません。そういう意味合いで、私どもも日本人は宗教にたいしていい加減な態度をとっているという批評がありますが、私はそうじゃないと思いますね。やはりそこのところで知恵を働かせて共生しようという心が日本人にはあるんじゃないかと思うんです。

宗教問題は難しいですからそう簡単にはいかないと思います。けれども、少なくとも『維摩経』の立場からしたら、そういう分別意識、自我意識をまずなくして、それを取っ払ったうえに平和があるといわざるを得ないんじゃないかと思います。

短い時間にいろいろなことを申し上げて、お分かりにくかったかもしれませんけれども、『維摩経』が何をいおうとしているかということを少しでもご理解いただければ幸せでございます。

心を清らかにするとどうなるのか――心を清らかにすることの意味

はじめに

善男子よ、菩薩は仏国土を浄らかにしようと欲したならば、みずからの心を浄めるよう努めなければならない。なぜかというと、菩薩の心が浄らかになることによって、仏国土は浄らかとなるからである。(『維摩経』「仏国品」)

どこかに、こんな社会はないものか。
ひとは、それぞれ、いろいろな活動――市場での労働のみならず、ひとや自然、文化や芸術との多様なつながりの中でなされる行いや在りよう――をとおして、いろいろな種類の価値を生み出し、評価されている。

ひとは、誰しも、独立・責任・自尊などの観念とその社会的基盤を手放すことなく、「健康で文化的な生活を維持」するために必要な資源（所得・財・サービスなど）を十分に得ることができる。

（アマルティア・セン／後藤玲子著『福祉と正義』東京大学出版会、一三五頁）

私たちが住む仏国土は今どうなっているのか

二〇一〇年の夏は記録的な猛暑で、真夏日が九月まで続いた。この猛暑は地球規模のものらしく、この年の六月初旬のころ、筆者はたまたまモスクワに行ったが、この地でも気温は三〇度を遥かに超えていた。わが国では、同年五月三十一日から八月十五日までに熱中症により救急車で病院に運ばれた人は全国で三万一五七九人で、高齢者が半数以上を占め、死亡者の数も過去最高だったという（『朝日新聞』二〇一〇年八月二十日）。

ここで問題なのは地球の温暖化もさることながら、電気やガスを止められ、夜は真っ暗になる生活を余儀なくされ、熱暑には抗しきれずに死亡する人が、現に存在するということである。一人暮らしでだれの援助も受けられず、孤独の内に死んで、数カ月経ってから発見された例もある。このような現象から、現在のわが国の社会を「無縁社会」と呼ぶ人もいる。この無縁社会ということばほど反仏教的なことばはないのであるが、現実の社会を考えると、妙に説得力のあることばであるようにも思える。しかも、これらの現象が特殊な例ではないということにショックを受けない人はいないのではなかろうか。

また、百歳を超える長寿者の増加を誇るわが国において、高齢者の現状を確認することをおろそかにした結果、高齢者の行方がわからなくなっているというケースも少なくないことも明らかにされた。家族の一員であるはずの者がどこにいるかわからないというのも、常識では理解しがたいことであり、日本の社会は一体どうなっているのかと思わざるを得ない現実がある。

これは高齢者だけの問題ではない。「格差社会」と呼ばれる社会の出現が、すべての問題の根底にあることはだれにも否定できないであろう。格差社会は分配の不平等による低所得者層を生み出し、「成果主義」「競争原理」「勝ち組」「負け組」「ワーキングプアー」「フリーター」などのことばが無造作に作られ、何の痛みも感じることなく、極めて普通に用いられるようになった。自由競争は人間社会を活性化する有力な原理であり、この競争に勝ち抜いて「勝ち組」に入れるかどうかは、その人の「自己責任」である。このように競争することによって生産性は向上し、人間も社会も豊かになってゆく。数年まえまでは、このような主張が政治家たちによって叫ばれ、市場主義とか、新自由主義とかいわれるものが人間に幸福をもたらす唯一の原理であるかのようにもてはやされていたのを、私たちは忘れてはいない。

しかし、現在、日本の社会に格差・貧困、ひいては人々の心の荒廃をもたらしたのは、この市場主義そのものであるとする「市場主義の崩壊」を説く経済学者たちが登場し、「市場主義の失敗」のメカニズムが明らかにされている。

多摩大学教授の中谷巌氏は『資本主義はなぜ自壊したのか』（集英社、二〇〇八年）の「まえがき」のなかで、次のように明言している。


グローバル資本主義は、世界経済活性化の切り札であると同時に、世界経済の不安定化、所得や富の格差拡大、地球環境破壊など、人間社会にさまざまな「負の効果」をもたらす主犯人でもある。そして、グローバル資本が「自由」を獲得すればするほど、この傾向は助長される。


二一世紀は、グローバル資本という「モンスター」にもっと大きな自由を与えるべきか、それともその行動に一定の歯止めをかけるべきなのか。

当然のことながら、新自由主義勢力はより大きな「自由」を求める。グローバル資本が自らを増殖させるための最大の栄養源だからである。しかし、さらなる「自由」を手にしたものは、まさにその「自由」によって身を滅ぼす。結局のところ、規律によって制御されない「自由」の拡大は、資本主義そのものを自壊させることになるだろう。

中谷氏はかって小渕恵三内閣の「経済戦略会議」の議長代理を務め、「規制緩和」「市場原理」「自己責任」などの旗振り役を演じていたのだが、この著においてみずからの「転向」を表明し、「人間の欲望の飽くことのない充足」に歯止めがかけられなかったことが現在の状況をもたらしたとし、神仏を融合した日本人の宗教観の積極的評価にまで及んでいる。利己心にもとづく個人の利益追求行為は「見えざる手」によって、社会全体の経済的利益とつながるという古典的理論がもはや現実性をもたないとすれば、人間を特定の行動へと突き動かす欲望をどのように制御するかという人間そのものの問題に帰着するのであり、ここに仏教の人間観との接点がある、ということができるであろう。

もとより仏教は人間の内面の問題をあつかう宗教であり、現代社会の格差や不平等などの問題に直接的に解決策を提示できるはずはないが、人間の欲望追求が主要問題とされる場合には、自利利他、すなわち「個人の利益」と「他人の利益」を対立的なものとしない考え方は、重要なポイントとなるのではないかと思われる。そこで、本章では「清浄《しょうじょう》な仏国土の建設」を標榜する『維摩経《ゆいまぎょう》』によって、何かヒントになるものはないかを、探ることにしたい。特に「清浄な仏国土」あるいは「仏国土の清浄」という場合の、「清浄」とはなにを指すのかということに絞って、手がかりを見つけることにしたい。

『維摩経』という経典の特色

数ある大乗経典のなかで、『維摩経』には他の経典と比べていくつかの点で際だった特色が見られる。なかでも重要なのは、この経典の主人公として大乗の教えを説くのがヴィマラキールティVimalakīrti（維摩）という在家の家長であることと、その活躍の舞台がブッダ在世当時のヴァイシャーリーとされていることである。

ブッダの時代、古い経典のなかで「十六大国」といわれているように、北インドには多くの国（都市）があった。そのなかで、サンガあるいはガナとよばれるある種の共和政体をとる国（あるいは種族）があり、ヴァイシャーリーはこのような政体をとるリッチャヴィ族の首都であった。ヴァイシャーリーは、現ビハール州の州都パトナの北方にある貧しい農村であるが、ブッダの時代には自由商業都市として栄え、ブッダの最もお気に入りの土地でもあった。ブッダの最後の旅を描いた『大般涅槃経』では、涅槃の地クシナガラへの途中、ブッダはこの地で最後の雨期を過ごし、この地の美しさを賛嘆している。

『維摩経』の作者は、かってリッチャヴィ族の青年たちが行き交い、彼らがガニカーと呼ばれた豊かな遊女アームラパーリーとブッダの招待について争ったという故事などを心に思い浮かべ、より現実味のある舞台として設定したのであろう。このヴァイシャーリーの町には、公共の施設らしいものもあり、教育の場、遊技場、酒場、さらには遊郭もあり、人間の社会として現在とあまり変わらない町のように、経典は描いている。

維摩は、このようなヴァイシャーリー市の豊かな商人であり、同業者の組合（サンガ）の長であり、政治の場にも、教育の場にも、何かことがあれば顔を出し、酒場や遊郭にも出入りして市民たちを指導する〝顔役〟のような人物とされている。

『維摩経』で浄仏国土という場合、あるいは〝娑婆世界〟というときは、このようなヴァイシャーリーの町中がイメージされているものと思われる。この経典にはこの娑婆世界の他に、理想の仏国土として香積《こうしゃく》如来の香積国などが説かれているが、娑婆世界との対比においてあげられているのであって、問題にしているのは娑婆世界そのものであることは間違いないであろう。そこで、この娑婆世界に関して、そこに住む人々が「自心を浄《きよ》める」とはどういうことかが、当面の問題とされるのである。

自心を浄めるとはどういうことか

心清浄《しんしょうじょう》ということを考える出発点となるのは、過去七仏が共通して受持したといわれるブッダの戒《いまし》めの偈《げ》文中の「自浄其意《じじょうごい》」という概念であろう。一般には「迦葉仏波羅提木叉《かしょうぶつはらだいもくしゃ》」といわれるものがよく知られ、『ダンマパダ』では次のように記されている。

すべての悪をなさず　善を行ない　　諸悪莫作　諸善奉行
自心を清めること　これが諸仏の教えである　　自浄其意　是諸仏教

この偈文中の自浄其意は〝みずからの心を完全に清めること〟の意味である。これは心の本質が清浄であるという原理を述べているのではなく、それぞれの人が自分自身の心をみずから清めよ、というブッダによる戒めを意味しているのである。後の心性本浄説《しんしょうほんじょうせつ》において心性本浄ということが、ある種の実在論的な見方からとらえられるようになっていくなかで、自浄其意の原意に立ち戻ることは極めて重要であると思われる。

このような「自心を清める」ということを前提にして、『ダンマパダ』の冒頭の偈が説かれる。

ものごとはみな　心を先とし　心を主とし　心より成っている
もし人が汚れた心によって　語り　あるいは行なうならば
それより　その人には　苦しみが従う〔車を牽く牛の〕足に車輪が従うように。（1）
ものごとはみな　心を先とし　心を主とし　心より成っている
もし人が清らかな心によって　語り　あるいは行なうならば
それより　その人には安楽が従う　影が〔身体を〕離れないように。（2）

ここでは、「汚れた心によって」と「清らかな心によって」とが対比されているが、この場合も「自心を清める」という努力によって「清らかになった心でものごとを行なうならば」の意味であろう。

これにたいし、原始経典のなかには、心性本浄説の原型となる記述のあることが明らかにされている（西義雄『原始仏教に於ける般若の研究』三三一〜五〇二頁）。同書では原始経典中の心に関する記述を、種々心を表すもの、染浄和合《ぜんじょうわごう》の心を示すもの、心性本浄とするものに分類し、多くの実例をあげておられる。そのなかで、「この心は本来清浄であるが、本来的なものではない煩悩によって汚されている」という原理的な記述の他に、染浄和合の心を述べるものとして、「比丘たちよ、心が汚されることによって衆生は汚され、心を清めることによって衆生は清まる」（SN. III. pp. 151〜152）という記述があり、これは冒頭で引用した「もし清らかな仏国土を建設しようとしたら、みずからの心を清めなければならない」という『維摩経』の主張に直接つながるものとして重要である。

この心性本浄説は、後の大乗仏教の思想や信仰のなかでも常に重要なテーマとされた。たとえば、『六祖壇経』に記されている五祖弘忍《こうにん》門下での、神秀《じんしゅう》と恵能《えのう》の呈偈も、仏教思想の流れからいえば、「心性本浄とそのはたらき」ということにどちらが徹底したかが問われている、といってよいのではないかと思われる。

それでは、自性清浄といわれる心が、どのようにしてはたらき始めるのか。「もし清らかな仏国土を建設しようとしたら、みずからの心を清めなければならない」とは、どういうことか。自浄其意ということが、具体的にはどのようにして清らかな仏国土の建設につながっていくのであろうか。

「自浄其意」と「心の空無」

心清浄の問題を考えるとき――いまはあまり読まれていない書物とは思うが――山口益博士の『心清浄の道』（理想社）は重要な示唆を与えてくれる。博士の自坊で行なわれた仏教講座の講義をまとめたもので、百余頁の小篇ながら、「七仏通戒の偈」の「自浄其意」が大乗菩薩の自利利他行へと展開していくプロセスを、一般市民のために簡潔に説き明かしている。「自浄其意」を柱とした仏教の入門書として、現在でも価値を失っていない著であると筆者は考えている。

この著のなかで博士は、「自浄其意」とは結局は「心の空無」ということであり、この「心の空無」こそ大乗菩薩の利他行のモチベーションであることを明らかにされている。ここでいわれる「心の空無」とは、一般に「心を無にする」といわれるような意味ではなく、『中論』第十章「火と薪に関する考察」（「燃可燃品」）で明らかにされるような、能所の空、すなわち、自我と対象の縁起・空が覚知され、心が能所のとらわれを離れて自由になったことを表している。博士はいわれる。

自浄其意といふ語の内容を究明してゆくと、その語は、普通考へられてゐるやうに、「我々には清らかな心性・心の体があつて、その清らかな心が濁つてゐるから、その濁り穢れをとり払ふて清浄にしてゆくのである」といふやうな意味ではなくして、心の清浄とは、言亡慮絶心行寂滅であるから、心を空無にするといふことになる。（同書六七―六八頁）

さしあたり現在のわれわれといふものは、常に先づ、火に喩へられる能取を抽象して「我れ、己れ」であるとなし、この我れ、己れが、優先的に存在するために所取なる客観世界を、「己れの物、我所」として抽象して執へ、その「己れの物・我所」を所有し、支配するのは、「己れ、我れ」であるとして、己れの存在に駄目を押して己れを主張する我執を強調する。（中略）それらは何れも、能所が抽象的実体論的に先住的に捉へられた思想から出発してをり、従つて、能所の始体といふものが無であるとする、無始空、すなはち、縁起甚深に背違せる邪執である。（中略）自浄其意、自らその心を浄くするとは、縁起甚深の道理を体認して、さういふ己れを主張する力づくの有我見を空じて無くすることである。

（同書、八八―九二頁）

山口博士の文を長々と引用させていただいたが、この「能所を離れた心の空無」ということこそ「自浄其意」であるということは、『維摩経』のテーマそのものである。少なくとも「心性本浄」ということを原理論的にとらえて「心性本浄なるがゆえにわが心清し」とするだけでは、そこに何のはたらきも生まれてこないであろう。中国禅の五祖弘忍《こうにん》門下で、神秀《じんしゅう》と六祖恵能《えのう》によって師に提示された偈文の評価も、この文脈からすれば「自浄其意」ということについての、「心性本浄説にもとづく原理的理解」と「心の空無の体認」との相違、ということになるのではないかと思われる。

さて、『維摩経』の原題はヴィマラキールティ・ニルデーシャ Vimalakīrti-nirdeśa であるが、ヴィマラキールティというちのヴィマラは「汚れを離れた」の意味であり、玄奘は無垢称と訳している。山口博士はヴィマラを「清浄にするはたらき」であるとされ、キールティは「聞えて評判になる」の意味であるから、ヴィマラキールティということばは、「清浄にするはたらきが、十方世間に聞えるということは、世間を清浄化し世間を済度するということで、仏道を成ずるという意味」(「維摩経仏国品の原典的解釈」『山口益仏教学文集』下、春秋社、四二七—四二九頁)という解釈を示しておられる。

「自浄其意」はどのようにはたらき始めるのか――『維摩経』「仏国品」の課題

『維摩経』の清浄な仏国土の建設というテーマは、この経典の基礎をなすテーマとして、まず「仏国品第一」において取り上げられる。

ここでは、維摩と同じリッチャヴィ族の青年ラトナーカラ（法蔵）の「菩薩が仏国土を清めるとはどういうことか」という問いにたいしてブッダ自身が次のように答えている。

善男子よ、衆生という国土が、菩薩の仏国土である。なぜかというと、菩薩は諸衆生の幸せを増進させる必要がある限り、仏国土をとるからである。菩薩はどのようにして諸衆生を鍛錬するか、ということに従って仏国土をとり、諸衆生がどのような仏国土に入ることによって仏智に達するか、ということに従って仏国土をとり、諸衆生がどのような仏国土に入ることによって、聖者に等しい機根を生ずるか、ということに従って仏国土をとる。それはなぜかというと、善男子よ、諸菩薩の仏国土とは、衆生を利益《りやく》するためにあるものだからである。たとえば、ラトナーカラよ、誰かが空き地に何かの建物を建てようとすれば、思いどおりに建てられるであろうが、しかし、虚空には何かの建物を建てることも飾ることもできない。まったく同じように、ラトナーカラよ、菩薩はすべての存在は虚空に等しいと知って、衆生を成熟させるために、このような仏国土を建設したいと願うところに従って、それぞれが仏国土を建設するのであるが、菩薩は虚空に仏国土を建設することはできず、飾ることもできないのである。(VN. p.9, *ll.* 1～12)

ここでは、仏国土なるものが、現実のこの社会であることがまず明かされる。「虚空に建物を建てることはできない」という比喩は、大乗の菩薩が建設しようとしている国土はこの世とは別のところにあるのではなく、私たちがいま生きているこの国土、この社会であることを示している。清浄な仏国土の建設は、ただ私たちの心のなかで行なわれるのではなく、現実の世界において、人間の心も体も環境も、その一切を含めた意味においてなされなければならないのである。

それでは、「菩薩の仏国土とは衆生の国土である」とは、具体的に何を表すのか。「仏国品」では、続いてこの経典で目指される仏国土が次のように説かれる。

菩薩の仏国土とは意欲という国土である。菩薩が悟りを得たとき、その仏国土には、偽りのない誠実な衆生が生まれるからである。

善男子よ、菩薩の仏国土とは強い決意という国土である。菩薩が悟りを得たとき、その仏国土にはあらゆる善根資糧を積んだ衆生が生まれるからである。(VN. p.9, *ll.* 14～18)

「意欲という仏国土」āśaya-kṣetra というううちの āśaya は、通常は「意楽《いぎょう》」と漢訳される語であり、「何かをしようとする意志、意向」「心に欲すること、心の願い、望み」「ある目的を達成しようと念願すること」の意味で、浄仏国土を建設しようとする菩薩の意志と願いを含む語といってよいであろう。'positive thought' という英訳は誠に適切である。

鳩摩羅什は、おそらく「偽りのない誠実な衆生」（諂《へつら》わざる衆生）という文脈からと思われるが、これを「直心《じきしん》」と訳している。素直で正直な、濁り気のない、真っ直ぐな心というほどの意味で、何か爽快感を与える訳語であるが、ここはやはり、自浄其意から発して清らかな国土を建設しようとする菩薩たちの意欲と願いを表すことばでなければならないであろう。なお、āśaya-kṣetra という複合語は「意欲という国土」、あるいは「菩薩の意欲がある国土」「菩薩が意欲をもっている国土」「そのなかで菩薩の意欲がはたらく国土」と解すのが経典の趣旨である。「強い決意」adhyāśaya は増上意楽と漢訳される語で、「意向」āśaya よりもさらに強い意志・願いを表している。鳩摩羅什訳は「深心」であるが、この場合も人の心の奥にある深い心というのではなく、外に向かう強い意志である。英訳も 'high resolve' としている。「意欲」も「強い決意」も、菩薩の自浄其意にもとづいて浄仏国土を建設しようとする意欲・強い決意であり、そのような意欲・強い決意を誓願とするのが菩薩という存在のすべてである、と経典はいっているのであろう。清らかな国土をどのようにして建設するかというテーマの最初に、このような菩薩の意欲・決意を置くところに『維摩経』という経典の明確な意図が如実に示されている。

ついで、菩薩の仏国土は、加行《けぎょう》prayoga、菩提心を発すこと、布施、戒、忍辱、精進、禅定、般若、四無量心、四摂事《ししょうじ》、善巧方便《ぜんぎょうほうべん》、三十七覚支、回向心、八難所の除去を説くこと、みずからは律の条文を守って他人の過失を誹らないこと、清らかな十善業道のそれぞれが行なわれるところ、とされる。

このように、仏国土のあり方について述べてから、菩薩が菩提心《ぼだいしん》を起こすことによって意欲が生まれ、意欲によって強い決意が生まれ、乃至《ないし》、回向によって方便が生まれ、方便によって仏国土が清浄となる（buddhakṣetra-pariśuddhi）と説き、続いて論理的には逆に、つぎのように説かれている。

国土が清らかであることにしたがって、〔そこに住む〕衆生も清らかとなる。
衆生が清らかとなることにしたがって、その智慧も清らかとなる。
智慧が清らかとなることにしたがって、〔そこで行なわれる〕説法も清らかとなる。
説法が清らかとなることにしたがって、智慧のはたらきも清らかとなる。
智慧のはたらきが清らかとなることにしたがって、自心も清らかとなる。

（VN. p. 11, *ll*. 17～21）

ここでは、自心の浄化から国土、すなわち社会・環境の浄化へと進む方向だけではなく、逆に国土の浄化から自心の浄化へという、双方向からの浄化作用があって初めて完全な仏国土と

なる、とされるのである。このようにして、『維摩経』中で最もよく知られた、

それゆえに、善男子よ、菩薩は仏国土を清らかにしようと欲したならば、みずからの心を清めるよう努めなければならない。なぜかというと、菩薩の心が清らかになることによって、仏国土は清らかとなるからである。（VN. p. 11, *l*. 22–p. 12 *l*. 1）

という言葉が述べられるのである。「みずからの心を清める」とは、このように菩提を求める心が清らかな国土建設への意欲、ひたすらなる願いとして展開してゆくことであり、その意欲・強い決意が特に重要視されていると言ってよいであろう。

支え合う社会を目指す仏国土

『維摩経』で説かれる清らかな仏国土とは、遥か彼方にある理想の国（浄土のようなもの）ではなく、菩薩の国土建設への意欲・強い決意によって、この世で実現されるべきものである。しかし、社会における各種の不平等や格差是正などの問題にせよ、地球の温暖化、環境保全の問題にせよ、現実的には一人の意志や意欲、決意だけではどうにもならないことも事実である。「京都議定書」にしても、世界のすべての国が批准して初めて効果が期待されるのであって、ある巨大な国が膨大な量の有毒物質を排出し続ければ、地球の環境は全体として汚染されていく

ことは目に見えている。現実には、この人間の国土は「清らかな国土」どころか、日に日に汚されていくがごとくである。

しかし、そうではあっても、菩薩の自浄其意にもとづく清らかな仏国土建設の意欲・決意は重要であり、この願いが多くの人々の共感を得て国や社会を変える力となることも、事実である。

「仏国品」には、ヴァイシャーリーのリッチャヴィ族の青年ラトナーカラが、同じくリッチャヴィ族の青年五百人の先頭に立ち、おのおの一本の傘を手にしてブッダが滞在しているアームラパーリー園を訪れる場面がある。彼らリッチャヴィ族の青年たちはアームラパーリー園のブッダの許に至り、ブッダを礼拝してからそれぞれが手にしていた傘をブッダに捧げるや否や、それらの傘はブッダの威神力によって一つの七宝でできた巨大な傘に変わった。しかも、そのなかに、三千大千世界のすべてものが、スメール山から太陽、月、星、山、河、さらには十方世界の諸仏の説法の音声までも表されていた、というのである。

『維摩経』のこのような表現は、ブッダや維摩の威神力とか神通力とかの偉大さを表そうとしているのではなく、このようにかなり大胆な比喩的表現は、一つの重要なテーマを述べようとするときの、この経典特有の方法といってよい。経典作者の豊かな詩的想像力によって、最も重要な教えを表す場合には、不思議な出来事とか比喩、あるいは対句の使用などが好んで用いられる。逆説的表現の多用もこの経典の特色である。

さて、リッチャヴィ族はヴァイシャーリーを都とする部族であるが、五百人の青年は同じリッチャヴィ族の富豪の子といっても、顔かたちも違えば個性も心境も異なるのは当然である。しかし、ここでは、一人一人がブッダの教えを聞こうと願い、ブッダを敬い尊敬する意志を伝えるために、その手に傘を持ってラトナーカラの後に従ったのである。ちなみに、ここで「傘」というのは「傘蓋」chatra のことで、インドでは国王や貴人、高位の僧などに侍者が背後からさしかけるために用いられるものである。

程度の差はあるかも知れないが、リッチャヴィ族の青年のブッダの教えを聞きたいという熱意を象徴するのが傘である。そこで、五百人が手にしていたときは別々であった傘が、ひとたびブッダの手に渡るとただ一つの巨大な宝蓋となったということは、五百人のリッチャヴィ族の青年の心がブッダにおいて一つになったことを意味している。仏教教理の上からは、現実の人間は千差万別であるが、ブッダの心はそれらのすべてを受け入れるはたらきをもっているこ と、すなわち、一と多、絶対と相対、統一と雑多が、ブッダの立場に立てば一体となる、ということになるであろう。しかし、ここでは、「清らかな仏国土の建設」というテーマのもとに、この傘の比喩を考えなければならない。

現在の世界において、清らかな仏国土の建設を阻むものは数え切れないほどある。世界は国家間の利害の対立、領土をめぐる抗争、その他民族や宗教などが複雑に絡み合って互いの憎しみが増幅され、殺し合い、傷つけあって武力衝突に至ることもある。その結果、苦しむのは底辺に暮らす人々であり、難民キャンプの暮らしぶりや飢えた子供たちの姿をテレビで見たとき、何とかしなければいけない、と思わない人はおそらくいないであろう。そのような一人一人の思いが、すべてを覆い尽くす巨大な傘となるとき、初めて難民も貧困もなくなる、とこの比喩はいっているのである。『維摩経』の説く「清らかな国土の建設」とは、菩薩、すなわち私たち一人一人が自浄其意の意欲と揺るぎない決意を持ち、みずからの思いを大きく広げて一本の傘を作っていくことによって、初めて成し遂げられることになるであろう。

菩薩の自浄其意のはたらきは娑婆世界でどのような形をとるか

『維摩経』では人間存在を「本性として清浄」としてとらえていることはすでに見たとおりである。しかし、現実のこの娑婆世界は人々の飽くことのない欲望と自我の意識に満ちあふれている世界であることも、私たちは経験的に知っている。実は、『維摩経』という経典も、このことを十分に意識した上で書かれていると言ってよいと思われる。

まず、「仏国品」において、ブッダによって「仏国土を清らかにしようと欲する菩薩はまず自心を清らかにしなければならない」という教えが説かれたとき、仏弟子のシャーリプトラは「この世はどう見ても汚れていて、清らかには見えない」という。それにたいして、

㈠シャーリプトラ自心の意欲が清らかになっていないので仏国土が不浄に見える。

㈡ブッダは劣った人々を成熟させるためにこの世界を欠陥があるように見せている。

と説かれている。しかし、これも仏教教理からの決まり切った解説であり、この経典の見方は現実に即していて、娑婆世界に住む人間を厳しい目で見ている。

この経典の「香積品」では、香積《こうしゃく》如来が芳香で教えを説くという香積国との対比において、娑婆世界の本質が述べられている。経典はいう――香積国においては香積如来によることばの説法はなく、太陽の光や木々のそよぎ、衣服、食事、山、河、楼閣、遊園など、すべてのものがブッダのはたらきをしていて仏教の真理を説いている。

それにたいして、この娑婆世界の衆生については、維摩は「優れた者たちよ、これらの〔娑婆世界の〕衆生は制御し難い者たちである。これらの制御し難い者たちに対しては、ブッダ〔娑婆世界のシャカムニ仏〕は、頑固で制御し難い者を懲戒するための教えだけをお説きになった」（VN. p. 95, *ll.* 21~22）としている。「制御し難い者たち」とは「馴らされ難い、訓練され難い」の意味であり、「頑固で制御し難い者を懲戒するための教え」というちの「頑固」は剛強、頑愚などと漢訳される語、「懲戒」は「懲戒・刑罰」「自制、克己」の意味で用いられる語である。鳩

摩羅什は「この土の衆生は剛強にして化し難きがゆえに、仏はために剛強の語を説きて、もってこれを調伏したまう」と訳して、「剛強」の語にすべての意味を含ませている。

要するに、この娑婆世界の衆生は、頑固、頑迷で、欲張りで、嫉妬深く、他人を恨み、自我意識ばかり強く、ひとのいうことを聞かず、誠に度し難い。それゆえ、ブッダは「これは心・口・意の邪な行為であり、これはその報いである」とか、「これは堕地獄の行為である」とか、「怒りや愚痴の心を起こしてはならない」などの激しくきついことばを説いて、度し難い人々を導こうとしている、というのである。ちなみに、「頑固で制御し難い者を懲戒するための教えだけを」というう ちの「だけ」eva とは、この世界はすべて自性《じしょう》として清浄であるとされるが、現実には娑婆世界の衆生は欲望の塊のようなあり方をしているから、経典には戒めや訓戒のことばだけが記されている、という意味であろう。

そこで、このような剛強な衆生を成熟させるためにはブッダさえも激烈なことばを使わざるを得なかったことを踏まえて、『維摩経』では、「菩薩は非道を行じ、悪魔となって衆生を導け」といわれるに至る。

『維摩経』「仏道品」では、文殊師利《もんじゅしり》の「ブッダの道を行くにはどうしたらよいか」という問いに答えて「マンジュシュリーよ、菩薩は非道を行くとき、そのとき、ブッダの教えに達することができる」（VN. p. 76, *ll*. 3~4）といわれる。具体的にはどういうことかとの問いには「菩薩は五無間業《ごむけんごう》の道を行きながらも、悪意・殺意・敵意はない。地獄の道を行きながらも、すべての煩悩の塵を離れている。畜生道を行きながらも、無知の暗黒を離れている」（VN. p. 76, *ll.* 6～8）と説かれ、以下、あらゆる世間的な悪行、邪な行為を行ない、戒・律を破り、偽善や阿諛追従の道を行きながらも巧みな方便によるはたらきをしている、という。そして、ついには、「菩薩は煩悩の道を行きながらも、本性として清浄であって畢竟《ひっきょう》して汚染されていない。また、魔の道を行きながらも、すべての仏説については異説に従わない」（VN. p. 77, *ll.* 4～5）というように、魔となって娑婆世界に姿を現すのである。

この経典では「不思議品」にも、不可思議解脱の境地にある菩薩のはたらきを述べるなかで、「大徳マハーカーシュヤパよ、十方の無数の世界において魔のはたらきをしている者は、ほとんどすべてが不可思議解脱にある菩薩であって、彼らは巧みな方便によって衆生を成熟させるために魔のはたらきをしているのである」（VN. p. 62, *ll.* 17～19）と、説いている。

非道を行ずるとか、悪魔となるとか、いささか極端にすぎる表現のように見えるかも知れないが、これは単なる逆説的ないい方ではない。娑婆世界において、頑固で制御し難い人々をブッダの道に導くには、高い立場に立って教えを説くというような方法は意味を持たず、悪そのものと同次元にあることがまず必要とされるのである。悪を行なう者を一段高い善の立場から引き上げる（救済する）、それによって罪を犯した者は救われていくという考え方は、ここでは否定される。それは、能所の空、心の空無ということからすれば、菩薩の正しいあり方ではないからである。非道を行ずるという舞台が、能所の空無に徹した菩薩によって、クルっと一回転して仏道を歩く場面に変わる、ということをこの経典は期待しているのであろう。

「清らかな仏国土の建設」をめぐる諸問題

『維摩経』の目指す「清らかな仏国土の建設」について考えるとき、「差別と無差別」「平等と不平等」など、重要なテーマが残されており、現実の社会の貧富の格差やあらゆる意味の不平等などとの関連において、仏教的な視点、あるいは『維摩経』的見方からの論究がなされねばならないであろう。ただ、仏教の教理がそのままの形で現実に生かされることを短絡的に求めてはならないと思われる。たとえば、『維摩経』の「入不二法門品」では「不二とは何か」が論じられるが、この場合も「一切の存在は真如《しんにょ》であるから貧乏人と金持ちは不二である」などという不二論は、現実的にはまったく意味をもたないであろう。「二にして一」ということを「悟りの心境」とするだけではなく、これによって現実の格差や不平等の問題にたいして、仏教からの何らかの新たな見方を示すことが必要とされるのである。

「平等と不平等」などの諸問題は次の機会に考えることにして、最後に本章の論旨をまとめておくことにしたい。『維摩経』という経典の主たる課題は、不可思議解脱とよばれる悟りに入った菩薩のはたらきとしての「清らかな仏国土を建設」ということであった。そのためには菩薩みずからの心を浄化すること、すなわち「自浄其意」がまず必要とされた。大乗仏教においては、みずからの心を清めることとは能所のとらわれを離れること、すなわち、心の空無を意味し、菩薩はその心の空無にもとづいて清らかな国土の建設に向かうのであるが、その際、清らかな国土を建設しようとする意欲や固い決意の重要性が強調された。高度成長期の日本においては、全国の河川は産業廃棄物によって極度に汚染され、どす黒く濁っていたが、国を挙げての努力によって現在はほとんどの河川が魚の棲めるほどに回復している事実を見れば、「浄化しようとする意欲・決意」がいかに重要かがよくわかるであろう。かくて、菩薩はこの世の浄化に取り組むのであるが、『維摩経』はこの娑婆世界に住む者たちを「頑固で導き難い者」として、それにふさわしい激烈なことばや非道を行なったり魔のはたらきをするなどの強行手段を用いて、頑固で強欲な人々の「我あり、我がものあり」とする生き方を改めさせようとするのである。

人間の「我あり、我がものあり」という欲望が資本主義社会を作り上げてきたことは事実であろう。その人間の欲望が、物質を中心とする文化や生活しやすい環境をつくる原動力となったことも認めざるを得ない。しかし、人間の飽くことを知らない欲望追求も「見えざる手」によって制御されるという期待を裏切って、人間の自我意識の過度の膨張と富を独占しようとする所有欲のとほうもない拡大が、今日の格差社会を出現させたということは、経済学にはまったく暗い私たちにも理解できる。

このように見れば、いま必要なのは我我所を離れるという理念であり、「願わくは衆生とともに」という共生の理念であることは明らかである。このところ、ようやく「平等主義に基づく寛容」（アマルティア・セン）、「お互いさまの社会に向けて」（白波瀬佐和子）、「共生経済」（内橋克人）、「まず我々は「欲望の抑制」ということを学ばねばならない」（中谷巌）という主張が提示されるようになった。それぞれの理論を踏まえた主張であるが、詰まるところ「連帯・参加・共同」などといわれるような「衆生とともに」の思想であることには相違がない。これらの主張に、さらに仏教の立場から、人間の内面の豊かさをも含んだ思想を加えていけないものであろうか。

本稿で使用したテキスト、および参考文献

『梵文維摩経』VIMALAKĪRTINIRDEŚA（略号VN）大正大学出版会

The Teaching of Vimalakirti（*Vimalakīrtinirdeśa*）. by Etienne Lamotte, rendered into English by Sara Boin, Oxford 1994

The Holy Teaching of Vimalakirti A Mahayana Scripture. by Robert A. F. Thurman, Delhi 1991

『新国訳大蔵経』文殊経典2、「維摩経」高崎直道国訳
大鹿実秋『維摩経の研究』平楽寺書店
山口益『心清浄の道』理想社
山口益『山口益仏教学文集』下、春秋社

アマルティア・セン、大石りら訳『貧困の克服――アジア発展の鍵は何か』集英社新書
アマルティア・セン、池本・野上・佐藤訳『不平等の再検討』岩波書店
アマルティア・セン、大庭・川本訳『合理的な愚か者――経済学＝倫理学的探求』勁草書房
アマルティア・セン、徳永・松本・青山訳『経済学の再生――道徳哲学への回帰』麗澤大学
内橋克人『共生経済が始まる』朝日新聞出版
加賀乙彦『不幸な国の幸福論』集英社新書
柄谷行人『世界共和国へ』岩波新書
白波瀬佐和子『生き方の不平等――お互いさまの社会に向けて』岩波新書
高橋祥友『中高年自殺――その実体と予防のために』ちくま新書
橘木俊詔『格差社会――何が問題なのか』岩波新書

中谷巌『資本主義はなぜ自壊したのか――「日本」再生への提言』集英社
根井雅弘『市場主義のたそがれ――新自由主義の光と影』中公新書
三浦展『下流社会――新たな階層集団の出現』光文社新書
三浦展『下流同盟』朝日新書
山脇直司『公共哲学とは何か』ちくま新書

文殊菩薩考

はじめに

最も窮したのは、寒山が文殊で拾得は普賢だと云ったために、文殊だの普賢だののことを問われ、それをどうかこうか答えるとまたその文殊が寒山で、普賢が拾得だというのがわからぬと云われた時である。（中略）そしてとうとうこう云った。「実はパパアも文殊なのだが、まだ誰も拝みに来ないのだよ。」（森鷗外『寒山拾得』現代日本文学館、一、文藝春秋社、「森鷗外」二五三頁）

かつてカトマンドゥを中心とする盆地はナーガダハ（「蛇の棲む湖」）とよばれる湖であった。あるとき、ヴィパシュユイン・ブッダ（毘婆尸仏《びばしぶつ》）がここにあらわれ、湖の西北にある丘（現在のナーガールジュンの丘）に住みついた。しばらく経ったのち、チャイトラ月の満月の日に湖のなかに蓮の種を投げ入れた。ちょうど六カ月後のアシュヴィン月の満月の日に立派な蓮の華が開いた。その蓮の中央にはスヴァヤンブー（Svayambhū「自存者」）の像が光りかがやいていた。これを聞いてシキン・ブッダ（尸棄《しき》仏）がやって来てフルチョーキの丘に住み、ヴァイシャーカ月の最初の日にスヴァヤンブーから放射される光と一体となった。こののち、トレーター・ユガのとき、ヴィシュヴァブー・ブッダ（毘舎浮《びしゃぶ》仏）が弟子たちとともにそこに来た。彼はスヴァヤンブーに無数の花を供えて礼拝し、弟子たちにこの湖の水を排水する方法を教えて立ち去った。

そののち、マンジュシュリー（文殊師利《もんじゅしり》）菩薩がやって来て、マンダプギリ（現在のナガルコット）に滞在して昼も夜も変わらずにかがやいているスヴァヤンブーの像を見た。彼はナーガダハ湖の水を放出しようとし、彼の二つのシャクティであるモークシュヤダー（水を解き放つもの）とヴァラダー（望みをかなえるもの）をそれぞれフルチョーキの丘とカトワールダハの丘の上に置き、それら二つのあいだにある丘を切り開いて水の流れ出る路をつくった。このはけ口から湖の水は流れおち、湖中に棲んでいたナーガ（蛇）たちも止まってはいられなくなった。マンジュシュリーはこの蛇たちを救うために、タウダハの池に移住させた。（中略）彼はそこにグフェーシュヴァリーの像を建て、この町をマンジュパタナと名づけた。かれはクシャトリヤのダルマーカラをその町の支配者とし、弟子たちをあとに残して自分の町に帰った。（以上の伝説は Ishwar & Tulsi Prasad Dhungyal: *A New History of Nepal.* Kathmandu, 1970, pp. 16–20, Bkrama Jit Hasrat: *History of Nepal.* Hoshiarpur, 1970, pp. XIX–XXII, Regmi, D. R.: *Ancient Nepal,* Calcutta, 1960. pp. 24 ff. による）

文殊《もんじゅ》・普賢《ふげん》といっても、時代により、国により、文献によって、実にさまざまな受けとめ方があることは、右にあげた二つの引用によっても理解されるであろう。第一の引用は森鷗外の『寒山拾得』という作品の終わりのところに加えられた「寒山拾得縁起」の最後の部分である。鷗外は『寒山詩集』序や『宋高僧伝』に拠ってこの作品を作りあげたと言われるが、「寒山が文殊で拾得は普賢」というとらえかたは、いわば大乗仏教の菩薩思想をふまえた正統的なものであると言えるであろう。

それにたいし、第二の引用文は、ネパールの「系図」に述べられるカトマンドゥ盆地干拓伝説の最初の部分である。太古、湖であったカトマンドゥ盆地がどのようにして干拓されたかという伝説において、ヒンドゥー教・仏教のさまざまな神々、仏・菩薩が登場する。この伝説の中心となっているスヴァヤンブーという名称は、インドの伝統ではまずブラフマンをあらわし、ついでヴィシュヌ神、シヴァ神をあらわすのがふつうであり、仏教においては本初仏をいう。

グフェーシュヴァリーは、その本初仏の女性的な力（シャクティ）である般若をあらわすとされる。このことから、この伝説の中心となっているのはヒンドゥー的な要素を吸収したインドの後期密教であると見られ、過去七仏のうちの六仏がつぎつぎにネパール盆地にあらわれ、それにつづいて登場して重要なはたらきをする文殊菩薩はインド後期密教的な性格をもつ菩薩ということができるであろう。

このほか、チベットにおいても文殊信仰は独特の信仰として発展し、中国においては五台山が文殊菩薩出現の霊場と考えられ、わが国にも唐や宋に渡った学僧たちによって文殊信仰がつたえられ、罪障消滅祈願の対象として信仰された。

このようにして文殊は、「三人よれば文殊の智慧」といわれて、普賢と並んで多くの仏・菩薩のなかで仏教の智慧をあらわす代表的な菩薩とされるだけではなく、チベットでもネパールでも中国でも別々の形で信仰される。その信仰は観音や弥勒《みろく》の信仰には及ばないであろうが、仏教が流布したすべての国々にひろがるものと見られる。そのような文殊菩薩（普賢のそれをも含めて）の信仰のひろがりを明らかにするためには、美術その他の分野との総合的な研究が必要であろう。そこでここでは、大乗経典に描かれた文殊・普賢について、とくに文殊の基本的性格を検討し、文殊信仰が発展していく秘密を探ることにしたい。

大乗菩薩の上首

インド仏教史上において、『ジャータカ註』の菩薩、部派仏教の菩薩、初期大乗の菩薩、大悲《だいひ》闡提《せんだい》の菩薩など、さまざまな菩薩が登場するが、これら諸種の菩薩に一貫している特質は、智悲不二、すなわち、般若の智とそのはたらきとしての慈悲行をその一身に実現している、ということである。すべての人々に等しく般若とよばれる根本智がそなわっていて、その根本智が衆生の救済のためにはたらいているときに慈とか悲とよばれるのであって、般若と慈悲行は別のものではないという主張は仏教本来の根本的な立場をあらわすものであり、その具体的な実践者が大乗の菩薩である。

般若経典をはじめとする初期の大乗経典では、このような智悲不二の行は般若波羅蜜多 prajñāpāramitā、すなわち「智慧の完成」と表現される。とくに布施・持戒・忍辱・精進・禅定・般若という六つの実践徳目としての智慧の完成が主張される。これらの波羅蜜多行を行なおうとする初期の大乗教団の人々は、自分たちの教団を「菩薩の教団」とよんで部派仏教系の教団と区別し、初期の大乗経典には「菩薩の教団」を構成する無数の菩薩の名称を記し、この教団を指導するにふさわしい菩薩の名をあげるようになった。

大乗経典ではブッダの教えを聞いて実践するものとして「コーティ・ナユタ・百千の微塵に等しい菩薩」があるなどと説き、ほとんど無数といってもよいほどの多数の菩薩の名をあげることが多い。たとえば『妙法蓮華経』(「序品」)では、ブッダが王舎城《おうしゃじょう》の霊鷲山《りょうじゅせん》で説法したとき、大比丘衆一万二千人、学・無学二千人、眷族六千人などとともに、無上の正覚《しょうがく》を得た菩薩・摩《ま》訶薩《かさつ》八万人がその会座《えざ》にいたとして、「文殊師利菩薩・観世音菩薩・得大勢菩薩・常精進菩薩・不休息菩薩・宝掌菩薩・薬王菩薩・勇施菩薩・宝月菩薩・月光菩薩・満月菩薩・大力菩薩・無量力菩薩・越三界菩薩・跋陀婆羅菩薩・弥勒菩薩・宝積菩薩・導師菩薩などの菩薩・摩訶薩八万人とともにおられた」(大正九・二上)と述べ、『維摩詰所説経《ゆいまきつしょせつきょう》』(鳩摩羅什《くまらじゅう》訳)巻一では「あるとき、ブッダはヴァイシャーリーのアームラパーリー園におられて、大比丘衆八千人と一緒であった。菩薩は三万二千人おられた」(大正一四・五三七上)といい、また『大宝積経《だいほうしゃくきょう》』巻八「密迹金剛力士会第三の一」(竺法護訳)では「あるとき、ブッダは王舎城の霊鷲山に、四万二千人の大比丘衆と滞在しておられた。菩薩は八万四千人であり、すべて悟りに達した大聖《だいしょう》で、神通力をもち、それぞれ十方の異なった仏国の会座にあったものが、ここに集まってきたのである」(大正一一・四二中)などと説かれるように、大乗経典においては「大比丘衆」の数よりも菩薩の数の方が圧倒的に多く、八千とか三万二千とか、多い場合には八万四千と称されることもある。一般に仏教においては「八万四千の法門」などと言われるように、八万四千の菩薩ということは無数の菩薩を意味すると見てよいであろう。

これらの無数の菩薩たちの「上首《じょうしゅ》」、すなわち菩薩の集団の指導者としてあげられるのが普賢・文殊・弥勒・観音などの菩薩たちである。仏教思想史的にはまず過去仏にたいする未来仏としての弥勒菩薩が登場し、つぎの世でブッダになることが確定している一生補処《いっしょうふしょ》の菩薩として位置づけられ、ついで過去仏としての釈迦仏、未来の世の救済者としての弥勒だけではなく、いまの世の救済者としての観音・普賢・文殊などの諸菩薩が出現するようになったと見ることができるであろう。

法王子としての文殊菩薩と般若経典

文殊菩薩は原語マンジュシュリー Mañjuśrī を音訳して「文殊師利」「曼殊室利」「曼殊尸利」ともいわれ、略して「文殊」あるいは「濡首《じゅしゅ》」ともよばれ、「妙徳」「妙吉祥」「敬首」と訳される。また、「文殊師利法王子」、あるいは「妙吉祥法王子」とよばれることも少なくない。法王子 kumārabhūta とは、やがて法王、すなわちブッダの位にのぼるべき者ということで、菩薩一般を示すことばであるが、とくに文殊師利を指すことが多い。このことは大乗経典において、文殊がもろもろの法王子、すなわち菩薩たちの代表と見られていたことを示していると見てよいであろう。仏教の流布したあらゆるところで広く信仰の対象とされた観音や弥勒について「法王子」を付して説くことはないのにたいして、マンジュシュリー法王子といいならわすようになったのは、前記の二菩薩とは異なる性格をもつ菩薩の理念をあらわそうとしているように考えられる。

大乗経典のなかには、「このように私は聞いた。あるとき、ブッダは王舎城の霊鷲山に大比丘衆五百人とともに滞在しておられた。彼らはすべて大自在力を得た人々であった。また八十ナユタの菩薩・摩訶薩たちがあり、みな一度生まれかわるだけでブッダとなる位に達していて、弥勒菩薩を上首としていた。また、四十ナユタの大菩薩たちがあり、文殊師利法王子などを上首としていた」(『大宝積経』巻第三十「出現光明会」菩提流志訳、大正一一・一六三上)というように、弥勒と文殊を別のグループの上首として記すものもあるが、この経典にこれ以上両者について述べるところはない。

密教経典は別として、文殊の名称を冠した経典は十数種あり、直接その名称をもたないけれどもこの菩薩を中心に教えを説く形式をとる経典――たとえば『華厳経』や『維摩経』など――も少なくない。それらのなかには、文殊・普賢をただ賢劫《げんごう》の菩薩たちの上首とするだけではなく、あたかも実在の人物のように、その出生を記し、前生を語っているものがある。

たとえば、『仏説文殊師利般涅槃経』(聶道真訳)では、文殊の出生について、つぎのように説いている。

文殊師利はコーサラ国の多羅聚落に住む梵徳バラモンの家に生まれた。彼が生まれるとき、その家は蓮華のように清浄となった。彼は母の右脇から生まれ、その身は紫金色であった。生まれ出て天の童子のように口をきいた。七宝のおおいによっておおわれていた。〔成長して〕法をもとめてもろもろの仙人のところに行って教えを聞いたが、バラモンたちや九十五種の論師たちは文殊師利に対応することができなかった。そこで、仏教に入って首楞厳三昧《しゅりょうごんざんまい》を得た。この三昧の力をもって、十方の世界において、出生し、出家し、涅槃に入り、その舎利を分けて人々を救済した。このようにして、文殊師利菩薩は長いあいだ首楞厳三昧のなかにあった。ブッダが入滅されてから四五〇年のころ、雪山《せっせん》地方に行って五百人の修行者のために十二部経を説いて不退転の位にのぼらせた。

（大正一四・四八〇下）

『文殊支利普超三昧経』巻上（竺法護訳。『仏説未曽有経』『仏説阿闍世王経』『仏説放鉢経』は同本異訳）では、文殊が山に住んで龍首菩薩・龍施菩薩・首具菩薩・首蔵菩薩などの二十五の菩薩とともに修行し、諸菩薩が菩薩の実践とはなにかを述べるところがある（大正一五・四〇六中―）。

さらに同経では、

文殊師利はもろもろの菩薩の父母である。〔衆生を〕哀れんで教化《きょうけ》し、仏教を興隆させた。

〔もろもろの菩薩を〕生んだ親とは、すなわち、文殊師利のことをいうのである。

（大正一五・四一三上―中）

という。このように、文殊を諸菩薩の父母とする主張が般若経典（たとえば『八千頌般若』chap. 12）において般若を仏母《ぶつも》とする主張と同じ趣旨のものであるということは、すでに指摘されているところである。このことは、文殊と般若経典とのつながりを示すものとして見落とすことのできない点であろう。

『華厳経』「入法界品」において、善財童子に菩薩の道を説く文殊も、南方で成立したといわれる般若経典との関係を暗示している。同経によれば、コーサラ国の舎衛城《しゃえいじょう》にあった祇園精舎でブッダの会座にいた文殊は、順次に南に下って人々のあいだを巡歴し、ダニヤーカラ（福城）という名の大都市に行き、ヴィチトラサーラヴューハという塔廟（チャイティヤ）に滞在した。このとき、ダニヤーカラの町のすべての人々が彼の説法を聞きに集まってきたのであるが、そのなかの一人が善財童子であり、文殊にすすめられて南方にラーマーヴァルタンタという国のスグリーヴァ（妙峯）山に住むメーガシュリー（徳雲）比丘を訪ねて法を問うことになる（『大方広仏華厳経』巻六二・大正一〇・三三二下―三三四上）。ダニヤーカラはダニヤカタカともいわれ、これはシャータヴァーハナ王朝の城塞地であるダラニコータであると推定されている（宮坂宥勝『インド仏跡の旅』人文書院、二〇五頁）。この比定が確実であるとすれば、同経でいう塔廟は、アマラーヴァティーの大塔ということになるのであろうか。

それはともかくとして、同経が文殊と南インドを結びつけようとしたのは、文殊と般若経典の空観とのあいだに重要な関連があるということが、当時の初期大乗経典の作者たちの共通の認識だったからではないか、と考えられるのである。

空観実践の代表者

文殊と般若空観との結びつきは、「入法界品」などの「マンジュシュリー物語」によって暗示されるだけではなく、文殊の名を冠した経典、および文殊を登場させた多くの経典の主張からも知ることができる。

まず、文殊の名を冠した経典のいくつかを検討してみよう。この場合、『文殊師利所説般若波羅蜜経』などの般若部に属する経典はもともと般若・空を説くことを目的としているのであるから、その主張はあえてとりあげないことにする。

まず注目に値するのは、『仏説文殊尸利行経』(豆那掘多訳)というきわめて小部の経典である(大正一四・五一二―五一四)。ここで説かれるのは、まさに般若経典の主張する空観である。

あるとき、ブッダが王舎城の霊鷲山におられたときのこと、文殊師利は三昧から出て、五百人の仏弟子がそれぞれの部屋で坐禅をしているのを見た。そのような部屋のなかで、舎利弗《しゃりほつ》が一人でその身を折るようにして両足を組み（結跏趺坐）、坐禅しているのが見えた。つぎの日の朝、文殊師利は「あなたは本当に坐禅していたのか」と舎利弗に問うと、「私は確かにそのとき坐禅していました」との答え。文殊師利は重ねて「あなたはどう思うか。いまだに世俗にかかずらわっている者を世俗から離れさせるために坐禅をしていたのか。また、過去・現在・未来の三世の法によるために坐禅をしていたのか……。（取意）

このようにして、「過去・現在・未来の諸法による」というテーマが、文殊によって説かれ、「一切諸法は不可得である。如来もまた同様であり、過去にも如来はなく、現在にも如来はなく、未来にも如来はない」という空観の基本テーマが主張される。舎利弗はもとより、その他の阿羅漢たちはこの主張を理解しようとしない。空観においては凡夫も阿羅漢もないと説かれたとき、五百人の比丘はたまりかねて、「もはや文殊の顔も見たくない」と大声でいって席を立って出て行ってしまった。文殊はさらに、文殊自身も文殊の住処も畢竟《ひっきょう》不可得であることを舎利弗にたいして説くと、五百人の比丘は再び帰って来てこの主張に耳を傾け、そのうちの四百人は悟りを開いたが、残りの百人はまた席を立つと、ただちに大叫喚地獄におちた。これにたいしてブッダは、彼らは文殊の教えを聞く聞かないに関係なく堕地獄の業を積んでいたが、いまその教えを聞いたことによって兜率天《とそつてん》に生まれ、未来において弥勒が成仏するときに悟りを得るであろうと予言する……。

このような経典の主張において、二つの点が注目される。第一は、「過去・現在・未来の一切諸法は不可得である」とする主張が『金剛般若経』の、

なぜかというと、須菩提《しゅぼだい》よ、過去の心はとらえられず、未来の心はとらえられず、現在の心はとらえられないからである。

という、空観の代表的なテーマと一致するという点である。この「過去心不可得。現在心不可得。未来心不可得」というテーマはそのまま、中国の禅宗にうけつがれ、唐代の禅者である徳《とく》山宣鑑《ざんせんがん》（七八二―八六五）が龍潭崇信《りょうたんすうしん》の法座にくわわろうとして行く途中で餅売りの老婆から、

金剛経に過去の心も現在、未来の心もとらえられないと説いているが、あなたはどの心で昼食を食べようとしているのか。

と問われて答えに窮したという話（『景徳伝灯録』巻一五など）としてもちいられた。

第二は、文殊による空観の主張が舎利弗にたいして行なわれているという形式がとられている点である。大乗経典において、文殊が登場し、般若・空にもとづいてさまざまな立場が否定されるが、そのとき、いわゆる小乗として否定されるか、あるいは否定されるのではないが、文殊にたいして空観のなんたるかを問うのは舎利弗であることが多い。仏弟子中の高弟である舎利弗にたいして、大乗諸菩薩の上首である文殊が一切の存在の空を明らかにするという形式

が一般化したことの意味を明らかにする必要があるであろう。

文殊の名をもった経典のうちからもう一つ、『文殊支利普超三昧経』(竺法護訳)をとりあげることにする。この経典は『仏説未曽有経』『仏説阿闍世王経』『仏説放鉢経』と同本異訳で、前経よりは大部であるが、大乗経典一般からすればむしろ小部の経典に属している。この経典のはじめのところに文殊が二十五人の菩薩とともにあって、それぞれの菩薩が「菩薩とはなにか」を説明するところがあることは、すでに述べたとおりである。そのほか、ブッダが手に持った鉢を落としたとき、鉢は落下して炤燿《しょうよう》世界に達し、仏弟子たちが取ろうとしたが失敗して文殊だけがこれをうけとめることができたという話(「挙鉢品」)、子供が母を殺す譬喩、文殊が仮につくり出した子供が、これも文殊がつくり出した父母を殺す譬喩(「心本浄品」)、など、他の大乗経典に見られないテーマが説かれるが、その主張の基礎となっているのは何といっても空観である。とくに、文殊が化作《けさ》した子供が化父母を殺すという譬喩も、結局は「過去心もえられず、現在心、未来心もえられない」という空観の基本テーマを明かそうとしている点は、前経とまったく共通している。「心本浄品」はいうまでもなく、心性本浄を明らかにするのが目的であるが、

心は清浄であって、なんの汚れもない。また、〔空の立場に立てば〕清浄ということもない。(大正一五・四二五上)。

という、徹底した空の立場を示しているのである。

つぎに文殊の名こそ持たないが、文殊が重要なはたらきをしている経典のうちより、『維摩経』と『大宝積経』(巻二六)をとりあげてみよう。前経において文殊がヴァイシャーリーの長者維摩居士の病床を見舞うシーンは大乗経典中のハイライトともいうべきであり、あまりにも有名である。

『維摩経』は、釈尊が十大弟子など身近にいる弟子たちに居士を見舞うよう命ずる場面からはじまる。まず最初に指名されたのは仏弟子中で智慧第一といわれる舎利弗である。しかし、舎利弗はかつて林のなかで坐禅をしていたとき、維摩居士が訪れて真の坐禅とはどういうものかを問い、それにたいして彼は何も答えることができなかったことを述べ、とうてい居士の見舞いに行くことはできないと辞退する。彼につづいて指名された神通第一と称される大目犍連《だいもくけんれん》、頭陀《ずだ》行第一の大迦葉《だいかしょう》、解空《げくう》第一の須菩提《しゅぼだい》などの十大弟子も、すべて維摩居士と対話して答えることができなかった経験を語り、見舞いに行くことを辞退する。ブッダはさらに光厳童子、持世菩薩、長者の子善徳に居士を見舞うよう命じたが、彼らも十大弟子と同じように辞退する。このとき、実に、弥勒菩薩さえも居士を見舞うことを固辞している。

そこで登場するのが文殊であり、維摩居士とのあいだに、般若・空を実践する菩薩のありかたについての、さまざまな対論が行なわれる。そのうち、まず最初に行なわれた「菩薩の病」についての対論は大乗の菩薩のありかたの基本に関するものである、ということができるであろう。

実はマンジュよ。衆生はボサツの生死の住居であり、病気は生死輪廻に住することである。一切衆生が無病となればボサツもまた無病となる。マンジュよ。たとえば長者の独り息子が病めばそのためにその父母が病み、全快しないうちはその父母は苦悩しつづける。マンジュよ。このようにボサツは一切衆生を独り息子と思い、一切衆生が病めばボサツも病み、全快すればまた無病となる。マンジュよ。私のこの病気の原因は何かと汝は質ねるが、ボサツの病気は大慈悲が原因である。

（大鹿実秋訳『世界の大思想』Ⅱ・2『仏典』河出書房、二三〇―二三一頁）

このような維摩居士の主張をうけとめることができるのは、ただ文殊だけであるとされるところに、智悲不二の実践者としての文殊菩薩の性格が明白にされていると見ることができるであろう。

『大宝積経』も文殊がしばしば登場する経典である。たとえば「法界体性無分別会」では文殊がブッダにかわって仏教真理の本質（法界《ほっかい》の体性《たいしょう》）を説くのであるが、この場合も文殊の説法の対象とされるのは舎利弗をはじめとして須菩提、阿難《あなん》などの仏弟子である。文殊が説くのも、般若・空にほかならない。とくに舎利弗にたいしては繋縛《けばく》と解脱という仏教の根本問題を説き、つぎのようにいう。

〔文〕舎利弗尊者よ、あなたはブッダの弟子であるかどうか。

〔舎〕文殊師利よ、そのとおりです。あなたの言われるとおりです。私はブッダの弟子です。

〔文〕舎利弗尊者よ、あなたはもろもろの煩悩を断じて解脱の心を得たのか。

〔舎〕文殊師利よ、私はもろもろの煩悩を断じて解脱の心を得ました。

〔文〕尊者よ、どのような心をもって解脱を得たのか。過去の心によってか、未来の心によってか、現在の心によってか。尊者よ、過去世の心はすでに滅しており、未来の心はまだ起こっていず、現在の心は未来から過去へと一瞬もとどまっていない。尊者よ、どのようにして心に解脱を得るのであろうか。

〔舎〕文殊師利よ、過去の心をもって解脱を得たのではありません。未来、現在の心によってでもありません。

〔文〕尊者よ、それなら、どうして心に解脱を得たというのか。

〔舎〕文殊師利よ、相対的な真理（世俗諦）として心に解脱を得たというのであって、絶対的な真理（第一義）としては、すべて心に束縛もないし、解脱もありません。


（大正一一・一四三中）

ここで文殊が舎利弗に説くのは、明らかに『金剛般若経』の「過去心不可得、未来心不可得、現在心不可得」というテーマである。文殊は般若・空を舎利弗などの仏弟子たちに説き明かす役割をつとめていることが理解される。さらに、右のような記述のあとに、つぎのように説かれる。

そのとき、あつまりのなかに二百人の比丘がいて、文殊師利の説くのを聞き、「もし、解脱もなく、解脱の心もないなら、どうして出家して修行する必要があろうか」と荒々しいことばを吐いて、あつまりを出てしまった。（大正一一・一四三下）

このような記述は、『仏説文殊尸利行経』で文殊の空の主張を聞いた五百人の比丘が席より立ち去ったと説くところと同趣旨であることは、ただちに理解できるであろう。

このようにして大乗経典のうちより文殊の名をもつ経典、直接その名を冠してはいないが文殊が重要な役割を果たしている経典のうちのいくつかを検討すると、ほぼ共通した文殊像がうかびあがってくるように思われる。それは初期大乗経典の主要テーマである空の体現者としての姿であり、智悲不二といわれる典型的な大乗の菩薩像である。諸経典はそれぞれの立場で般若経典の空観をうけとめ、それぞれ具体的な空の実践を説くのであるが、その際、菩薩の道を大乗仏教徒としてのあるべき道として示すだけではなく、現実に空を実践し、空の立場へと人々をいざなう人物像を描き出し、その代表者として文殊を登場させたのであろう。普賢（サマンタバドラ Samantabhadra）の場合も同様であり、観音が慈悲によって現世を救済する者、弥勒が未来世の人々を救う者として位置づけられているのにたいし、文殊はこの現世において般若・空を実践する者たちの代表者であり、リーダーであると言えるであろう。とくに、文殊が空観を説く対象が舎利弗に代表される仏弟子であることは、文殊の役割が観音や弥勒と異なるものであることを暗示している、というべきであろう。このところに、本章のはじめに引用した『寒山拾得』における文殊・普賢観の基盤となるものがあると思われる。

悲のはたらきを主とした救済者

それでは、カトマンドゥ盆地の開闢伝説にあらわれる不可思議な力をもった文殊、チベット仏教文化圏や中国・日本で信仰の対象とされる文殊と、舎利弗に空観の実践を説く文殊とは、どのような意味で結びつくのであろうか。

『大宝積経』巻六〇「文殊師利授記会」では、師子勇猛雷音菩薩の、

文殊師利よ、あなたは悟りを得てより、一念の心でも正覚《しょうがく》を得ようと願うことなくして、いまどうして人々を菩提《ぼだい》に向かうようすすめているのか。

という問いにたいし、文殊は、

私は実に、一人の衆生をも菩提に向かわせようとしてはいない。どうしてかというと、衆生の本性は空であってとらえられないものであるからである。（大正一一・三四六下）

と答えて空観を主張するとともに、百千億ナユタ・アサンクヤ劫《こう》という昔から、もろもろの誓《せい》願《がん》をおこしたことが明らかにされる。

文殊の過去世のできごとについては、同じく『大宝積経』巻二九「文殊師利普門会」に、「私はかつて普灯仏のもとで、入不思議の法門が説かれるのを聞いた。私はそのとき、八千四百億ナユタの三昧を得、また、よく七十七万億ナユタの三昧を了知した」（大正一一・一五八下）と記しているが、そのような限りない昔からの誓願といわれる諸願のなかに、文殊信仰の芽を見ることができる。

「文殊師利授記会」においては、文殊の願として、

・ガンガー〔の砂の数〕に等しい諸仏の世界を一つの仏国とし、量り知れない宝石で荘厳しよう。それまでは、私は無上の悟りを得ますまい。

・私の仏国のなかに菩提樹があり、その大きさは十の大千世界に等しい。この菩提樹の光明をこの仏国に遍満させよう。

・私は菩提樹のもとでいったん坐禅の座を組んだからには、この上ない完全な正覚に達するまでは決してこの座を立つまい。ただし、〔そのあいだも〕変化の身をもってして十方の無量無数の諸仏国に行ってそこの衆生たちのために法を説こう。

などの諸願があげられたのち、ブッダが師子勇猛雷音菩薩の問いに答える形で、つぎのように

説かれる。

良家の子よ、この文殊師利が成仏したときには、普見という名となる。どういう意味で普見というかといえば、普見如来は十方の百千億ナユタもの無量の仏国土において、〔すべての人々が〕見ることができるからである。もろもろの衆生でかの普見如来を見るものがあれば、必ずこの上ない完全な正覚を得るであろう。普見如来はいまだ仏となっていないが、もし、現在、および私の入滅後において、普見の名を聞くだけでも、その人は必ずこの上ない完全な正覚を得るであろう。（大正一一・三四七中―下）

これにつづいてブッダはつぎのように説く。

良家の子よ、もし百千億の諸仏の名号を受持するよりも、文殊師利菩薩の名を唱えることの方がはるかに多くの福徳を得ることができる。……なぜかというと、かの百千億ナユタの諸仏による衆生の利益《りやく》は、文殊師利が一劫のうちで行なう衆生の救済にはるかに及ばないからである。（大正一一・三四八上）

ここで見られるのは、空観を体現して舎利弗をはじめとする仏弟子の前に立つ文殊の姿というよりも、智悲不二の菩薩といううちの悲のはたらきを主とした救済者としての文殊像である。「文殊菩薩の名を唱えること」の功徳を説くこのような主張は、そのまま文殊信仰へとつながっていくであろう。

このような文殊信仰は、『仏説文殊師利般涅槃経』にいたって、具体的なものとして展開される。この経典では文殊の出生を述べたあと、その身体的特徴などを説き、ついでブッダのことばとしてつぎのようにいう。

この文殊師利には無量の神通力と無量の変化《へんげ》の身があって、くわしく記すことができないほどである。私はいま、おおよそのことを、未来の愚かな人々のために説いておこう。もし、衆生があって、ただ文殊師利の名を聞いただけでも、十二億劫のあいだ生死《しょうじ》輪廻をまぬがれるであろう。もし文殊師利を礼拝《らいはい》・供養するものがあれば、生まれかわるごとにつねに諸仏の家に生まれ、文殊の法力《ほうりき》に護られるであろう。それゆえに、人々はつねにつとめて文殊師利の像を念じなければならない。(中略)

もし人あって文殊師利を念ずるならば、慈悲行を実践すべきである。慈悲行を実践するものは文殊師利を見ることができる。それゆえに、智者は文殊師利の三十二相八十種好を観ずるべきである。このように観ずるものは、首楞厳三昧の力によって、すみやかに文殊師利を見ることができる。このように観ずることを正観といい、そのようではなく観ずるものを邪観という。

仏の入滅ののち、文殊師利の名を聞くもの、その形像を見るものは千劫のあいだ悪道に堕ちることはない。もし、文殊師利の名を受持《じゅじ》し、読誦《どくじゅ》するものがあれば、たとい重罪をおかそうとも、阿鼻地獄の猛火に堕ちることなく、つねに清浄な仏国に生まれ、仏の説法を聞いて悟りを得るであろう。（大正一四・四八一上―中）

ここではさらに、具体的に文殊像の礼拝がすすめられ、この文殊菩薩の形像は普賢とともに釈迦三尊としてあらわされるようになるのであるが、「慈悲行を実践するものは文殊師利を見ることができる」とする点に、文殊信仰の根底に智悲不二の大乗菩薩の代表としての文殊が生きていることを見てとることができるであろう。

不殺生・共生の思想

インドに生きる共生と不殺生の思想

大麦とサルと人間——生きているものの仲間

ニューデリーの北方三〇〇キロほどのところに、ガンガー河に沿ってハルドワールというヒンドゥー教の聖地がある。ヴィシュヌ派の人々はハリ・ドワール（ヴィシュヌ神への門）といい、シヴァ神を信仰する人々はハラ・ドワール（シヴァ神への門）とよび、一般にはハリ・ハラの最後の母音を落としてハルドワールという。十二年に一度のクンブ・メーラー祭には何百万という人々があつまり、祭りがない日にもインド中から来た巡礼者たちで賑わう聖地である。

ここにあつまるのは人間だけではない。神聖な動物とされる牛やサルも、この聖地の常連である。彼らは巡礼者や苦行者のなかで、人間と対等に、この聖地に住み暮らしているかのようである。

私はこの聖地で、ちょっと恥ずかしい体験をしたことがある。その日、私は昼食代わりにと思ってバナナの一房を露天で買い求め、手にもって歩いていた。そのとき、白い毛並みのかなり大きなサルが私にとびつき、あっという間もなく私の手からバナナを奪って逃げた。近くにいた物売りの少年がサルを追いかけ、バナナをとりもどそうとしてくれたが、サルは手のとどかないところに逃げ去っていた。

ところで、このとき、とっさの出来事でぼう然としている私に反応を示したのはこの物売りの少年だけで、巡礼者たちはただ見ているだけ、私に同情している様子はまったくない。見れば、彼らも手に何か食べ物らしいものを持っている。「薄情な人たちだな」と思いながらもよくよく観察すると、彼らは新聞紙のような紙にくるんだサル用の食べ物を用意していて、自分が何かを食べるときには、必ずサルにも食べ物を与えている。

彼らにとっては、サルたちもこの聖地の神々の分身であり、サルたちとこの聖地で「共生」するためには、何ほどかの「布施」をすることが必要なのであろう。してみれば、悪いのは私の方であって、サルたちの側からすれば、私は自分の食事のことばかりを考えていて、サルとの「共生」の手続きである「布施」を怠った無礼者、ということになるにちがいない。

このように考えたとき、私はバナナを奪われたくやしさや恥ずかしさを忘れて、不思議に納得した気持ちになったのである。インドの宗教では「布施」の功徳が強調され、とくに仏教では法施と物を施す財施が説かれるが、生きもの同士の「共生」をはかるとき、心とともに「物」を仲だちとすることがかなり大きな意味をもつことに気づいた、と言ってもよいであろう。サルは哺乳類であるから「生命をもつもの」として私たちの仲間として考えてもおかしくない。ところが、インドの生命の観念は植物にも及ぶ場合がある。私は「植物にも生命がある」という意味の記述を、サンスクリット文法学の文献のなかで見つけた。

サンスクリットは紀元前五—前四世紀のころ、西北インド出身の天才的文法家パーニニによって文法体系がつくられた。パーニニの文典には多くの註釈書が書かれたが、もっとも重要な註釈とされるのは、パタンジャリ作といわれる『マハーバーシュヤ（大註解書）』である。

この註釈書のなかに「食べさせる」という意味をもつ使役動詞について述べているところがあり、そこでは「食べさせる」ということが他に害を与える場合と、害を与えない場合があるという。たとえば、「彼は子供に食べ物を食べさせる」という場合は、「食べさせる」ということによって害を受けるものは何もない。しかし、「彼らは牡牛に大麦を食べさせる」という場合には、「食べさせる」ということが大麦に害を与える、という。牡牛に大麦を食べさせることが、どうして大麦に害を与えることになるのか。

後の註釈家によれば、この例文中の大麦は発芽したばかりのもので、チェータナ cetana（「有情」の意）とよばれるという。古代インドのサンスクリット辞典『アマラコーシャ』によれば、チェータナは「生きているもの」「人間」などと同じ意味をもつとされている。つまり、チェータナとよばれる時期の大麦は、まさに「生きもの」「生命をもつもの」とされるのであり、だからこそ、「牡牛に大麦を食べさせること」は、大麦を害し、大麦の生命を奪うことになる、というのである。

「生命をもつ存在」「有情」とみなされる植物は、大麦のほかにまだあるであろう。インドの宗教道徳においては、「非暴力（不殺生）は最高の真理《ダルマ》である」とされることからすれば、生命ある植物も傷つけ、害してはならないことになる。

人間や動物ばかりではなく、植物までも同じく生命をもつものと見る世界観は、「共生」を人間と人間の問題にとどまらず、人間と環境の問題にまで拡げて考えるとき、重要な示唆を与えてくれるように思われる。

「殺すな！」（不殺生）の意味

ある年の夏、インドのムンバイ（ボンベイ）市にあるジャイナ教寺院を参詣する機会がありました。ジャイナ教は仏教と同じころに成立した宗教で、インドの宗教人口では〇・五パーセントを占めるにすぎないのですが、その信者に資産家が多いので、どこの町にも立派な寺院があります。ジャイナ教寺院はだれにでも門を開いていますので、私たちも自由に参詣することができます。ヒンドゥー教寺院の大部分が異教徒を締め出しているのと対照的です。

この寺院でジャイナ教徒の礼拝の仕方などを具《つぶさ》に見ることができたのですが、まず目についたのは、白い衣を身にまとい、眼だけを残して鼻と口を白い布ですっぽりと覆った人々の姿でした。この方々は在家の信者で、寺院にお参りするときだけ、白衣をつけ、マスクをするのだ、ということでした。

インドでは、乾季が終わって雨季になると、生きものがいっせいに活動を始めます。動物や植物はもちろんのこと、小さな虫もとびまわり始めます。ジャイナ教徒はこの虫などを吸いこんで、その小さな生命を奪うことがないように、鼻や口を覆っているのです。ジャイナ教は仏教とともに「不殺生」を重要な教義とする宗教であることは知っていましたが、それを徹底して実践しようとする姿勢を、白い布のマスクから感じとることができました。

しかし、同じころのインドの新聞では、カシュミール問題が第一面を占め、「パキスタンの侵入者」を昨日は何人殺したかなどが大きく報じられていました。虫の生命をも奪うまいという宗教的な祈りと、武力で異教徒を追いはらってカシュミールの土地を確保しようとする現実とがどう結びつくのか、疑問に思わざるを得ませんでした。

いま世界の各地で、民族や宗教などをめぐってさまざまな対立・抗争がおこっています。いつの時代でも悲惨な目にあうのは一般市民、とくに老人や子供たちで、難民となった人々の姿をテレビで見ると、本当に胸が痛みます。

このように対立し、殺しあう人々に、私たち仏教徒は何か訴えかけることができないものか。訴えかけられるとしたら、どのように訴えたらよいのか。

こう考えるとき、私たちが訴えかけられるものは、「殺すな！」「何があっても殺しあいは止めよ！」という非暴力（不殺生）の主張しかないのではないか、と私は思います。ただ、ガーンディーやキング牧師の場合を見ると、激しい対立・抗争の場で非暴力を主張することは、自己犠牲をいとわない宗教的信念が絶対的に必要であり、それはだれにでも容易に実行できることではないことは事実です。しかし、そうではあっても、仏教徒たるものは事あるごとに、祈りをこめて「殺すな！」と主張しつづけるほかはないと思います。仏教の教えのすべてを「不殺生」という一語にこめて、「何があっても殺すな！」と主張することが必要ではないか、と思います。

このことに関連して、気になることが報じられていました（『朝日新聞』平成十一年九月二十八日付）。それは東ティモールの独立をめぐる紛争についてのもので、五十三カ国が参加する国連人権委員会で、独立反対派の民兵集団がひきおこした「大量虐殺やレイプ、強制退去などの反人道犯罪」について、国際的な調査委員会をつくるよう国連事務総長に要求することが議決された、というものでした。

賛成はヨーロッパやアフリカ諸国・アメリカなど、反対はインドネシア・インド・中国などで、日本は棄権したというのです。「決議に反対するインドネシアへの配慮を優先したと見られる」と解説されているように、人道に反する殺戮や暴力行為の実態を明らかにし、それを止めさせようとすることより、まず「政治的な配慮」を、という発想なのでしょう。

国際間の政治情勢は私たちが考える以上に難しいものなのでしょうが、明らかに人道に反する行為があれば、その実態を調査してその責任を問い、市民の生命・人権を守ろうとすることを最優先させるのは当然のことではないか、と思います。

紛争のまっただなかにあって財産を奪われ、家を焼かれ、生まれた土地を追われて難民とならざるを得なかった人々をまず救済し、守ることが第一に考えられるべきであり、他国との関係などは第二、第三の問題です。私はこの記事を読んで、仏教徒が大多数を占める日本国がとった態度を誠に残念に思い、また、恥ずかしく思いました。

仏教の慈悲の心にもとづく「不殺生」の主張がいまほど重要な意味をもつ時代はないと思います。国際的・社会的にも、また個人的にも、「殺すな！」の主張は益々重要なものとなっていくと思います。

仏教に戦争が止められるか

仏教倫理の基本――非暴力

ブッダが生まれた国にブッダは不在
人々が争いに明け暮れてきた歴史
武力なしで独立を成し遂げた国なのに
いままた刀を手にして混乱をまきおこす
どうか思い出して
ここは平和の国

これはマニラトナム監督作のインド映画『ボンベイ』（タミル語、一九九五年）に出てくる歌詞

（字幕）の一節です。一九九二年十二月、ヒンドゥー教徒が聖都とするアヨーディヤーで、イスラム教のモスクがヒンドゥー教徒によって破壊されたのを契機に、ヒンドゥー・イスラム両教徒の対立は激化し、この争いはたちまちインド各地に飛び火しました。この映画は翌年早々、両教徒の熾烈な争いが暴動にまで発展したムンバイ（ボンベイ）を舞台にしたもので、主人公のジャーナリストが両教徒による放火・殺しあいのただ中にあって、「争い、殺しあうことは止めよう」と叫ぶ場面で、この歌詞が画面にあらわれます。

　両教徒が対立し、傷つけあい、殺しあうという現実のなかで、ブッダやガーンディーが今ここにいてくれたらと思うのは当然であり、これは現在でもブッダやガーンディーの非暴力主義が紛争解決の有力な手段と考えられていることを示している、といってよいと思います。

　現在は核実験をくりかえしながら、カシュミール地方の帰属をめぐって隣国パキスタンと抗争をつづけているインドも、歴史的には「非暴力の国インド」というイメージで語られるように、非暴力が重んじられてきました。インドの古典のなかには、「非暴力《アヒンサー》は最高の真理《パラマ・ダルマ》である」ということばが随所に説かれています。しかし、このことばもバラモンの倫理として説かれたり、動物を供犠とする場合は除くなどとされる場合が多く、いつ、いかなる場合でも、いかなるものをも殺してはならない、と説いたのは仏教とジャイナ教だけである、といってもよいと思います。仏教では不殺生戒は出家・在家を問わず最も重要な戒とされ、その具体的な意味は、

生きものを殺してはならない。他人に殺させてはならない。他人が殺すのを認めてはならない。（『スッタニパータ』三九四）

と説かれることによって明らかです。仏教の非暴力思想は、ただ自分が殺さないというだけではなく、他人に殺させない、さらに他人がだれかを殺すのを認めない、とするところに特色があります。

「他人に殺させない」「他人が殺すのを認めない」とはきわめて積極的な考え方ですが、それではどのようにして「他人に殺させない」のか、「他人が殺すのを認めない」とは現実的にどのような態度、行動をいうのでしょうか。これはきわめて重要な問題であり、たとえばイスラエルとパレスチナの紛争について、もし仏教徒がかかわりをもつことになったとしたら、ユダヤ教徒のイスラエル人とイスラム教徒のパレスチナ人にたいして、仏教徒がどのような態度で、どのように説得して、殺しあいを止めさせることができるか、という課題でもあります。「シャカ族滅亡物語」によって、その手がかりを探りたいと思います。

シャカ族滅亡物語に見る非暴力の意味

ブッダの生涯で二つだけ不幸なできごとがあり、それはデーヴァダッタの反逆事件とシャカ族の滅亡だといわれます。このうち、シャカ族滅亡物語のなかで、非暴力と戦争というテーマが説かれています。シャカ族滅亡についての記事は『増一阿含経《ぞういつあごんきょう》』や『四分律《しぶんりつ》』『五分律』、南方に伝わる『ダンマパダ註』などに記されており、細かい部分には相違がありますが、あらすじは同じです。

コーサラ国王パセーナディ（波斯匿《はしのく》）の息子として生まれたヴィドゥーダバ（毘流離《びるり》）は、少年のころ、母の生まれを理由に、シャカ族の人々から軽蔑され辱《はず》かしめられたことを怨みに思い、即位するとすぐにかつての怨みを晴すためにカピラヴァットゥに攻め入ろうとしました。

このことを知ったブッダはシャカ族の人々を救うためにカピラヴァットゥの郊外へ出向き、葉陰の濃いバニヤンの樹があったのに、葉陰のまばらな樹の下に坐っていました。四軍を引き連れて攻めこもうとしたヴィドゥーダバ王がこれを見て理由を聞くと、ブッダは「大王よ、親族の葉陰は涼しい」とだけ答えました。これを聞いたヴィドゥーダバ王は、ブッダの心中を察して軍を引きました。しかし、「シャカ族への怨みを忘れたのか」とそそのかす男があり、王は再び軍を向けましたが、葉陰のまばらな樹の下に坐っているブッダの姿を見て引きかえしました。二度、三度と同じことがくりかえされ、四度目に軍が向けられたとき、ブッダはこの事態はシャカ族が昔つくった悪業の結果であるとして姿を現しませんでした。

そこで、ヴィドゥーダバ王はカピラヴァットゥに攻めこもうとしたのですが、弓の名手を揃えたシャカ族の陣地からたくさんの矢が飛んできました。ひるむヴィドゥーダバ王に例の男が近づいて、「シャカ族の人々は非暴力の誓い（不殺生戒）を守っているから、我々を傷つけることはありません」といいました。はたしてシャカ族の矢は髪の毛に当たるけれども頭を傷つけることはなく、幟《のぼり》や車輪を射破っても、兵士の身体を傷つけ殺すことはありませんでした。

これを見た王はカピラヴァットゥの城門を開かせて攻めこみ、残虐の限りをつくしました。

このような中で、シャカ族のマハーナーマンが「自分が水に潜《もぐ》っている間は、シャカ族の人々が城外に逃げるのを許してほしい」と王に願い出たので、王は「わずかな間であろう」と思ってこれを認めました。しかし、いくら経ってもマハーナーマンが水から出てこないので水中を調べさせると、彼は頭髪を水中の木の根に結びつけたまま、すでに息絶えていました。これを見たヴィドゥーダバ王はマハーナーマンがわが身を殺してシャカ族の人々を救おうとしたことを知り、はじめて悔恨《かいこん》の心をおこしました――。

この物語において、ブッダがコーサラ王の四度目の攻撃を止めようとしなかったのは、ブッダでさえも国家による強大な武力の行使を現実的に抑えることは困難であったことを示しているように思われます。これをシャカ族の悪業の結果とする経典の記述は、ブッダが戦争を抑えられなかったということの、釈明にすぎないのではないでしょうか。

しかし、この物語において、ブッダの教えはシャカ族の人々に、たとえ自衛の場合であっても非暴力をつらぬくという態度をとらせました。重要な点は、シャカ族がただ受動的にコーサラ軍の侵略に手をこまねいていたのではなく、シャカ族にも軍隊（象・馬・車・歩の四軍）があり、コーサラ兵の頭髪は射ても頭は傷つけないという方法で、非暴力の意志を示した、ということです。仏教学者シュミットハウゼンはこれを「単なるシンボリックな抵抗」といっていますが、むしろ積極的な非暴力の意志表明といってよいと思います。

このシャカ族の非暴力の意志は、はじめはコーサラ王に通じなかったのですが、マハーナーマンの自己犠牲の行為によって再び明らかにされ、ついにはヴィドゥーダバ王の心を動かす結果になったのです。仏教でいう非暴力はただ争わない、軍事力を行使しないということではなく、非暴力ということを通じて、敵対するものの心を変え、敵対者との「共生」の可能性を理解させることとです。戦争という暴力に対して何もしないで沈黙しているのではなく、暴力を除くあらゆる手段で敵対者の心に訴え、相手の心をゆり動かして変えていくところに、仏教の非暴力の最大の意味があります。

仏教の非暴力主義は、歴史的にはマウリヤ王朝のアショーカ王によって政治の場で実践され、現代においてはマハートマ・ガーンディーを通してM・L・キング牧師に伝えられ、黒人の公民権獲得運動のよりどころとされました。彼の「憎悪にむくいるに憎悪をもってすることは、いたずらに宇宙における悪の存在を強めるにすぎないだろう」（『自由への大いなる歩み』雪山慶正訳、岩波新書）ということばは、「怨《うら》みに怨みをもってすれば、ついに怨みは止むことがない」という『ダンマパダ』のことばと完全に一致します。

「仏教のための戦争」はありうるか

「シャカ族滅亡物語」でのシャカ族は完全な軍隊をもち、軍事行動をおこしながらも非暴力に徹しました。この場合の軍事行動が自衛のためであったことは注目に価します。これが仏教の戦争に対する態度の原型であるとすれば、「仏教のための聖戦」はあり得ないことになります。

ただ唯一の例外はスリランカのドゥッタガーマニー王（在位紀元前一六一―紀元前一三七年）の場合で、「私の戦いは王国の支配のためではなく、ブッダの教えの樹立のためである」と誓言したと伝えられます。このとき、インド南部からスリランカに侵入したタミル人勢力は征圧され、「国家仏教」とよぶにふさわしいスリランカ仏教の原型がつくられました。このタミル人とシンハラ人の対立抗争は現在新たな要素が加わって再燃し、〈ヒンドゥー教徒のタミル人〉対〈仏教徒のシンハラ人〉という対立の構図のなかで、いつの間にか「仏教的なナショナリズム」が形成され、腕に止まった蚊も殺さないといわれてきたスリランカの仏教徒がタミル人の大量虐殺を行なったこともある、と報告されています（足立明「スリランカ――民族と暴力」『岩波講座　文化人類学』第六巻)。

スリランカの事例は非暴力を社会倫理の基本にすえた仏教であっても、特定の民族、人種、国家と結びつくときは、宗教的な倫理規制の力を失って、現実の民族的なナショナリズムにおし流される危険性をもっていることを示しています。仏教が特定の民族や地域に深く結びつくこと自体は決して悪いことではないのですが、世界宗教(普遍宗教)である仏教が普遍性を失ったら、それはもはや仏教ではないことになってしまいます。

仏教徒の提言――「何があっても殺すな!」

対立し、あい争うなかに入り、「怨みに怨みで報いれば怨みは止まない」と訴えることは現実的にはきわめて困難なことであり、非常な危険をともなうことは明らかです。現に非暴力主義をつらぬいたガーンディーもキング牧師も凶弾に倒れています。したがって、私たちがあい争う当事者たちに働きかけるには、強い信念と勇気が必要です。ガーンディーがサッティヤーグラハ(真理の把握)と名づけたような、高い精神性と宗教性が要求されます。

仏教の主張する非暴力は、人間の根拠を「いま、ここに生きていること」としてとらえているのですから、私たちは「殺すな!」「何があっても殺すな!」と訴えかけていくほかはないのです。テレビでイスラエル軍の戦車がパレスチナ人居住区の街々を踏みにじり、アメリカ軍が近代兵器でイラクの都市を攻撃している画面を見ていると、何をしても無駄だという無力感におそわれることがありますが、相手の心を変えるという訴えかけに即効性を期待することはできない、と心得ておくべきでしょう。あらゆるメディアを通して、信念と勇気をもって、たえることなく「殺すな！」と訴え続けるほかないと思います。この意味で、全日本仏教会のイラク問題の平和解決を呼びかける「日本仏教者の非戦・平和への願い」(二〇〇三年二月)、臨済宗妙心寺派の宣言などは、それなりの意味があったと思います。

ただ、これらの声明・宣言などが本当に意味をもつのは、それらが相手の心に届いた場合であり、それまでは何度でもねばりづよく訴えかけていくことが必要です。一回の声明を発表してあとは知らん顔というのでは、声明は自己満足のためと言われても仕方がないと思います。

対立を超えるために——M・ガーンディー、M・L・キングなど

はじめに——年をかさねるメリット

季節はちょうど桜が終わったところで、これからどこも花盛りになります。私の家にも庭があって、毎日何か新しい花が咲きます。四月から五月にかけて、この盛りの花がとてもきれいなものですから、私は毎年、写真に撮っておくのです。いまのカメラは写真に日付が自動的に入りますから便利です。それを並べてみますと、花は去年とまったく同じように咲くことがわかります。もちろん一日や二日は早かったり遅かったりすることがあるのですが、ほぼ同時期に、ほとんど同じ形で花は咲きます。

「年年歳歳《ねんねんさいさい》、花、相似《あい》たり」と申しますが、花の生命力というのは本当にそのとおりだなと思います。しかし、「歳歳年年、人、同じからず」とも申します。これもまたそのとおりで、やむ

を得ないことですが、なかなか厳しいものがあります。

とはいえ、この「人、同じからず」を前向きに受けとめるならば、昔は分からなかったことがだんだん分かるようになってきた、ということでもあります。世の中の出来事がそうであるし、人間関係もそうであるし、また学問もそうです。仏教をはじめとするインドの古典をいまもって読み続けていますと、昔は分からなかったところが理解できるようになっている。これがどんな気持ちで書かれたかがだんだん分かるようになってきた。これは、人は花とは違うからといっては花に失礼ですが、やはり人間はいつまでも進歩するものなのだ、と思います。変わっていくというのはなにも悪い方面だけではない。むしろ本当の世界がよく分かってくるという面があるのではないか、と思うようになりました。

さらに、年を重ねることのもう一つのメリットとして、物事を素直に受けとめられるようになってくる、という点もあると思うのです。いままで肩ひじ張っていたのが、なんだかスッと力を抜いて生きていけるようになってきたかな、と思います。

経済学者が認めた自由主義の失敗

経済学者の反省

私はすでに後期高齢者の仲間入りをしており、庭を眺めているぶんには心をわずらわせることもなく過ごせる毎日なのですが、一方で世の中のことを考えますと、そんなことも言ってはいられない状況があります。テレビを見ても新聞を読んでも、今いちばん目につきますのは、弱い者がどんどんおとしめられていく風潮です。いつからこんなおかしな世の中になってきたのか。競争社会の裏側で弱者ばかりにしわ寄せが行き、その結果が「派遣切り」などという現象です。

これでいいのかなという気がして、私は経済のことをまったく知らないものですから、本屋へ行ってこの手の本を何冊か買って読んでみました。そのなかで衝撃を受けた本が『資本主義はなぜ自壊したのか――日本再生への提言』（集英社）でした。著者は経済学者で一橋大学教授の中谷巌さん。この方は小泉内閣の構造改革の推進者の一人だったことで有名です。留学してアメリカ流の自由主義を吸収し、格差があればこそ競争が行なわれ、それによって世の中が進歩するのだ、と大きな声でいっていらしたのですね。ところが、なにか契機があったのでしょうか、この本ではそれが間違いであったとはっきり言っておられるのです。

この書をなぜ買ったかというと、本文をパラパラと見ていたら、宗教の話があったのです。読んでみると、全体の三分の一くらいが日本人の宗教の特色についてでした。宗教がいかに日本社会をうまく調和させて、暮らしよい世の中にしてきたかを、経済分析をした上で書いていらっしゃる。日本の伝統的な宗教も大切にしなくなったいまの世の中が、どうしてこうなったかということがよく分かります。こういう経済学専門の先生が欲望は抑えなければいけないなどとおっしゃると、私たち仏教学者がいうよりずっと効果があるでしょう。

私も研究者として、現実の問題を仏教の立場から見たらどうなるか、もっといえば、お釈迦さまならばこの状況をどうご覧になるかということを、しばしば考えています。できれば仏教の立場から世の中に発言していきたいと心がけていますが、なかなかうまくいきません。

このごろは、自由競争、成果主義、自己責任などということがさかんに言われます。格差が生じても、それは自分が悪いのだ、他の人のせいにするな、などと言われてきました。

しかし、それは間違いだったと中谷さんはおっしゃっています。自分だけがよければいいとなると、世の中の富をひとりじめし、権力も一手に握って、他の者を蹴落としてしまう。そういう世の中ではにっちもさっちもいかなくなってきた。お互いに助け合わないと、もう本当に明日をも暮らすことができない。そういう世の中になってしまったのだ、ということを経済学者の立場から結論づけていらっしゃるのです。これはとても大事な発言だと思います。

経済格差は広がるばかり

いったい何が問題なのか。仏教の立場からいいますと、それは人間の欲望という問題です。人間というのは、放っておきますと、欲望が欲望をよんで、際限もなく物を欲しがるという存在なのです。これではもう、アダム・スミスがいったという「ホモ・エコノミクス」です。人間存在というものは、利己的な目的追求をする存在である、とアダム・スミスはいい、しかし何の規制もしないで勝手に利益を追求させれば世の中は自然に発展していくのだという、素朴な人間肯定の考え方をしていました。それでもしお互いにケンカになれば、インビジブル・ハンド＝見えざる手が働き、ひとりでに調和がとれていくと考えたのです。

おそらく経済発展が上向きの場合には、それでうまくいったのでしょう。これが基本になって、いわゆる新自由主義というのが幅をきかせるようになったのです。結果はご存じのとおり、格差が広がる一方です。それもアメリカが先進国で、日本はアメリカの後追いをしているわけですから、当然そうなります。

アメリカの医療制度を扱った映画『ＳＩＣＫＯ（シッコ）』をテレビで見ました。アメリカでは五千万人くらいの人が健康保険を持たないのです。そのため診療が受けられず、早死にする人も多いようです。見ているうちに身につまされて、テレビを消してしまいたい思いがしました。そうなってしまった原因は何か。やはり自由競争を勝手にやらせたせいだと言われます。政府の力がどんどん弱まる。小さな政府ということばがありましたね。ことばはいいのですが、自由にまかせるというけれども、それがうまく機能してないわけです。

仏教からこの世を眺めると

四苦

では、この状況を仏教から見たらどうなるか。仏教では、人間の苦しみを四苦八苦と捉えます。生まれる、老いる、病む、死ぬで四苦。これは個人的なことがらです。

人間というものは世の中にあって、お互いに支えあって生きています。人間ということば自体、仏教の経典からきたことばです。世界ということばもそうです。人間には生きているところがあり、それが世界です。

人間が生前に犯した業によって、六つの世界を行ったり来たりするという。これを六道輪廻といいます。一番上が天です。その下に人間がいて、修羅、畜生、餓鬼で、一番下が地獄です。人間界にいるから人間なのです。天上界にいるのは天人です。仏教ではその器の世界とそこにいる存在を同じ名で呼んでいます。したがって、地獄に落ちた者は人間ではないのです。地獄にいる衆生、地獄にいる存在、と考えなければいけません。

八苦

八苦と数えるうち、四つは生・老・病・死、あとの四つは、人と人との間で生きているための苦しみ、あるいは問題点です。

その一つが愛別離苦《あいべつりく》。愛する者と離れなければならない苦しみです。これは、我々がどんなに愛する人、仲のいい人がいても、最終的には一人で死ななければならない、という厳然たる事実です。

もう一つは怨憎会苦《おんぞうえく》。憎らしい人とも会わなければならない、付き合わなければ生きていくことができない、という苦しみです。会社で同じ課の上司がどんなにきらいな人でも、我慢して付き合わなければいけない、といったことです。これも家族や社会を前提としないと理解できない苦しみです。仏教が成立したころからすでに、こうしたことが認識されていたのですね。きっと当時は、いまみたいに人口の集中した町ではなく、すこし山の中にでも入って住めば人がぽつんぽつんとしかいなくて、今日は誰にも会いたくないなと思うと、会わなくても済んだでしょう。だけど、人はどうしたって働かなくてはならない、となると他人との関係が生じてくる。人と人との間にいるから人間なのです。

次に、求不得苦《ぐふとくく》といって、求めて得ざる苦しみというのを、私たちはしょっちゅう経験しています。欲しいと思ったものが手に入らない。物に対する人間の欲望はどこまでも深い。しかし、欲しいなと思って一所懸命働いてようやくお金を貯めて買うと、もう飽きてしまっている、ということがあります。実は、資本主義というのはその欲望を刺激するわけですね。刺激して買いたいなと思わせる。いまのもので満足しているはずなのに、つまらないな、もっといいのがほしいと思わせるのが、巧みな広告宣伝です。テレビのコマーシャルで新しい性能をもった車が発売されるというのを見せられると、なんだかうちの車が急に古ぼけて見える、という経験がおありだろうと思います。

同じく求めて得ざるということのなかで、もっと健康でありたいと思っても、なかなかそうはいかない、ということもあります。不摂生を重ねてきた末のそれこそ自己責任なのですが、人間は得手勝手ですから、いつでも元気でいたい、いつまでも生きていたいと思うのです。

もう一つ、五陰盛苦《ごおんじょうく》という私たちの存在そのものにもとづく根源的な苦を合わせて、八苦になります。

欲望を刺激する資本主義

人間の欲望にはきりがない、それを正しくコントロールしなさい、と仏教では説きます。それには八つの正しい道があるということで、八正道《はっしょうどう》といいます。正しく見て正しく行動するなど、内容はごく常識的なものです。なにも無理をせよと言っているわけではありません。

これはつまり、欲望をいかにコントロールするか、という問題だろうと思います。中谷巌さんの本によれば、新自由主義の立場では、欲望はできるだけ大きくしろ、他人のことなんか放って置け、といっているようです。とにかく自由競争を勝ち抜けばいい、そのためには違法なインサイダー取引まがいのことさえもやる。そこまで日本が落ちぶれてしまったのです。

自利・利他＝共生の仏教主義

このあたりで日本人が改めて他人と共に助けあって社会を創りうるかどうかが、わが国の一番大きな課題ではないでしょうか。これからは他人と幸福を分け合っていく努力が必要でしょう。「自利・利他」は大乗仏教の基本中の基本です。自利というのは自分の利益、利他は他人のための利益という意味です。このバランスが取れていないといけないと思うのです。

一口に自利・利他といいましても、これは単純に、自分の利益を他人に与えること、というふうにも捉えられます。と同時に、「自利から利他へ」、自分の利益のためから他人の利益のためにという転換が考えられます。さらには、伝教大師最澄《さいちょう》がおっしゃったように、「自利は利他である」、つまり他人のために仕事をしていけば、ひとりでに自分の利益にもなっていくのだ、という発想にも到達します。

ここまでいい切ったのはおそらく、日本仏教だけではないかと思われます。利他行とは、世の中のために、人々の幸福のためにと懸命に働いていたら、それが自分にきちんと返ってくるのだ、という考え方です。

経済人のなかにも、そういうことをきちんと旗印にしている人が多くいらっしゃいます。在家仏教協会の初代理事長を務めた加藤辨三郎先生がそうであったし、いま活躍しておられる京セラ名誉会長の稲盛和夫さんもそうです。稲盛さんは、たまたま儲かったお金を私のふところへ入れる必然性はないと、京都賞という基金を設けて、科学・技術・思想・芸術といった分野で功績のあった人に賞金を贈っていらっしゃいます。稲盛さんは六十五歳のときに京都の禅宗のお寺で得度され、お坊さんの衣を着て辻説法をしていらっしゃるそうです。そういう方がどんどん出てくれれば、日本もまだまだいい国になるのではないでしょうか。

非暴力の実践

不殺生――仏教の基本的立場

さて、ここまでは日本のいまの社会の問題点を見ながら、欲望と苦しみの問題を考えてきました。自利が利他になる、という仏教的な考え方を多くの方にもっていただければ、日本の格差社会はもっといい方向へ向かうのではないか、と思うのです。

つぎに、仏教にはもう一つ、大事な思想があります。仏教の基本的な立場は何かといいますと「私は殺さない」ということです。五戒のうちの不殺生戒というのは、「私は殺さない」「他人に殺させない」「他人が人を殺すのを認めない」。これが不殺生戒の三原則です。

争いを起こさないためには、恨みを捨てる、ということが根本になります。やられたらやりかえすということは慎み、恨みを捨てる、というのが仏教の立場です。

ところが、先日たまたま見ていた国会中継で――予算委員会かと思いますが――防衛の議論になったのです。そのなかで民主党の若い議員がこんな質問をしました。「いまのような体制でいると、やられたらやり返せないじゃないか」というのです。それに対する自民党委員の答えは「いまのような体制でも、立派に報復することができる」というものでした。新聞に出るほどのやりとりではなかったようなのですが。

仏教の立場からすれば、これはよくないやりとりだと私は思いました。「このままでは日本国民を守れない」といえばいいところを、「やり返せない」「報復することができる」というのですから。そういう考え方は仏教的ではないのです。防衛というのは確かに難しい問題ではありますが、やられたらすぐやり返す、その速さの問題だといった議論になっていくのはまずいと思います。もちろん、ただ黙っていればいいというわけではないでしょうが、まだまだ恨みをはらすといったレベルから一歩も出ていないのが気になったのです。

仏教が非暴力ということを貫いた、これは人類の思想の流れと言ってもいいのではないかと私は思います。言い換えるならば、人間を信じるか信じないか、という思想の流れです。

イスラエルとパレスチナの抗争をみていても、やられたらやり返す、その繰り返しです。向こうからミサイルが飛んでくると、たちまち戦車が出ていく。お互いにこれをやり続けていたら、どちらかが全員死んでしまわないと問題は解決しないことになりかねません。

とにかくお釈迦さまは、いついかなる時にも、絶対に人を殺してはいけない、人間は無数といってよいほどの因縁によって初めてこの世に生を享けるのであって、人間の命以上に尊いものはない、とお説きになりました。その教えをマウリヤ王朝のアショーカ王は現実の政治の上で実践しようとしました。

このような非暴力の考え方を現代の政治の世界に持ち込んだのが、インド独立運動の指導者マハートマ・ガーンディーでした。そしてマハートマ・ガーンディーの心を百パーセント汲み取って、世の中のために、特に黒人が市民権を得るために活動されたのが、マーティン・ルーサー・キング牧師です。キング牧師の名は、オバマさんが米国大統領に当選したことに関連してずいぶん耳にしました。そのキング牧師からさらに三、四十年経って、いまなおチベット・モンゴルなどの人々から「活《い》き仏」として尊敬されているダライ・ラマ十四世が、その意志を継いでいると言えましょう。

このように、暴力を否定し、人間の命は何よりも尊いものであるとする思想の流れは古代から現代までつづいており、人類はこれを拠り所として未来を築いてゆくほかはないのではないか、と私は思っています。

戦争は罪悪――聖徳太子と竹中彰元

非暴力思想の流れのなかに、聖徳太子もどこかにポジションを与えたいと思います。聖徳太子は日本国家の基礎ができた時代の人です。歴史をたどれば、聖徳太子という方は生まれるのが早過ぎたのかもしれません。蘇我氏や物部氏などの豪族が対立抗争をくりかえし、律令国家といってもまだまだ中国のまねばかりしていた模索の時代に、いきなり仏教の慈悲を説いたのですから。それがすんなり受け入れられるわけはないのですが、聖徳太子が慈悲にもとづく非暴力の思想をもっておられたことは確かです。そこで、私は聖徳太子を、アショーカ王からの政治の上に、非暴力を実現しようとした思想の流れのなかに位置づけるべきだと思うのです。

聖徳太子の息子さんに、山背大兄王という方がいらっしゃいました。蘇我馬子の孫に当たる人ですが、この人は蘇我入鹿の軍勢に攻められたときに、ほとんど抵抗しなかったと言われています。何の抵抗もせずに最後は斑鳩《いかるが》寺で一族とともに自殺した、という記録が残されているのです。これは父親の聖徳太子の教えによって、そういう態度をとったのではなかったでしょうか。

日本では先の戦争当時に、竹中《たけなか》彰元《しょうげん》というお坊さんがいらっしゃいました。NHKのテレビ（ETV特集「戦争は罪悪である」二〇〇八年十月十二日放送）で紹介され、反響を巻き起こしました。この方は真宗大谷派の僧侶です。明治時代に現在の東洋大学や大谷大学で深く仏教を学ばれ、昭和十二年に出征兵士を見送りに行って挨拶をした。その挨拶のなかで「戦争は罪悪であると同時に人類に対する敵であるから止めたがよい」（『特高外事月報』）と述べたというのです。

ほかにも法要の席で「此の度の事変に就て他人は如何考へるか知らぬが自分は侵略の様に考へる」（『同』）。事変とはいわゆる支那事変、つまり昭和十二年にはじまった日中戦争のことです。そして「戦争は沢山の彼我の人命を損し悲惨の極みであり罪悪である」（「予審終結決定」）というように、戦争は罪悪であると、ことあるごとに檀家の方にお説きになったそうです。時代が時代ですから、竹中師はたちまち特高警察に捕まりました。その結果、禁固四カ月執行猶予三年の判決を受けます。もう少し後の時代ならば、これだけでは済まなかったでしょう。まだまだ緊迫していない状況だったからこれで済んだのかと思うのですが、問題は真宗大谷派の本山がこの判決を受けて、竹中師から布教師の資格を剝奪したことにあります。僧籍までは奪わなかったものの、お坊さんの一番下の位に落としてしまう、そして名誉回復のないまま竹中師は昭和二十年十月に亡くなるのです。

僧侶としては、布教師資格剝奪の罰を受けたのは相当なダメージだったと思います。でもこの方は親鸞聖人の教えをずっと守って、最後まで本山に抗議することもなく、一介の僧として一生を終えられました。このようにして七十年間も放っておかれていたのを、ある研究グループが掘りおこしたのです。愛知県一宮の円光寺住職・大東仁さんという方が論文「仏教者の戦時下抵抗」に書いたことで明るみになり、二〇〇七年十月に真宗大谷派が正式に謝罪し、顕彰しました。

こういった個々の方々が命を賭けて反戦を訴えたという例は、表面に出ていないだけで恐らくいくつもあったに相違ないと思います。非暴力の思想の流れが、現代の日本でも絶えていなかったのです。

手におえない楽観主義者――ガーンディー

この非暴力の流れのなかにいるマハートマ・ガーンディーという人は、実は仏教徒ではありません。ではヒンドゥー教徒かというと、そうでもないところがあるのです。むしろ普遍的な宗教を信じていた、といってもいい人です。

『ボンベイ』というタミル語の映画がありました。一九九二年にインドでイスラム教徒とヒンドゥー教徒の争いがあり、ボンベイの街角でイスラム教徒とヒンドゥー教徒がお互いに鎌を振り上げて、いざ争いが始まる、というシーンで映画は終わります。このラストシーンで、次のようなナレーションが入ります。

ブッダが生まれた国にブッダは不在
人々が争いに明け暮れてきた歴史
武力なしで独立を成し遂げた国なのに
いままた刀を手にして混乱をまきおこす
どうか思い出して
ここは平和の国

「武力なしで独立を成し遂げた」というのは、ガーンディーのことを言っています。このように、いまでもインド人は、平和とか諸宗教の協調ということを考える場合に、ブッダとガーンディーが筆頭に出てくるのです。こういった考え方はインドのみならず、世界中で重要な考え方になってきているのは確かなのです。

インドは一九四八年八月にパキスタンと分離独立しました。我々からすればただ独立といえば済むようなものを、インド人は必ず分離独立と表現します。本当は何百年も両教徒が仲良く暮らしてきた国なのに、独立についてイギリスと折衝するうちに、イスラム教徒の国とヒンドゥー教徒の国とに分かれてしまった。二つの国を作らざるを得なかったということは、ガーンディーがもっとも悲しむことであったはずです。

ガーンディーは、いろいろな宗教があるけれどお互いに尊重し協調し合える、と考えていたのです。ところが現実的にはそうはいかなかった。パキスタンの側からいえばインドが悪いというし、インド側からすればパキスタンが抜け駆けをしたのだといっています。八月十四日がパキスタンの独立記念日で、八月十五日がインドの独立記念日なのです。本当は一緒なのですよ。なのにそういう現象が起こってしまっています。

私は以前にパキスタンのモヘンジョダロの遺跡見学に行って日射病になってしまい、ラホールのホテルで三日間ほど寝込んだことがあります。それがたまたま八月十三日から十五日だったのです。横になってテレビを見ていて、現地語の意味は分からなくても、だいたい式典の様子はわかります。両方を見てみると、ほとんど同じことをやっているのです。けれどもなぜか一緒にやらない。憎しみあって別れた結果ということがよく分かります。

ガーンディーは最後までイスラム教とヒンドゥー教の争いをやめようと呼びかけ続けていました。しかし、ビルラというお金持ちの邸宅に住んでいたガーンディーは、一九四八年一月三十日の午後五時ごろに、夕べの祈りをしようと裏庭に出てきたところを、ヒンドゥー教原理主義者の男によって拳銃で五発撃たれ即死しました。いまこの場所にはガーンディー・メモリアル記念館があります。ガーンディーが部屋のなかから歩いてきた足跡が印されており、暗殺されたガーンディーの姿を偲ぶことができます。とにかく、非暴力を説こうとした人が暴力で倒れた。このことから、同じような運命をたどる人が出てくることを思わずにはいられません。

ガーンディーの基本思想は、暴力を捨ててお互いに助け合う仲になることが人類の進歩だ、というものです。それが可能なのだと彼はいっている。ガーンディーは「私は手におえない楽観主義者である。私の楽観主義は、人間ひとりひとりに非暴力を展開させる無限の可能性が備わっているという信念によるものである」(『ガンジー語録』朝日新聞社)といっています。

お互いにけんかをして、出し抜いて、儲けるというのは人間の本質ではない。むしろ非暴力によって、支えあって生きていく力が人間に備わっているのだ、と。ほかにも、「非暴力は人間に委ねられた最大の力である」、「非暴力は……人間の創意により考案された、破壊のためのもっとも強力な武器をも凌ぐものである」ともいっています。

臆病者に非暴力的抵抗はできない――キング牧師

このガーンディーの思想に影響を受けたキング牧師は、「ガンジーは、おそらくイエスの愛の倫理を個人と個人の間のたんなる交互作用をこえて、大規模な、強力で有効な社会的な力にまでひきあげた、歴史上最初の人物だったろう」（キング著『自由への大いなる歩み』岩波新書）といっています。キリスト教の「隣人を愛せよ」というのは、個人の宗教的問題であった。それを社会的なものまで広げていったのがガーンディーの功績だ、というわけです。

マーティン・ルーサー・キング・ジュニアは、バプテスト教会の牧師さんです。若いころに神学校でガーンディーを情熱的に説いてくださった先生がいて、その思想に共鳴します。宗教は違っても考え方は同じだということが分かります。これだと思ってのめりこみ、これは自分たちの運動に生かせると思ったのです。

キング牧師に導かれた黒人の公民権運動では、当然のことながら、アメリカ政府にたいする抗議のデモがしばしば行なわれました。けれども彼らは武器を手に取ることは一度もありませんでした。どこにでも跳ね上がり者はいるものですが、そうした動きも抑えられ、見事な統制でありました。こうして非暴力の不服従運動が始まります。

キング牧師はガーンディーの思想を次のように整理しています。「第一に、非暴力的抵抗とは決して臆病者の用いる方法ではないということ」（『同』）。これはまさにそうですよ。映画『ガンジー』で描かれた抵抗運動の場面では、何も持たずに行進するデモ隊を、警官が警棒で叩きます。だけど、叩かれても叩かれても歩みをやめないというシーンがありました。これなどは相当の勇気がなかったらできない行為でしょう。

つづいて「非暴力を特徴づける第二の基本的な事実は、反対者をうちまかしたり侮辱したりすることは求めないで反対者の友情と理解をかちとることを求めるということだ」と。ここをはずすと、非暴力的抵抗の本当の意味が分からなくなります。要求を一方的に突きつけるのではなく、相手の心をうごかし、理解してもらおうとすることが大事なのです。しかし実際はこれが難しい。チベット問題でいえば、中国政府はダライ・ラマ十四世に対して、「お前たちは分離主義だ、国家を分離させる犯罪人だ」という立場を崩しません。それに対して直接反論し、行動を起こしたい者たちを何とか抑えて、「まあそうだけれど、相手も必ず分ってくれる」と説きつづけているのです。楽観的といえば楽観的です。ガーンディーが自分のことを「手におえない楽観主義者である」とおっしゃっているのと同じようなことが、キング牧師にもダライ・ラマ十四世にもいえるのです。

怨みに報いるに怨みを以てしたならば、ついに怨みの息むことがない

さらにいくつか非暴力の特徴を挙げていますが、キング牧師は最後に、「暴力にたいして暴力をもってむくいるということは、なんらの効果ももたらさず、かえって宇宙のなかの憎しみを強めるにすぎない。人々は、生活の歩みのなかで憎しみの鎖をたちきるにたりるほどの理性と道徳とをもたねばならない」(『同』)といっています。ここを読むとすぐに仏典の一節が思い浮かぶのではないでしょうか。

実にこの世においては、怨《うら》みに報《むく》いるに怨みを以《もっ》てしたならば、ついに怨みの息《や》むことがない。怨みをすててこそ息む。これは永遠の真理である。

(「ダンマパダ」第五偈、中村元訳『ブッダの真理のことば・感興のことば』岩波文庫)

キング牧師のことばは、このお釈迦さまのことばとピッタリ重なるのです。キング牧師が『ダンマパダ』のこの一節を知っていたという確証はありません。奥さまのコレッタさんが書いた伝記を読んでも、キング師が仏典を読んだという記述はなく、おそらくガーンディーを通して学んだということになりましょう。

キング牧師の夢

一九六三年八月二十八日、キング牧師は人種差別の撤廃を求めて大規模なデモを繰り広げます。これが有名なワシントン大行進です。そのときキング牧師が十万人の大衆を前にして講演をしました。その講演録の一節を見てみましょう。

まず冒頭に、「新しい戦闘的精神が、白人全部に対する不信感へと発展するようなことがあってはなりません」（『マーティン・ルーサー・キング自伝』）といっています。そして「私は夢を持っています。それはいつの日か、ジョージアの赤土の上で、昔の奴隷の子孫と昔の奴隷主の子孫とが兄弟愛のテーブルに一緒に座ることができるようになるだろうという夢です」。オバマ大統領の当選は、これが実現したというのでアメリカ中が大騒ぎになったのですね。

さらに、「私は夢を持っています。それはいつの日かすべての谷は身を起こし、すべての丘と山は身を低くし、険しい地は平らになり、曲がりくねった地はまっすぐになり、主の栄光が現われるのを肉なる者は共に見るという夢です」。

これは聖書の一節（『イザヤ書』四〇・四〜五）に基づいた文ですが、一般的にもよく分かります。「肉なる者」とは人間のことです。「主の栄光が現われる」というのを「本当に人間が幸せになる世の実現」と置き換えれば、宗教を超えて理解できると思います。

オバマ氏が選挙に勝利したとき、ご本人は決して白人にたいする黒人の勝利だとは言いませんでした。アメリカの一般市民が黒人の一人である私を選んでくれたのだ、というわけです。人間の本当の真理を見通す力が勝ったということです。こうしてキング牧師の考え方がきちんと理解されて、徐々に現実のものとなってきていることを感じます。

ダライ・ラマ十四世

さて、もう一人、ダライ・ラマ十四世につきましては、著書もたくさん出ていて皆さんよくご存じだと思いますので、簡単に述べます。ダライ・ラマが中国政府に要求していることは、決して難しいことではないのです。チベット人がチベット人として自由に信仰できる、そしてチベット文化のなかにあって自由にチベット語を話せる。それだけなのです。ほかにチベットの独立だなんてことはさらさら考えていないし、そんなことは事実上できないと思っている。この方は現実をよく見ていらっしゃると思います。その実現のためにずっと話し合いを続けていくのだとおっしゃっています。

日本の新聞にもチベットのニュースが案外多く取り上げられています。関心はあるのです。しかしあまりチベットやダライ・ラマを擁護する書き方はされていないように思います。中国政府はあくまでもダライ・ラマは国家にたいする反逆者であるという見方を変えていない。その中国に気をつかいながら報道されている、という感じがします。

非暴力主義者は楽観主義

先ほど申しましたように、ガーンディーとキングとダライ・ラマの三人に共通するのは、楽観主義です。本当にめげない。どんなになってもめげずに、話し合えばわかってもらえると信じているのです。人間にたいするあくなき信頼があるのです。

世の中にはどうしても対立してしまうものがいっぱいあります。電車に乗ると、目に余るような態度で座っている若者がいます。しかしそういう人々も決して排除してはいけない。そういう人々をも愛せるかどうか試されているのかも知れません。

さらにいえば、今日みてきたお三方が、人間の生きる道というものを具体的に示してくれているわけです。人と人とが助け合って、はじめて人は生きていける、これを慈悲とか愛というのです。愛なんていうとクリスチャンのように思われたり、慈悲というと抹香臭いなんて言われたりしますが、だったら別の表現でもいい、それをしっかり受けとめるよう教えてくれているのです。

とにかくお互いに信頼しあうということが大事です。私たちは何かいやなことがあると、人間というのはなんて醜いのだろうと考えてしまいがちです。しかしそれではいけない、私たちが他人を信じられるかどうかということが、「人類に未来があるか」という大問題を解決する鍵となると、このお三方はいっていらっしゃるのではないかと思うのです。

明治期の新仏教運動に学ぶこと

はじめに――十一面観音によせて

あらゆる方向に顔を向ける観音菩薩

二〇一〇年の元旦の朝日新聞に、「朝日歌壇」欄の選者をしている歌人の方々の作品が掲載されていました。そのなかで永田和宏さんの短歌が目にとまりました。「渡岸寺《どうがんじ》十一面観音暴悪大笑面《ぼうあくだいしょうめん》」という題がついていて、

一木《いちぼく》より彫り出されしみほとけの
　最後の相としての瞋《いかり》ぞ

という歌です。この「瞋ぞ」というところが衝撃的でした。

十一面観音像には頭部にたくさんのお顔が付いています。観音さまというと慈悲の菩薩で、

私たちがどこにいても「念彼観音力《ねんぴかんのんりき》」と唱えるだけで助けに来てくださる、そういった認識しかありませんでした。ところがこの観音さまの後頭部にある第十一番目のお顔は、怒っているお顔じゃないか、というのです。

この十一面観音像は、琵琶湖のちょうど真北にあたる滋賀県長浜市の渡岸寺観音堂（向源寺）に安置されています。この辺りには十一面観音像が多くあって、白洲正子さんが何度も訪れて紀行文を書かれています。そこで私も拝観に行ってきました。

国宝の十一面観音像は全国に七体あるそうです。案外少ないという感じがしますけれど、そのなかでも人気が高いのがこの像で、奈良時代に聖武天皇の勅命によって、都の悪疫を払う目的で造られたといわれております。檜の一木造りで素地仕上げです。

仏像というのはふつう正面から拝みますから、後頭部など見えません。しかし、ここでは観音像をお堂の真ん中に安置しているので、ぐるっと回って見ることができました。インドのヒンドゥー教のお寺に行きますと、シヴァ神やヴィシュヌ神が祀ってあって、その周りを右回りしながら拝みます。そのように渡岸寺の十一面観音も後ろからも拝観できるようになっていて、後部の十一番目のお顔もはっきり拝観できるように展示されているのです。

観音とは鳩摩羅什《くまらじゅう》の訳で、音を観ると書きます。また、『般若心経』では観自在と訳されています。観ることが自由自在であるという意味ですが、私たち人間はふつう何かを見る場合に、そのものに顔を向けて目で見ます。そこで、観音さまの別名をサマンタ・ムカSamanta-mukhaといいまして、これは「あらゆる方向に顔を向けている人」という意味合いです。「顔」の原語「ムカ」にはまた「門」の意味があります。観音さまの信仰が説かれるお経は『法華経』「観世音菩薩普門品」で、この「普門」の原語がサマンタ・ムカです。

あらゆる方向というのは、インド的にいいますと十方です。東・南・西・北の四方と、その間を東南・西南・西北・東北と数えて八方になります。これに上下を合わせて十方になります。したがって、あらゆる方向に顔を向けているというのは、この十方のことなのです。そして観音さまご本人の顔と合わせて十一面となります。十方に顔を向けて、どこかに救わなければならない人はいないか、と見ておられるのです。

厳しさあっての慈悲

この十一面観音さまは、正面から見ますと、ご本人を合わせて四面が慈悲相で、本当に優しいお顔をしています。見るものにあたたかいイメージを与えるお顔です。しかし、両脇に三つずつお顔があるのですが、向かって右の三面は怒っている顔です。威怒相《いぬそう》あるいは瞋怒面《しんぬめん》といいます。十一面観音について書かれたお経によりますと、「悪の衆生を見てしかも悲心を生ず、大悲救苦《だいひぐく》なり」。悪い人、よい行ないをしていない人を見て、叱って救う、という意味です。

それから向かって左の三面は、白い歯をむき出しているようなお顔をしています。白牙上《びゃくげじょう》出面《しゅつめん》といいますが、これはお経に「浄業《じょうごう》の者を見て希有《けう》の讃《さん》を発して仏道を勧進《かんじん》す」とあり、良いことをしている人を褒める、戒めて褒めるといいましょうか。

観音さまの真ん中だけが慈悲の面をしていて、両面の三つずつのお顔は怒っている。叱って、戒めて、最終的には救い上げる、というお顔なのです。したがって観音さまの原型はというと、実は厳しさを持っているのです。なんでもいいから許して救ってしまうというのではなく、「お前が悪い」「悪いことはよくない」といってから救い上げる、そういう菩薩であることがわかると思います。

ところが、後ろ側のお顔だけは、大きな口を開けて笑っていらっしゃるのです。それは誰かをばかにしているお顔でもないし、本当にうれしくて笑っているお顔でもないのです。目が笑っていないのです。やはりこれもまた悪を懲らしめる顔なのでしょう。懲らしめて最終的には救い上げる。いずれにしても、仏教という宗教は、悪いものを排除して切り捨てるということはありません。その意味では安心していいのです。我々がたとえ悪いことをしてしまっても、心から懺悔《さんげ》すれば最終的に救われる。これはどこの宗教でも同じといえますが、その点がとくに強調されるのが仏教なのです。しかしそれだけでは、悪いものは悪い、という視点が欠けている感じもします。そこを十一面観音の最後のこの面がいおうとしているように思えます。

先ほどの歌に戻りますと、作者の永田和宏さんは実は京都大学名誉教授で、ご専門は細胞学なのです。ですから、環境が破壊され温暖化が進むこの救いようのない世の中にたいして、この渡岸寺十一面観音の怒りの表情は、このままではダメと警告を発しているのではないか、そうお考えになったのではないかと受けとめています。

つまり厳しさがないと本当の慈悲にはならない、ということをこの観音さまは言っているのではないか、と私は思ったのです。仏教というと、悪いことをしても許される、と思われているかもしれませんが、悪いことは悪いのです。自分の欲望にかまけて悪に走ってしまうのは、やはりいけない。そのけじめはしっかりつけて、その上で救ってくださるのでないと、本当の救いにはならないのではないでしょうか。

明治期の新仏教運動

時代の雰囲気

さて、明治期の新仏教運動ということを考えるときに、まず時代背景を見ておきます。テレビを見ていましても、この時代の話題は結構多いでしょう。先年、坂本龍馬は大河ドラマになりました。これはまさに明治の新政府ができるまでがテーマでした。それから、司馬遼太郎の

『坂の上の雲』がドラマにしたてられて放映されました。文庫本は全八巻あってなかなか読みごたえがあります。全八巻のうち始めの二巻が明治の青春群像を描き、後の六巻が日露戦争を主題としています。最後は日本海海戦でロシアのバルチック艦隊を滅ぼすところで終わっています。

この物語のなかには、宗教の話はほとんどありません。明治のあの若者たちは、本当に国のことを思って、一心不乱になってわが身を投げうって、日清・日露の戦争を勝ち抜いた、そういう勢いがあった、したがってこの戦争は後の太平洋戦争とはまったく性格を異にするのだ、これが司馬史観の一番の元になる考え方なのです。

物語の初めに正岡子規が出てきます。正岡子規は当初、東京大学哲学科に入りましたが、横文字を読むのが嫌なので国文学科に転科したともいわれています。本当だとしたら、当時の学問の雰囲気がよくわかります。東京大学の先生はみな外国人で、教室では横文字が読めないとどうにもならなかった時代ですから、正岡子規がパッとやめてしまったというのも、そうだろうなと思えます。

この時代に宗教が大事だと考えた人たちもたくさんいたはずなのですが、原作でもＮＨＫのドラマでも、宗教の話はほとんど触れられません。当時の仏教者たちが、どんな努力をして、仏教を信頼できる宗教にしようとしたかという話は、どこにも書いていないし、ドラマのなかでだれも言わないのです。

江戸時代のお寺と神社

江戸時代までは、お寺と神社の区別がありませんでした。たとえば日光というと、いまは日光東照宮と輪王寺とに分かれています。分かれているどころか、お互いに杉の木の所有をめぐって訴訟までしあったといいます。そんなことはおかしいのです。昔は、お寺と神社とを合わせて「日光山」といい信仰されていたのです。上野の山でもそうです。日本人は神さまも仏さまも区別をせず大事にしてきたのです。いまでもお正月の初詣に神社かお寺かと区別してお参りに行く人は少ないと思います。初詣客の人数をすべて合計すると日本の人口に迫る数になるといいます。日本人のすべてが初詣に行っているわけではなく、たとえば午前中に明治神宮に行って、午後には浅草の観音さまをお参りする、というような人がたくさんいますから、数え方によっては日本の人口より増えてしまうことだってありうるわけです。

廃仏毀釈と寺院の消滅

明治元年に明治新政府が神仏分離令を発布します。これは正確には「神仏判然令」といいまして、仏さまと神さまとはハッキリ分けなければいけない、という法律なのです。もとより仏と神とは違います。違うのですが、実際は成り立ちからして、仏教も神道もなかったのです。明治維新の前に、国学者たちによって、神道の理論化が行なわれました。それまでは、仏さまと神さまとは厳格な区別がなかったのです。歴史の上からいうと、日本の神さまに慈悲や救済の観念ができたのは、仏教の影響によるといわれています。

明治維新は思想的には国学者や神道家の影響がつよかったので、新政府ができるとすぐに「神仏判然令」を定め、神社のなかから仏像を外に出して仏教を排除する、ということになりました。これが時の勢いというものと思いますが、日本全国にわたって廃仏毀釈の運動になってしまいます。そのときにたくさんのお寺が打ち壊され、焼かれました。日本全国で四十五万九千のお寺が整理されたとも言われています。これには地域差があって、藩によって度合いが違いました。たとえば水戸藩では国学がとても盛んだったので、徹底して廃仏が行なわれたという記録があります。もちろんいまは復興しており、茨城県にお寺が少ないなどというわけではありませんが、当時はそうだったのです。

神社のなかにあった仏像は焼き捨てられました。あまりにたくさんあって焼ききれないと、池のなかに投げ捨てられたこともありました。箱根の芦ノ湖のほとりにあるお寺では、その当時に芦ノ湖に投げ込まれた仏さまを拾い出して祀っていると聞いたことがあります。

当時のお寺は非常に困りました。徳川幕府から扶持をもらってのんびり暮らしていたのに、それが一変したのです。そういう目に遭って、それぞれのお寺も、仏教界としても自信を失ってしまいました。大仏次郎の『天皇の世紀』でそのあたりのことをとりあげており、たとえばそのほうが暮らしやすいからとお寺のお坊さんが神官になってしまった例もあったといいます。

井上円了と仏教清徒同志会

明治中期の仏教復興運動と井上円了

そういうなかで、当然の成り行きとして、仏教の復興運動が起こります。たくさんの復興運動があるのですが、明治中期にしぼりたいと思います。そこではまず一つの傾向として、仏教というものは、迷信的なものを全部とってしまうと非常に哲学的な宗教であって、近代社会にとって最もふさわしい宗教である、という理論付けをして近代社会に適応する宗教にしていこうとするものです。もう一つは、清沢満之《きよざわまんし》（一八六三～一九〇三）に代表されるような、信仰は人間の内心の問題である、世の中がどう変わろうが、人間の心の中のよりどころとしての信仰を確立していこう、という傾向です。これを精神主義運動といいます。清沢満之には「絶対無限の如来の信仰による安心立命」ということばがあります。

そうした動きのなかで、ここで特に注目してご紹介したいのは、井上円了《いのうええんりょう》（一八五八～一九一九）という人です。この方は「諸学の基礎は哲学にあり」といっており、仏教思想を西洋哲学によって見直したという功績をもっております。井上円了が明治二十年（一八八七）に書いた『仏教活論序論』という本があります。小さな本です。これが当時——ちょっと考えにくい話なのですが——ベストセラーになるほど広く読まれたというのです。

この本で井上円了は自分の思想遍歴を語り、最終的に西欧の哲学を勉強した結果、仏教という宗教のなかには、西洋哲学に匹敵しうるような普遍性があるのだ、ヨーロッパに出しても恥ずかしくないものがあるのだ、ということに気づいたと言っています。そして、この井上円了に続く若い人々から、新仏教運動というものが起こってきます。

仏教清徒同志会の結成

世の中は日清・日露と戦争が続く時代です。日本がヨーロッパに追いつけ追い越せと必死になって資本を増やし、軍備を強くしていく。イギリスやフランスから次々と軍艦を買っていたのですが、国ができたばかりだというのに、どうしてそんなにたくさんのお金があったのか、ちょっと不思議です。司馬遼太郎さんの本には、日露戦争開戦当時の国防予算が全歳出の四八パーセントだったと書いてあります。国家予算の半分が軍事費に回されていたのです。でもそうやって軍備を強めていたからこそ、バルチック艦隊を滅ぼすことができ、日本が近代国家として世界に認められた、ということも事実なのです。

そういう中にあって、まったく違う方向で——思想の面で、あるいは精神面で——日本をヨーロッパに負けない近代国家にしたと考えていた人たちがいました。その運動はとくに三十代から五十代の方々によって始められ、明治三十二年（一八九九）に「仏教清徒同志会」が結成されます（のちに「新仏教徒同志会」と改名）。メンバーは、境野黄洋《さかいのこうよう》、高嶋米峰《たかしまべいほう》、渡辺海旭《わたなべかいぎょく》、加藤玄智《かとうげんち》、安藤弘《あんどうひろむ》、杉村縦横《すぎむらじゅうおう》（楚人冠《そじんかん》）といった人たちで、とくに代表者は定めなかったといいます。「清徒」というのは、イギリスをすててアメリカに渡ったピューリタン＝清教徒が念頭にあったに相違ありません。活動自体はもともと東京を中心としたものでした。本郷界隈でたびたび会議をもっています。発会式を開いたのは、本郷にある大成館という下宿屋の二階でした。

明治三十三年（一九〇〇）に彼らは『新佛教』という雑誌を発行します。ある時期には何万部発行と書いてありますから、読者は日本全国にいたようで、それだけに影響力は強かったのではないかと思われます。『新佛教』は十六年間発行されましたが、あまりに社会批判をする記事が多くなったため発売禁止になり、ついには廃刊に追い込まれました。仏教徒の集まりといいながらも、当時の政府を真っ正面から批判していたのです。見方によっては、明治という時代はそれほど自由な意見がいえた時代だったとも言えます。

『新佛教』の内容はいまも復刻版で読むことができます。まず第一号では、「我徒《わがと》の宣言」が掲載されています。私たちはこう思うという、六カ条の宣言をしているのです。これを見ると、彼らがどんな思いでこの会を始めたかということがよく分かります。

人道の頽廃は、既に社会の根底に浸染し、物質的大潮は、澎湃《ほうはい》として方に上下の間に氾濫す。況んや此の暗黒を照破して、人生に慰安を与ふべき、宗教の勢力は、年に月に愈々《いよいよ》窘蹙《きんしゅく》せらるゝものあらんとするをや。我徒素より之か匡救《きゅうきゅう》に任するの才にあらずと雖《いえども》、区々の志豈《あに》また黙して退くに忍びんや、是れ仏教清徒同志会の組織せられたる所以也《ゆえんなり》。

（「我徒の宣言」『新佛教』第一巻第一号所収）

大変難しい文章ですが、なんだか心意気が伝わってくる感じがします。要するに、いま世の中の人心が乱れてしまった、宗教の力がますます弱くなってしまっている、わたくしどもにはそれを直すような力がないけれども、黙ってはいられないという思いで、この運動を始めました、ということなのです。

これが発表されたのが明治三十三年です。いかにも明治期の青年たちらしいことばです。司馬遼太郎さんは「坂の上の雲」を目指して戦争をして日本の国際的な地位を高めてきた若者たちのことを書こうと思うのだ、といっていますが、それとはまた別の立場から、いまの世の中をもっと良くしたいと言っているわけです。「坂の上の雲」を目指したのは秋山兄弟だけではなく、別の面から同じ「坂の上の雲」を目指した人がいた。どちらが上だなどとは言えない、こちらはこちらでもっと大事なことを言っているのではないか、と私は思います。

習慣や迷信を排除する

「我徒の宣言」はこう続きます。お寺があり、絹の衣を着たお坊さんがいて読経したり説教したりする、そういうのは「習慣的旧仏教だ」といい放っています。錦繍《きんしゅう》の着物を着たお坊さんが高いところに坐っている姿を見て、偉い人だ、ありがたいことだ、という印象を持っているのは本当ではないと言うのです。

鎌倉・円覚寺の管長だった足立大進《あだちだいしん》老師が、管長職と師家職をお辞めになりましたとき、「自由になった」というハガキをいただきました。この方は管長職にあったときから墨染めの衣しか着ないと決めていたのです。お坊さんが緋《ひ》の衣や紫衣《しえ》をはじめとする色付きの衣を着飾るのはウソだと、僧侶というのはみな平等であって墨染めの衣を着るのが当たり前だといって、どんな儀式も黒衣で通しておられます。円覚寺の管長といえば、日本中の高い僧位にある方々が集まるような儀式でも上座に着くことになります。その人が、雲水さんと同じような黒い衣を着ているのですから、周囲はずいぶん戸惑《とまど》ったようです。でも、まさにこれが「我徒の宣言」の精神なのです。そんな儀式というものは必要ない、と。もちろん、儀式が全部ダメだというわけではなく、その必要性の問題はまた別の角度で論じなければいけないでしょう。

「我徒の宣言」では、「米相場に勝たんがために、不動を拝するものはあり、疾病平愈を祈らんがために稲荷の前に賽するものはあり」といくつか例を挙げて、こういうのは「迷信的旧仏教」だといっています。

呪術らしきものは排除する、これは明治の時代にはとくに必要だったようです。呪術と宗教は違うのだと主張し始めたのが、先ほどの井上円了という人です。この人は「お化け博士」などとも呼ばれていて、『妖怪学』という厚い本を書いていますが、妖怪の存在を認めたわけではないのです。円了は、妖怪に関する全国の事例を集めました。たとえば、箱根の山の中で火の玉が動くのが見えたという。調べてみたら、山の中に入って仕事をしている人が煙草を吸っていた、というような話です。そんなものでも全国で集めると、たいへんな数になるわけです。ですから「お化け博士」というけれど、本当は「お化け退治博士」と呼ぶのがふさわしいと思います。

いまの我々が考える以上に、当時の人々は迷信を信じていました。いまでも完全に呪術がなくなったわけではありません。げんをかつぐとか、何々に出会うと不吉だとか日常的にいっています。人間は有限の存在で、いつかは死ぬという恐れがある限りは、迷信もある程度あってもしかたないのです。けれども、あえてそれを排除するといい切っているところが、新仏教運動です。

常識主義

新仏教運動の人たちが目指したのは、市民社会の常識の範囲で理解できる仏教ということです。いまの社会と比べて考えればよく分かります。日ごろから仏教の勉強をしていらっしゃる方々は、仏教の話をストレートに受け取ってくださいます。でも仏教以外のグループのなかで、今回のような話をしようとしても、なかなか通じないのです。

「我徒の宣言」では、「〔仏教には〕曰く八万四千の法門、曰く八十八使の見惑、……三十七の道品、曰く五十二位の階級」と、教えや修行方法がたくさんあるけれど、「皆これ痴人の夢」「空想的旧仏教」だ、一般の人にはできっこないではないか、と批判しています。

まあ、そこまで言ってしまっていいのかという感じもするのですが、要するに常識の立場からものを言っているのです。こうしたところはたしかに、仏教の話をする際にも、誰にでも通用するような話にしなければいけない、これは市民社会の宗教なんだ、という考え方が大事だろうと思います。

仏教清徒同志会綱領

「我徒の宣言」は、本文の最後に六カ条の綱領を掲げます。

仏教清徒同志会綱領

一、我徒は、仏教の健全なる信仰を根本義とす。
二、我徒は、健全なる信仰、智識、及道義を振作《しんさ》普及して、社会の根本的改善を力《つと》む。
三、我徒は、仏教及び其の他宗教の自由討究を主張す。
四、我徒は、一切迷信の勦絶《そうぜつ》を期す。
五、我徒は、従来の宗教的制度、及儀式を保持するの必要を認めず。
六、我徒は、総べて政治上の保護干渉を斥く。

第一条は、仏教信仰を基本とした運動ということで、これは当然です。

第二条は、仏教で社会を改善するというのですが、当時はなかなか難しかったのではないかと思います。明治三十年代に足尾鉱毒事件があったとき、この会では救済運動をしています。それから廃娼運動にも加わっています。廃娼運動というとキリスト教のイメージが強いのですが、キリスト教の方々と一緒になって社会運動をしました。

第三条は、宗教間の協力や話し合いが必要だということです。演説会を開こうにもお金がないし、講師を呼ぶ力もなかったようですが、ボランティアでいろいろな人がこの会に出て演説をしています。場所は教会を借りていて、ユニテリアン教会という名前が記録されています。クリスチャンといっても同じ日本人ですから、「ああ、いいよ」とばかりに引き受けてくれたのでしょう。両者の間で話し合いがあって、私たちの話を聞いてクリスチャンが仏教徒になることがあるかも知れないけれども、逆にクリスチャンになる人もいるよ、などという会話が交わされたそうです。お互いさまというこの感じは、現代ではちょっと考えられないですね。この条文に「其の他宗教」とあるように、大逆事件の大杉栄のような社会主義者を呼んで話を聞いてもいます。本当に自由な運動だったとみえます。

第四条は、迷信は一切受け付けない、という立場を表明しています。

第五条は、従来の制度や儀式を必要としないというのですが、これはおそらく実践できなかったのではないでしょうか。お葬式なんか必要ではないということを、この当時に主張したのです。ちょっと時代が早すぎたという感じがします。

第六条は、政府の保護下には入らない、宗教はまったく自由でなければならない、という宣言です。

境野黄洋と常識主義

世が戦争となつたら、人は最早理性を失つて居る

この運動は東京だけではなくて、日本全国に影響を与えていきます。

明治三十七年二月、日露戦争が始まります。司馬遼太郎さんの本によると、日露戦争ではたくさんの兵隊が死んでいきます。とくに乃木大将が司令官になった旅順の攻防戦では、何万という人が亡くなっているのです。敵の弾が飛んでくるなか、突撃すべしと乃木大将がいった、一人死ぬと次の人が進んでまた弾があたって死ぬ、最終的には誰もいなくなって退却する、ということを書いています。どこまで本当かわからないのですが、とにかくひどい戦争だった。けれども、例によって国民にはその実情がつぶさには知らされておらず、どこが陥落した、バンザイバンザイという状況が続いていたのでしょう。

太平洋戦争が始まったときに、私は当時の小学校にあたる国民学校に通っていました。十二月八日から翌年の春くらいまでは快進撃だったのでしょう。教室の黒板に大きなアジアの地図が貼ってあって、日の丸の旗が書けるようになっていました。今日はここまで行った、バンザイという感じだったのです。

雑誌『新佛教』明治三十七年第五巻第三号には、日露戦争の記事が載っています。戦争が始まって翌月のことです。新仏教運動の旗頭の一人である境野黄洋の「戦争と今の仏教家」という文章です。

ご参考までに申しますと、与謝野晶子に「君死にたまふことなかれ――旅順口包囲軍の中に在る弟を嘆きて」という有名な詩があります。「あゝをとうとよ君を泣く／君死にたまふことなかれ……」。この詩は『明星』明治三十七年九月号に発表されたものです。これはよく読むとすごい詩だと思います。「すめらみことは戦ひに／おほみづからは出でまさね」などといって、よく発禁処分にならなかったと思います。

境野黄洋の文章が出たのは、与謝野晶子の詩の半年前なのです。晶子の詩は感情面からの戦争拒否という作品といえます。それにたいして、この「戦争と今の仏教家」というのはもっと理論的です。実はこれは僧侶を対象とした文章です。宗門とかお坊さんに向けて書いたものですから、対象が狭いのはしかたありません。しかし、仏教徒もきちんと戦争について考えたのだという証拠として、ご紹介しようと思います。

腕力に訴へる様になれば、人は最早まじめの思慮を失つて居るのであつて、「勝ちたい」、「勝たねばならぬ」といふ感情のみが昂進して居る。勿論此の時に勝たなかつたならば、自己命脉の存在に関することになつて来て居るから、そこで万事を抛擲して、何もかも一切を「勝ちたい」、「勝たねばならぬ」の犠牲にして仕舞ふのである。凡そ人間といふ此の理性ある生類の行動として、こんな野蛮な、こんな悲惨なことがまたとあらうか。世が戦争となつたら、人は最早理性を失つて居る、人は最早人でない。（境野黄洋「戦争と今の仏教家」）

これが、この会の人たちの人間観の基本ですね。人間というのは、理性的な存在である。理性でもってものごとを判断して、行動する。それは人間という生類の存在の大きな特徴である、これが根本にあります。ところがひとたび戦争が起こると、「理性を失つて」「最早人でない」と。

仏教は個人の信仰

反戦と厭戦とは違うのですね。与謝野晶子の「君死にたまふことなかれ」は厭戦でしょう。戦争を嫌う、あるいは戦争を拒否するという感じです。一方、内村鑑三などは、一切の戦争はダメだといっています。

境野は、「彼等の中には、何故に露国と戦はねばならぬのであるかを知らぬものが多い」といっています。戦争のさなかのことばですから、本当にそうなのでしょう。なぜロシアをやっつけなければいけないのか。言われたから行っているというだけである。だから「人は最早理性を失つて居る」ということになるのでしょう。

人は皆逆上して仕事も手につかぬ。此の際独り退いて神を讃し、仏を嘆ずる宗教家なるものがあつて、静に信仰を説き、道徳を談じて、社会の理性的秩序を保ち、戦争化したる此の悲惨の世界に、ここに一種の別天地を開くべき覚悟あるべき筈ではあるまいか、(『同』)

言いたいことは、よく分かります。誰もが戦争バンザイといっているが、宗教の役割というのは、こういうときこそ人間の心を救うために、まっとうな状態にまず戻してやること、そういうはたらきが大事だろうというのです。

熱い時には水が入る、寒い時には炬燵が入る、人の心が浮き立つて、足もとのしどろな時には、静に之を抑へて落着かしむる仕事が入る、これは宗教家の職分ではあるまいか。

それに何ぞや宗教家までが、浮いて、騒いで、酔ひて、跳つて、それで果たしてどうするといふのであらう。恒久の精神なく、一時の勝に狂喜し、一時の敗に泣き崩折れる様では、戦にさへも勝つことが覚束なからうではないか。(『同』)

イスラム教のある国では、イスラム教の原理主義者が中心になって、国民が心を合わせて敵国と戦おう、というように言います。そのようにはたらくのは本来の宗教ではない、と境野はいうわけです。これは私もそのとおりだと思います。宗教というのは何かその集団をまとめるためにあるのではありません。とくに仏教がそうです。これはみんなで歌などを歌って、人々の心を一つにして相手に当たっていくというはたらきではない、むしろ一人ひとりが自分自身の心をしっかり見つめて、そして自分にとってその戦争はなんであるかと考える、それが宗教のはたらきだと言うわけです。

考えてみますと、歴史に残るような建物や運河などは、たいてい権力者が人民につくらせています。そのときに宗教的な力が大きくはたらきます。例えば、エジプトの神殿を実際に見ると、想像するより大きい。そうしますと、これは王の権力だけではできないのではないか、自分たちの宗教を守っていこうとする力がないと、なかなかあそこまでのものはできないと思うのです。そんなふうに、宗教というのが集団的な興奮のエネルギーとなるのは、決してよいことではないでしょう。

一方、仏教徒というのはあまりまとまりがない、といえます。まとまりがないから、アフガニスタンにあるバーミヤンの仏像が壊されたりしても、すぐにまとまって抗議行動ができない。しかしこれが仏教の特徴でもあるのです。信徒が何万人いようが基本は個人の信仰であって、相手もご一緒にという動きがあって、それでは助け合っていこう、ということになる。少なくとも個人の信仰があって、そして自分を見つめ反省したその先に、他人があるから自分があるのだと思い至る。これが仏教的な思考なんですね。こういう考え方は、一神教的な宗教ではちょっと難しいのではないか、という感じがします。

ですから、日本では宗教対立なんてまず考えられないでしょう。どんな宗教でも、日本では共存・共栄していく。いうなれば、日本教というのが、どこかにあるのかもしれないですよ。日本教というのは一昔前にはやったことばですが、あれは案外本当かもしれないと思うのです。日本人の伝統的な仏教信仰は、大乗仏教です。大乗仏教は何でも受け入れてしまうのが特徴です。ただし、何でも受け入れるというのは、決して誰でも許してしまうということではありません。相手のためを思ったり、世の中を良くしようと本気で思ったら、厳しさというものが出てきます。したがって、ある場合には対立することさえもあるかもしれない。それが最初に申し上げた、十一面観音の暴悪大笑面のような表情なのかも知れません。そのくらいの厳しさをもっていないと、本当の慈悲の実現はできないのではないか、というふうに思うわけです。

仏教は常識主義

境野黄洋は、別の文章で、「常識主義」ということを言っています。いまのこの生活を大事にすることを強調するのです。どこか別にいい世界があると考えるのではなく、この世が大事である、私どもは生きている間しっかりと生きなければいけない、これを「常識主義」仏教だというのです。難しいことはいらない、超自然的なことはいらない、と。

我徒は実に凡庸主義なり。然れども凡庸主義といふは、常識主義といふと其の意義を同じくす。決して愚昧主義、即ち常識以下を意味してしかいふにあらず。我徒は常識以上を斥け、また常識以下を斥く。健全なる思想とは、社会の常識、即ち進歩したる時代智識に外ならず。之を以て上下を感化するは宗教なり。（境野黄洋「常識主義」『新佛教』第一巻第六号）

これが境野の結論なのです。仏教は常識主義である。おそらくこのいい方はいまでも通用するはずです。

いろいろなお話をしましたが、仏教の話を聞くというのは、こういう意味でみなさんの勉強になっていることがお分かりいただければ幸いです。

著者・菅沼晃氏のこと——解説に代えて

森　章司（東洋大学名誉教授）

著者と私

著者の菅沼晃氏は昭和九年生まれで、筆者の森は昭和十三年生まれだから、年齢はたった四歳しか違わない。しかし著者と筆者の関係は師と弟子の関係である。

著者は大学、大学院とトントン拍子に進まれ、大学院の博士課程修了と同時に東洋大学文学部仏教学科の助手兼講師に就任された。それに対して筆者の方は高校を卒業して五年間の会社勤めという回り道をへて大学に入学した。昭和三十七年四月のことである。

そして著者が講師として初めて教壇にたたれた時に、筆者は新入生として著者のサンスクリット語文法（科目としては「梵語初級」）を聴くことになった。著者はそのとき手書きのガリ版刷りの「サンスクリット文法」をテキストにされたが、それは今でも筆者の手元に残っている。

しかも著者は助手も兼任されていたから、苦学生の筆者はアルバイト先を紹介してもらったり、休みの日には新婚早々の著者のアパートに遊びに行かせてもらったりした。アルバイト先というのは旺文社や文藝春秋社という出版社で、旺文社では雑誌の編集のお手伝いなどもさせてもらったのであるから貴重な経験になった。

そのあと紆余曲折を経て、筆者も東洋大学に奉職することになったが、このときにもお世話になった。教授会で満票を取るために繰り返し繰り返し口に出しながら、資格審査の報告を練習されていたそうである。これは奥さまからお聞きした。ありがたいことである。

研究室では同僚になったわけであるが、たった四歳しか違わないのに、心情的にはいまだに師と弟子のままである。

著者のもつ四つの顔

そんなことで筆者は著者と、五十年余にもわたるお付合いをさせていただいていることになるが、著者には四つの顔があるように思う。第一は厳密な「研究者」としての顔であり、第二は魂の「教育者」としての顔、第三は真摯な「求道者」としての顔で、第四は仏教的世界の「伝道者」としての顔である。

仏教学者というのはだいたいが大学の教員であって、寺院の出身者が多いから、この四つの顔を併せ持つのは当然だというべきかもしれないが、なかなかそうはいかない。第一の顔はともかく、第二、第三、第四の顔を持つ仏教学者はほとんどいないといって過言ではない。仏教学というのは、仏教の信仰者であることを絶対的要件としないからである。

厳密な研究者

著者の学問領域は多岐に亘るが、その柱はサンスクリット学にある。

著者は平成元年から二年にかけて、「アプテ〈サンスクリット文章論入門〉」という長文の論文を三回にわたって、東洋大学の「文学部紀要」と「大学院紀要」に掲載された。これはV・S・アプテというインド人のサンスクリット学者の *The Student's Guide to Sanskrit Composition* という書物の翻訳であるが、しかしけっして単なる翻訳ではない。

著者は教え子を育てるという意味もあったであろうが、毎週一回研究室に二人の弟子を呼んで、研究会のようなものを行いながらこの翻訳を進めていた。原著に引用されている多種多様な文献の多量の原文にいちいち当たって検討するためであったとともに、ヨーロッパの文法的知識に基づかないサンスクリット特有の文法理論をそのまま日本語に移しかえようとする努力でもあった。

筆者は著者のこのような様子を横目に見ながら感動すらおぼえていた。著者の「厳密な研究者としての顔」を語るにはこの一事を紹介するだけで事足りるであろう。

魂の教育者

少なくとも筆者の身の周りにいる大学の教員の中で、著者ほど熱心に教育に取り組んでいる人を見たことがない。大方は教室に義務で出ているだけであるからである。他人のことはいえない、筆者の私もそうであった。しかし著者はそうではなかった。教育に使命感をもっておられるのであろう、けっして講義を休むということはなかった。著者は東洋大学の学長を務められたことがあるが、その多忙な三年の間もずっと学部の演習科目と大学院の講義は続けられた。

著者は幾冊ものサンスクリットに関する著書をものされているが、その最初は『サンスクリットの基礎と実践』（平河出版、一九八〇年五月）であって、サンスクリットを学ぶ初学者のための実践的な学習のための入門書である。ここまで学ぶ者の立場で書かれた文法書も珍しいであろう。

また著者は「学生の一人一人の魂に訴え、魂をゆり動かすことが教師の努めであって、知識や技術を授けるのはその次であるといわねばならない」といっている（東洋大学の最終講義をまとめた「東洋大学と私の研究」による）。学生のもつやる気、無限の可能性に訴え、それを引きだすことを意味するが、著者は実際にそれを実感できたからこそ、熱心に教育に取り組まれたのであろう。

著者を「魂の教育者」とよぶ所以《ゆえん》である。

真摯な求道者

第三の顔は「真摯な求道者」としての顔である。

本書は大きく三つの章に分けられているが、その第一章には「経典に学ぶ」というタイトルが付けられ、その第二章には「在家菩薩を学《まね》ぶ」というタイトルがつけられている。そして第三章の最後に収められている文章の題名は「明治期の新仏教運動に学ぶこと」である。

そして東洋大学を定年退職される際の最終講義は、「学生として学んだこと」「教員として学んだこと」「研究者として学んだこと」「教壇で学んだこと」という四部で構成されている。

さらに月刊誌『大法輪』の二〇一一年九月号（二〇一一年八月八日発売）から延々と四十回以上にわたって連載されている（現時点では中断している）「いま、仏教を学ぶことの意味」にもまた「学ぶ」というタイトルがつけられている。

まさしくこの「学ぶ」ということばに、著者が道を求め続けている姿勢がおのずからに現れている。

その求道の姿勢は著者の日常生活にも現れている。生活は質素をむねとされ、その行為にはけっして正義にもとるようなことはない。正しいという言葉はそう安易に使うべきではないが、筆者は著者からいつも「正しさ」を感じていた。

筆者のような酒飲みにはちょっと寂しいと感じることもないではなかったが、研究室の仲間たちの気の置けない宴席でもけっして度をこえることはなかった。奥さまのいわれるところではけっして弱くはないにもかかわらずである。

著者は群馬県富岡市の臨済宗妙心寺派の末寺の長男として生まれられたので、寺を継がなければならない立場にあった。もちろんお父上や檀信徒たちはそれを願ったが、その懇請をふりきって研究者の道へ進んだという罪の意識のようなものをもっておられるようである。それも求道者としての良心なのであろう。

おそらくこのような身の慎みがあるから、第四の伝道者という顔も持ちえたのである。そうでなければ伝道は欺瞞に外ならないからである。

仏教的世界の伝道者

著者はいつも目を世界や社会全般にそそぎ、社会を憂えておられた。若いころからガーンディーやダライラマ十四世を研究されていたが、それはけっして学問的な興味ばかりではなく、社会に訴え、社会を変えてゆく努力をしなければならないという意識があったからであろう。

そしてその根底には一宗一派にはとらわれない仏教があった。私がこれを「仏教的世界」とよぶのは、著者の仏教には初期仏教や大乗仏教そして日本仏教のみならず、ガーンディーやキング牧師の考え方・生き方まで含まれるからである。

そのような意識の元に、著者は一般社会人を対象とした日曜講座を主宰されて講演回数は百回を超え、長い間カルチャーセンターの講師を務め、講演で全国を飛び回っている。奥付の著者紹介のところに紹介されている主な著書一覧を見ていただければ納得していただけるであろう。そして本書には著者のこの顔がもっとも端的に現れている。

著者と井上円了

ところで本書には序章のような形で冒頭に、「このままでは仏教は亡びる――井上円了の書簡から」という題目のもとに、井上円了の書簡を題材とした文章が掲載されている。本書の内容からすると読者はちょっと違和感を感じられるかもしれないが、実はこの文章にこそ本書で著者がいいたかったであろうことがもっとも端的に示されている。

井上円了は、庶民のために哲学を講じようとして哲学館を創設した哲学者であり教育者であって、それが後に著者が学長を勤めた東洋大学になった。

また井上円了は明治の初年に怒濤のように入ってきた西洋文明に抗し、仏教にこそ科学的真理があるとして『真理金針』や『仏教活論』などたくさんの書物を著し、また排仏毀釈によって気息奄々となっていた仏教を復興せんとして身命を賭した、烈々たる仏教の求道者であり伝道者であった。

著者はこの井上円了と自分を重ね合わせ、その手紙にそいながら自分の心の丈を語っているように思う。そしてこの文章の結びの部分にも「その生涯に学ぶ」という見出しがつけられている。

おわりに

冒頭に記したように著者は筆者の恩師である。心の中では先生と呼んでいながら、客観的な立場で書かなければならない性質の文章であるから著者と呼んできた。しかし文章にはおのずからそういう心情が現れているのではないかと思う。不自然なところがあるとすれば、解説者の心情を斟酌していただいてご笑頷いただければ幸いである。

また反対に、このような立場の文章であるがゆえに著者には無礼になったところがあるかもしれない。もしそういうところがあるならぜひお許しいただきたい。

なお著者は現在病院のベッドに伏せっておられる。感染症を併発しているということで、看護婦さんがやってきて、見ていてもいかにも辛《つら》そうな処置をする。まず口の中を洗浄して、差し込んだ管で食道も消毒する。著者はゴホゴホと何度もむせる。そんな苦しい目にあわせた看護婦さんが「よく頑張ったね」というと、会話もままならない状態であるから、手を差し伸べて「ありがとう、ありがとう」といわんばかりに看護婦さんの手を何度もぎゅっと握る。回診してこられたお医者さん、それにお見舞いの方々にも感謝の気持ちがあふれるのであろう、いちいち手を強く握りしめておられる。

私にはこの「握手」に、いままで書いてきた著者の四つの顔が素直な形で、あるがままに現れているような気がする。

*編集部註　菅沼晃先生は二〇一六年四月七日、前立腺ガンのために永眠なさいました。

本当の分別心［「仏典のことば 14」『宝積』第 14 号 1999 年］
一切諸法に男女の別なし［「仏典のことば 15」『宝積』第 15 号 1999 年］
具足の法施［「仏典のことば 16」『宝積』第 16 号 2000 年］
非道を行じてこそ菩薩［「仏典のことば 17」『宝積』第 17 号 2000 年］
一切衆生悉有仏性［「仏典のことば 18」『宝積』第 18 号 2001 年］
人心浄ければ国土浄し［「仏典のことば 19」『宝積』第 19 号 2001 年］
二項対立を超えて［「仏典のことば 20」『宝積』第 20 号 2002 年］
ヒンドゥー教から見た仏教［『大法輪』1999 年 4 月号、『大法輪』2001 年 1 月号を併せて書き下ろし］

在家菩薩を学ぶ

菩薩とは――その誓願と実践［『大法輪』2000 年 7 月号］
優しさの原点を探る［『在家佛教』1985 年 11 月号］
維摩居士の生き方に学ぶ［第 358 回一隅会速記録、2001 年］
心を清らかにするとどうなるのか――心を清らかにすることの意味［「心清浄の展開」『臨済宗妙心寺派教学研究紀要』第 9 号 2011 年］
文殊菩薩考［「文殊・普賢」『大乗菩薩の世界』佼成出版社、1988 年］

不殺生・共生の思想

インドに生きる共生と不殺生の思想
大麦とサルと人間――生きているものの仲間［『在家佛教』2001 年 8 月号］
「殺すな！」（不殺生）の意味［『在家佛教』2000 年 2 月号］
仏教に戦争が止められるか［『大法輪』2003 年 8 月号］
対立を超えるために――M・ガーンディー、M・L・キングなど［『在家佛教』2010 年 4 月号］
明治期の新仏教運動に学ぶこと［『在家佛教』2011 年 7 月号］

初出一覧

本書収録にあたり、いずれも加筆・修正をほどこした。

このままでは仏教は亡びる――井上円了の書簡から［『大法輪』1991 年 1-2 月号］

経典に学ぶ

お釈迦さまのことばに耳を澄ませてみませんか？　［多聞塾 第 59 回例会記録、2005 年］

仏典のことば

共感の原理としての智慧［「仏典のことば 1」『宝積』創刊号 1992 年］

認識から共感へ、共感から実践へ［「仏典のことば 2」『宝積』第 2 号 1993 年］

自分のことばで仏教を語る［「仏典のことば 3」『宝積』第 3 号 1993 年］

戯論を超えて［「仏典のことば 4」『宝積』第 4 号 1994 年］

仏教に秘伝なし［「仏典のことば 5」『宝積』第 5 号 1994 年］

和合僧［「仏典のことば 6」『宝積』第 6 号 1995 年］

中道［「仏典のことば 7」『宝積』第 7 号 1995 年］

ブッダも耕し種を播く［「仏典のことば 8」『宝積』第 8 号 1996 年］

自分で真理を確かめる［「仏典のことば 9」『宝積』第 9 号 1996 年］

教える者の心構え［「仏典のことば 11」『宝積』第 11 号 1997 年］

罪は心の汚れ［「仏典のことば 12」『宝積』第 12 号 1998 年］

病気見舞いの心得［「仏典のことば 13」『宝積』第 13 号 1998 年］

著者紹介
菅沼　晃（すがぬま　あきら）

1934-2016年、群馬県生まれ。

1962年、東洋大学大学院博士課程中退。

1974年、「入楞伽経の思想史的研究」で文学博士。

東洋大学文学部印度哲学科教授、同短期大学学長を経て、1991-1994年、第35代東洋大学学長。

2005年に定年退任し、現在は同大学名誉教授。

著書に、『ヒンドゥー教』（評論社）、『インド神話伝説辞典』（東京堂出版）『釈迦のことば』『栄西・白隠のことば』（以上、雄山閣出版）、『サンスクリット講読インド思想篇』『新・サンスクリットの基礎』（以上、平河出版社）、『ブッダとその弟子89の物語』『ブッダの悟り33の物語』（以上、法藏館）、『維摩経をよむ』（NHKライブラリー）、『モンゴル仏教紀行』（春秋社）、『ドラマ維摩経』『道元が叱る』（以上、佼成出版社）、などがある。


仏典《ぶってん》に耳《みみ》を澄《す》ませ、菩薩《ぼさつ》を学《まね》び、共《とも》に生《い》きる

ISBN978-4-336-06009-9

平成28年7月15日　初版第1刷発行

著　者　菅沼　晃
発行者　佐藤今朝夫

〒174-0056 東京都板橋区志村1-13-15
発行所　株式会社　国書刊行会
電話03(5970)7421　FAX03(5970)7427
E-mail: sales@kokusho.co.jp　URL: http://www.kokusho.co.jp

装幀　鈴木正道（Suzuki Design）
落丁本・乱丁本はお取替えいたします。印刷　三報社印刷(株)　製本　(株)ブックアート